门户以外

《春秋》研究新探

黎汉基　著

上海古籍出版社

2020年国家社科基金一般项目“《春秋穀梁传》礼学思想研究”（20BZX046）部分成果

目 录

导论　门户是否必要？
——《春秋》研究与中国哲学

毫无疑问，中国哲学作为一门年轻学问，近年来在摸索前进方向上展现了异乎寻常的活力，不仅对学科定位勇于怀疑、反省和驳难，也不甘止步于固有领域，努力寻找和开拓新的课题，包括原来未被写进哲学史的《春秋》经传，如今也得到许多研究者的青睐和重视。与出土文献不同的是，像《春秋》经传这类经部文献，长久以来便有许多学者对之进行解读，传注疏记收录了各种各样的论点、思想立场和经学史观，任何严肃的学术研究也无法弃之不顾。问题是，是否必须墨守过去的想法和做法？

在《春秋》研究史上，坚守门户立场是相当突出和普遍的作风。金景芳[1]对清儒划分今古门户的做法，作出深刻的观察："晚清诸儒，拾厥堕绪，封执滋甚。流风驱扇，遂令承学之士，初涉途辙，便严门户，以今古为趣舍，以同异为是非。"[2] 这里先不详论争执的具体议题是什么，只想追问的是：往昔经师那些党同

〔1〕 谨按：金景芳先生是笔者极其敬佩的学界前辈，本该尊称"金景芳先生"为是。但是依循正常的学术行规，不特别以"先生"称之，其实是更合理的做法。基于这样的考虑，本书对所有古人、近人、今人皆直称其名，盼读者勿误会笔者有不敬之意。

〔2〕 金景芳：《经学概论》，载《金景芳全集》第6册，页2789。谨按：本书征引文献繁多，为简洁起见，注都只标作者（若属通用古籍，偶尔省略作者）、书名（或其简称）、卷数和页码，至于出版信息，见后"主要参考文献"。

伐异的门户作风，是否也该延续下去？中国哲学工作者开展《春秋》研究，[3] 是否也应该秉持门户之见？

倘若判断的标准是学术而非其他考虑，那么答案显然是不应该的。门户既不可欲，更不必要。那些以专业研究为职志的哲学工作者，应该避免持有党派性立场。尽管依托门户、竞相标榜是以往一些经师常见的习性，但不能由此推出后人也该这样做。

坚持门户的人所维护和攻击的是哪些东西，则是极其复杂且不能简单化约的问题。李源澄谈论近代经学争讼的门户习气，明确指出："汉、宋、古、今之争，纷如聚讼。"[4] 不同的人研治《春秋》经传，各有不同的体会。声称偏好学派的人，对某一部经典的观感也可能并不一致。比如说，《穀梁》[5] 究竟算不算今文作品，在那些捍卫《公羊》的人看来，便没有一致的共识。要认真清理不同的人因门户而提出的实质性主张，未经过深入而具体的研究分析，是不可能得出恰如其分的裁断。限于时间和篇幅，这篇导论尝试转换思路，暂且略过实质性主张的许多细节，仅是论证门户立场作为一种党派性思维，为何不是《春秋》研究所必须的。

第一节　专业判断的原则

跟其他领域的研究一样，当判断某些谈论《春秋》经传的意见

---

〔3〕 过去经师以"春秋"命名的作品，通常是包括《春秋》经传而言，不独单指经文。像刘士毅《春秋疑义录》一书，力攻胡传之失，主要是立足于《左传》另兼及《公》《穀》。以《春秋》为题，而内容涵盖诸传，是《春秋》学者惯常的做法。鉴于此，本文同样宽泛地使用"《春秋》研究"一语，意指各种探讨《春秋》经传的学术研究。

〔4〕 李源澄：《经学通论·自序》，载《李源澄著作集》第1册，页3。按：点校者原作"汉、宋古今之争"，误，今改正。

〔5〕 本书引用春秋三传数量极多，为简洁起见，以《穀梁》或《穀》简称《春秋穀梁传》，以《公羊》或《公》简称《春秋公羊传》，以《左传》或《左》简称《春秋左氏传》。

是否正确时，通常都会触及相关论断是否可靠的评估。由于涉及论者自身的主体性条件，一般常识告诉我们，人类各种复杂的关系、情感纽带和认知偏见都有可能影响判断的准确性。为了方便展开讨论，这里试从一个友谊的例子谈起。

案例 A：假设王五是张三的好朋友，最近警方指控张三犯了抢劫案，王五听了就不相信，断定一定是冤枉了。熊大是主审的法官，在审判前听了王五的说法就准备判张三无罪。

如果熊大足够谨慎的话，就不该马上接受王五的辩解。王五信息的可靠性，基本上独立于他反复献言的热忱。即使王五赌咒发誓表明自己没有说谎，但熊大仍可以合理地怀疑他带有偏见，不必接受他的证词。是否相信张三抢劫，需要熊大亲自了解案情，一切看证据而定。假如反证足够有力，就有决定性理由拒绝王五的说法。

友谊规范（norms of friendship）再高，也高不过认识规范（epistemic norms）。[6] 友谊规范涉及一个人作为朋友应该做什么。王五是张三的好友，这使他觉得有责任讲述张三如何如何的好。至于认识规范，涉及一个人在这个角色上需要知道什么，尤其像熊大的职业身份是法官，他是一个具有独立思考能力，可以形成和怀有自己信念的人，他和张三也没有友谊可言。熊大在法庭上应该面对客观存在的证据，以此判断王五的陈述是否可信。王五和张三的友谊再深，原则上不影响熊大的公平判断。

倘若熊大也是张三的好友，是否应该毫无保留地相信王五的话呢？很难说像王五一样无原则地拥护张三，是忠于友谊的惟一办法。

---

〔6〕 这两个规范的说明，参阅 Keller，*The Limits of Loyalty*，pp.25－26.

正如凯勒（Simon Keller）所说："一个好朋友不是谄媚者或拉拉队队长。"[7] 有可能的是，张三抢劫银行而深感懊悔，向警方投案自首。当熊大知道了，自然不必接受王五之言。进一步的事实认知发挥了"调整"（modify）的作用。不是某一种偏倚性关系或偏倚对象的存在，或你想怎样对待的心意，便足以作为理由推导出偏倚行为。[8] 真正忠于张三的做法，不是加入王五的行列共同赞美，而是正视张三究竟做了什么。把王五所说的当作是张三本来的面貌，既违反认识规范，也未必符合友谊规范。

跟其他袒护自己喜爱的人的情感一样，友谊的考虑在本质上是一种偏倚性（partiality）的考虑。王五和张三具有独特的关系，这对王五的"规范性情境"（normative situation）形成了差别，导致他给予了独特的对待。[9] 但在需要公平判断的专业上，偏倚性不应该放在首位。对此，可以概述为"专业判断的原则"（principle of professional judgment）：

> **专业判断的原则**：从事某一角色或专业的人具有初步认定的道德责任，以合乎情理的努力避免那些可能影响判断的因素。[10]

之所以说是"初步认定"（prima facie），因为它可以随着更重要的

---

〔7〕 Keller, *The Limits of Loyalty*, p.30.

〔8〕 相关事实对行动理由的调节，参阅 Lord, "Justifying Partiality," pp.577 – 79.

〔9〕 Keller, *Partiality*, p.2.

〔10〕 这个原则的构想和推论，是参照范德沃森的"负责任的专业主义原则"，这是要求专业人士努力避免那些可能导致其任务变差的事情，参阅 Van Der Vossen, "In Defense of the Ivory Tower: Why Philosophers Should Stay out of Politics," p.1047. 相对的，本文更讲究的是专业判断有什么干扰，而不是泛指使工作变得不好的情况。写作之前，笔者多次向范德沃森请教，在检讨派性立场上甚得启发，一些论点和参考书目亦得其帮助指引，惠我良多，特此申谢。

考虑而被压倒或被抵消。偏倚性是影响专业判断的其中一项因素。要避免偏倚性的影响，不见得是严苛的要求。专业判断只是不让认识的规范服从于偏倚性的考虑，它不保证判断结果的完美。即使彻底割弃友谊的牵绊，熊大在法庭上也可能受了错误的证供而作出违反实际的裁决。结果是否完美，不是重点所在。王五虽然偏袒张三，但出现了新证据证实罪犯别有其人，印证了王五所言不误。

专业判断的原则只是降低偏倚性的一道门坎。强调它的首要性，不涵蕴友谊或其他偏倚性的考虑必须被彻底清除。除了盲目回护和像对待陌生人那样不带友情的考虑来看待事情，按其事实，也许还有其他可供选择的做法。这里不妨多看一例：

> **案例 B**：李四写了一篇莎士比亚的论文，他的好友熊二和王五都是文学专家。王五阅读前已决定无条件地拥护李四，熊二则花了更长的时间阅读论文，以更富同情心的眼光来鉴赏它，积极地寻找它的优点，尝试辩护它的弱点。〔11〕

熊二这样的做法，是鉴于友谊而给予“怀疑的优惠”（benefit of doubt）：如果一个陌生人撰写莎士比亚的问题，他不妨怀着开放的心灵，形成富批判性而冷静的判断，纵使大量挑剌也不产生令他介怀的影响。但对待表现出研究热情的朋友，友谊的规范可能提醒熊二，对论文的评价不妨耐心一些，尽量了解这篇论文讲的是什么和为什么这样讲。这不等于奴性的、无条件的认可。准确地说，友谊的考虑只是让熊二暂且不怀疑李四研究莎士比亚的资格，延后了下结论的时间。认识的规范仍是决定性的，是不能绕过或毁弃的。王

〔11〕 这个例子，参考了凯勒的忠诚研究，参阅 Keller, *The Limits of Loyalty*, pp.27 – 29.

五不问文章是什么一回事，只因这是李四的作品便即夸赞，就是高举友谊的规范，无视认识的规范。相反，熊二尝试找出能够辩护李四论文的证据，固然是出于偏向友人的态度，但在客观上有可能扩大了收集证据的范围。这对认识的提高是有帮助的，不能说是违反了“专业判断的原则”。

要决定什么证据能够支持或反对某一判断，关键是注意论证中各个部分之间的逻辑关联性。张三、李四、王五和其他人一样，其言说是否能够作为证据的充分条件，都是有待检验的。专业判断的原则不该先在地预设身份资格的审核。不能说张三是当事人，就断定只有他的话方能相信。究竟李四的论文是否够水平？不能说这篇文章是他写的，或者摆出“他是我的好朋友，所以信得过”的担保，便足够解决问题。真正的衡量标准是他在莎士比亚研究上有什么真实的贡献。友谊规范没有增加朋友在判断上的分量。专业判断的原则就是排除额外增加权重的做法。在论证程序上，王五作为全力拥护张三的人，他的作证资格与其他相关人物是一样的，不享有更超然的特权地位。同样，李四的论文能不能使他跻身为真正的莎士比亚专家，也不是王五和熊二个人说了算。不是只有“李四之友”才有评价李四学术的资格。

王五不能透过朋友的身份提升辩护的力量，不是因为张三或王五只有两个朋友。这不是点票或吸粉的活动，并非人多好办事。专业判断的原则讲究的是质而非量。就这一点，徐复观说得极好：“一万个普通人对于哲学的意见，很难赶上一个哲学家的意见。一万个普通人对于科学的知识，没有方法可以赶上一个科学家的知识。这里是质决定量，这是学术思想的本性。”〔12〕 王五把张三全部朋友都找来，

〔12〕 徐复观:《学术与政治之间》，载《学术与政治之间》，页169。

开了一个名为“莎学网”的网站，说他的好话，只能证明“张三之友”人数多、声量大。假若李四不过抄录前人对莎士比亚的观点，王五死命护航有什么用？不可信的话说得愈多，只会提供更多“品格证据”（character evidence）坐实它的不可信。[13] 有效的证成和辩护，依靠的是论证的质量，不是人数和声势。

专业判断的原则不仅运用于对待朋友的场合。它也运用于各种角色或专业，包括中国哲学的研究。跟其他富有理论意义的文本一样，《春秋》经传既然可以是中国哲学工作者的研究对象，那就要追问专业判断的原则对这个工作意味着什么。在此之前，首先需要了解研究《春秋》经传的专业任务包括什么。

第二节　研究《春秋》经传的专业

据我的初步理解，中国哲学工作者从事《春秋》经传的研究，不妨参照冯友兰的分类意见，把工作划分为“照着讲”和“接着讲”两个部分：

所谓“照着讲”，涉及《春秋》经传的历史书写，像处理中国哲学史的其他课题一样，必须尊重本来历史的客观存在。比如说，王阳明主张聩辄父子和解，这与其他《春秋》学者的说法有何异同？[14] 要作出合乎实际的叙述，“必须先真正懂得他想些什么，见些什么，说些什么，他是怎样想的，怎样说的，以及他为什么这样想，这样说”。[15] 有关各种《春秋》著作的发展过程，都不能“好

---

〔13〕 从品格鉴别罪证的推论，参阅 Park, *Evidence Law*, p.158.

〔14〕 有关这个问题的讨论，参阅本书第六章，页 289—90。

〔15〕 冯友兰：《中国哲学史新编》第 1 册，页 42。

像一个百依百顺的女孩子，可以任人随意打扮”，[16] 需要“照着”历史实际来讲。

至于“接着讲”，涉及《春秋》经传的解读诠释。《春秋》是一部不断被解释的经典，各种观点层出不穷，正如刘士毅自述，这些见解繁多且复杂，不容易消化：“涉猎既广，渐苦诸说之纷如，歧中又歧，莫逐亡羊，又其甚者，一人之口自为异同，如一室之中，矛盾相刺。”[17] 严肃的研究者不得不耐心整理“诸说”，从而得出恰当的判断。不论是否以建立体系为最终目标，都要“接着”前人的“诸说”来讲，不能凭空杜撰。这跟近代学者不能“凭空创造一个新的中国哲学”，[18] 是相同的道理。

在《春秋》研究上，无论是“照着讲”抑或“接着讲”，同样需要正确地理解、诠释和权衡各种观点，恰当地掌握它们的性质、重要性和关系；[19] 在操作过程中，“皆必以严刻的理智态度表出之”。[20] 这跟熊大作为法官在庭上的判决，熊二作为文学教授的学术审查，具有一定的共同性。张三没有抢劫吗？相关证据是否能支持这一点？李四的论文有没有学术创新？说它有贡献，何以见得？王阳明的观点有什么独特性？是否经得起推敲？能不能得到其他人的认可？相关的判断，有可能是根据事实性的描述，也有可能是根据规范性的推论，也有可能两者兼而有之。

这不是否定《春秋》研究与其他专业判断之间还有其他重要的

---

〔16〕 冯友兰：《中国哲学史新编》第1册，页8。

〔17〕 刘士毅：《序》，载《春秋疑义录》，页718。

〔18〕 冯友兰：《中国现代哲学史》，页207。

〔19〕 这不意味必须有一个单一的正确理解、诠释或权衡。也许真相是，可以有一些不同的理解或诠释方式，没有哪一个比其他更正确。

〔20〕 这是冯友兰概括哲学研究方法的论断，但也适用于《春秋》类文献的解读。参阅《中国哲学史》上册，页4。

差别。在此，仅是强调：《春秋》研究作为一门严肃的专业，要求充分的说理，分辨是非对错。并非所有谈论《春秋》的言说都有足够的学术价值。那种“以前见来模糊乃至取消在文本理解上的对错高下的差别”的“伪诠释学观念”是要不得的。〔21〕在《春秋》研究中，不管是想“照着”某一著作的发展过程来考察它的历史面貌，抑或“接着”若干解经意见来阐明自己的心得，都要鉴别良窳，不应飘移论题，把不同的东西混为一谈。例如研治《左传》，杜预的《集解》只有说明的作用，不能把杜注与《左传》等量齐观，依沈钦韩之言：“腾杜预之义而播左氏之疵，左氏宁受焉！”〔22〕同一道理，研治《公羊》，何休的《解诂》也不能取而代之，吕绍纲的意见很值得重视：“我们必须加以分析，将《春秋》《公羊》的思想归诸《春秋》《公羊》，何休的理论归诸何休。这样，当我们研究它们各自的思想的时候，才不至误入歧途。”〔23〕重点是厘清自己所要讨论的问题是什么，具体问题具体分析，推敲论证。光是摆立场、说大话，不是正常的学术研究。

对论证的讲究，有时是因为流行论断不宜轻信。今天中国哲学工作者已知道“从西方哲学的问题意识出发”的教科书的不可靠：“既支解了经典的整体意义，也不能揭示其所关注对象的思想内涵，没有呈现好经典传统中精彩的一面。”〔24〕类似这种教科书式的作品，其所制作的思想教条，在经学研究中也是广泛存在的。比如，皮锡瑞对《春秋》的各种观点，是否都合理呢？他主张孟子曾经明言“微言”和“大义”，是否可信呢？据此敲定《左》

---

〔21〕陈来：《前言：“中国哲学史”的学科建设》，载《问道中国哲学：中国哲学史研究的现状与前瞻》，页5。

〔22〕沈钦韩：《自序》，载《春秋左氏传补注》，页97。

〔23〕吕绍纲：《何休〈公羊〉“三科九旨”浅议》，载《庚辰存稿》，页330。

〔24〕陈少明：《做中国哲学》，页5。

《公》《穀》的内容宗旨，是否合理呢?[25] 不经论证而接受相类似的说法，不会比盲从王五对张三行为（或李四论文）的保证更高明多少。

这里，已要求《春秋》研究者维持“严刻的理智态度”，务求独立判断，论证严谨，贯彻“专业判断的原则”，可表述如下：

> **专业判断的原则**（应用在《春秋》研究的版本）：从事《春秋》研究的人具有初步认定的道德责任，以合乎情理的努力避免那些可能影响研究的因素。

如前所述，这里的重点只是尽量降低一些可以防范的影响，比如像王五那样无条件信任朋友的偏倚性。究竟研究的成果是否优秀，却非这一原则所能保证。说到底，研究结论的可靠性，除了学者所付出的心血外，有时候还要各种条件的配合。例如《穀梁》桓二年传“于是为齐侯、陈侯、郑伯讨，数日以赂”，此“数日”令人费解，古来论者皆不得其训，迄至敦煌石室《穀梁传》残帙面世，方知“数日”乃“责”字传写之讹，柯劭忞据此指出全句是责备鲁桓公乘宋国内乱出兵，事后索赂的可耻行为。[26] 地不爱宝，纯属偶然，这是赢在运气多于一切。专业判断的原则应用在《春秋》研究上，肯定不能指望所有作品都像柯注那样幸运，只能责成研究者诚实地做好本分，努力避免影响判断的各种因素。这是一项温和的要求，但要维护《春秋》研究的专业性，却是不宜放弃的底线。

很遗憾的是，专业判断的原则是有可能被违反的。在《春秋》

〔25〕 皮锡瑞这一判断的不可信性，参阅拙著：《〈经学通论〉辨证》，页221—322。
〔26〕 柯劭忞：《春秋穀梁传注》卷4，页4。

研究上，影响正确判断的因素甚多，其中一个就是研究者抱持门户之见。

第三节　门户的不可欲

在汉语中，“门户”有不同的涵义，这里讲的是宗派义的“门户”。《韩非子·八说》云：“明君之道，贱德义贵，不必坐上，决诚以参，听无门户，故智者不得诈欺。”〔27〕此“门户”是指有可能欺瞒君主的党派性意见。知识分子因为党派性的分裂，也会产生各种偏颇失实的意见。大略地说，在学术上的门户，可以是涉及某一（或某些）学者、学派、学说的立场，内涵千差万变，但不论门户所指的是什么，一般都有一个明显的特征，即敌我二分的党派性立场。高举汉学门户的江藩，这样颂扬清儒研治汉学的成就：“从此汉学昌明，千载沉霾，一朝复旦。”〔28〕这种歌颂光明的语调，已预设汉学的对立面（尤指宋学）属于黑暗的一边。相当普遍的是，对自家门户的支持，是透过对异己的攻击来界定。像康有为《新学伪经考》叙目题记：“始作伪乱圣者自刘歆，布行伪经篡孔统者成于郑玄。”〔29〕开宗明义，就宣布了他所拥戴的《公羊》学的两个大敌。敌我之间，绝无调和的余地。这种黑白二分的派性心理，极容易导致毛泽东所指的毛病：“所谓坏就是绝对的坏，一切皆坏；所谓好就是绝对的好，一切皆好。”〔30〕

一个人是否怀有门户心态，是由他对异己的排斥来界定的，原

〔27〕王先慎：《韩非子集解》卷18，页424。
〔28〕漆永祥：《汉学师承记笺释》卷1，页34。
〔29〕康有为：《新学伪经考》，页355。
〔30〕毛泽东：《反对党八股》，载《毛泽东选集》第3册，页832。

则上独立于他是否承认自己有这样的想法。完全有可能的是，自以为语语持平，其人其言却嫌门户太过。像刘逢禄因为拘守何休《解诂》的缘故，不仅斥班伪《左》，连《穀梁》也因不与《公羊》同调而备受攻击，尽管他自以为择善固执，但究其实，没有多少人觉得他的评论至公至允，杨钟羲审视他的立言作风，也不得不慨叹："逢禄护持任城，作禽息之守御，排斥《左》《穀》，大放厥词，自谓非敢党同，不可信矣。"〔31〕刘逢禄虽不承认自己党同伐异，但他袒护门户的偏颇，却是有目共睹，难以让人相信他的立论毫无偏差。

必须承认，即使对某些学者、学派或学说有所偏好，如果不是过分严重，未必会造成认识偏差的弊病。例如何休指责"季姬淫泆",〔32〕其说在《公羊》亦无根据，柯劭忞批判说："何休始造淫通之说，以诬古人。"〔33〕尽管柯劭忞立说的目的是回护《穀梁》，但他对何休的驳斥却完全说得通，不宜以门户视之。这跟熊二对李四论文提供"怀疑的优惠"，都是偏好不影响专业判断的情况。

门户是否产生弊端，很大程度上是一个程度的问题。当维护门户的偏倚性立场发展至否定异己的程度时，就可能主导着判断的过程。像清初纂修《明史》，因创稿和顾问的都是前明遗老及其门生，对东林党众"不无偏向之心"，以致列传不时肯定弹劾阉党、周温之徒，十之八九别无可嘉之处，"此则门户之私，不知史家体要矣"。〔34〕这种作风，与简单地相信张三无罪、瞎捧李四论文的王五，没有太大分别。因门户而产生的各种偏见，左右着论者的思考，而立言的根据就有可能无法诚实且理性地评估各种可以掌握的证据，

〔31〕杨钟羲:《穀梁废疾申何》，页488。

〔32〕《公羊注疏》卷11，页239。

〔33〕柯劭忞:《春秋穀梁传注》卷6，页17。

〔34〕叶德辉:《明万历丙辰、己未、天启壬戌三科进士履历总跋》，载《叶德辉文集》，页38。

更多的是让它们如何符合自己喜欢、已经相信的东西，或它们所展现的框架。[35] 总言之，整个推论抄了短路，不必耐心地再三推敲论证如何，更重要的是回护门户的派性展现。至于是否能够维持“严刻的理智态度”，已成次要的枝节。

《春秋》研究与其他需要独立判断的专业一样，本不应该舍己芸人，先在地怀有偏倚于某一方言说的态度。门户之私，与友情的考虑一样，都是一种偏倚性的表现。其对《春秋》研究的最大影响，是某一（或某些）学者、学派及其学说已被先在地预判为更重要和更美好。公平的判断，应该是针对相关问题探求合理的解释。王五不能单凭友谊便能说服所有人相信张三无罪。同样，研究《春秋》经传某个文本及其问题，若因其对该文本的拥护或认同而盲从其说，就有可能得出不正确的认识。例如范注：“仲子乃孝公时卒，故不称谥。”[36] 这是讨论隐元年周平王遣使致送惠公仲子之赗，但《穀梁》不曾记载仲子的卒葬时间，范宁认为她在孝公时逝世，毫无凭据，亦违事理。因为偏袒门户的心态，柳兴恩却无条件地拥护范注，《大义述》辩护说：“其说未为无据。仲子卒在孝公时，妾礼不赴王，无由赗之至。惠公薨，王使来，于是母以子氏而追赗之。”[37] 说王使因惠公之丧而归赗仲子，非《穀梁》本义，实乃《公羊》的主张。柳兴恩弃注从传，竟然暗援《公羊》之说以求其解，何可信据？[38]

说到底，像范宁《集解》这类的注解，不过是解读经传的一个文本，它的说法究竟是否说得通，不能仅凭其为《穀梁》的权

---

〔35〕 这里已涉及心理学家所说的“置换”（substitution）效应，参阅 Kahneman, *Thinking, Fast and Slow*, p.12.

〔36〕《穀梁注疏》卷 1，页 5。

〔37〕 柳兴恩：《穀梁大义述》卷 10，页 123。

〔38〕 有关这个问题的分析，参阅拙著：《〈穀梁〉政治伦理探微》上册，页 34。

威作品而得到充足的自证。这个道理，钟文烝已看得透彻："是己所是，非己所非，说愈多而愈无定，惟依据《穀梁传》则皆有以断之。"[39] 当这种派性立场凌驾在论证之上，认识规范就不能发挥把关的作用，客观上使得论者乍看来以为可靠的论断得到某种不成比例的似真性（plausibility），进一步强化"是己所是，非己所非"的执念，因为他们会觉得各种回护门户的做法没有偏差，甚至以为这是为自己认同和拥护的对象所做的德性表现。李学勤对这种执念的自我强化，体会深刻，故回顾清代区我界敌的门户风气，作出以下批评："汉学再细分，讲今文，讲西汉，越分越细，形成汉学反宋学、今文反古文的局面，门户越讲越深、越讲越窄小。"[40]

以上所述的"深"，可以理解为门户界画之分明；而"窄小"，则是指论者视域囿于门户而变得狭隘起来。为了捍卫门户，仅是宏扬自己所偏爱的主张，不理会其他意见（包括那些可能对其主张构成挑战的反证），在《春秋》研究中，绝非罕见的现象。尤其是当拥护门户之见成为许多学者认可的态度时，影响尤其严重。徐复观回顾经学史时，便慨叹说："即以传承而论，因西汉已有门户之争，遂孳演而为传承之误。东汉门户之争愈烈，传承之谬愈增……及清代今文学家出，他们因除《公羊传》外，更无完整之典籍可承，为伸张门户，争取学术上之独占地位，遂对传统中之所谓'古文'及'古学'，诋诬剽剥，必欲置之死地而后已，使后学有除今文学家的偏辞孤义外，更无可读之古典的感觉。"[41]

以上所述，明察秋毫之末，准确地捕捉门户立场如何导致认识上的扭曲，甚至造成对文化传统不公正的判断。"伸张门户"的做

[39] 钟文烝：《论传》，载《春秋穀梁经传补注》上册，页30。
[40] 李学勤：《中国古代文明研究》，页526。
[41] 徐复观：《自序》，载《中国经学史的基础》，页1。

法，不因拥护人数之多而变得更有理和更可接受；犹如“李四之友”有多少人，也不该成为左右熊二判断的重要原因。门户立场是比一般友情考虑更偏执的党派性思维，在学术上很有可能带来各种各样偏差。在《春秋》研究中，坚持门户将会严重影响“严刻的理智态度”，导致一些不可信的论断。

第四节　驳议和讨论

总结以上，本文的论证如下：

① 从事某一角色或专业的人具有初步认定的道德责任，以合乎情理的努力避免那些可能影响判断的因素。

②《春秋》研究需要以“严刻的理智态度”处理问题。

③ 因此，中国哲学工作者在《春秋》研究上，具有一种初步判定的道德责任，以合乎情理的努力避免那些可能导致《春秋》研究变差的事情。

④ 门户之见可能导致《春秋》研究不能保持“严刻的理智态度”，不必要地产生偏差。

⑤ 因此，中国哲学工作者具有初步判定的责任避免门户之见。

如果要抗拒以上的论证，需要驳斥至少一个前提。以下不妨动动脑筋，设想一下某些可能出现的反对意见：

（一）有人可能怀疑，前提④遗漏了某些东西。在历史上秉持门户的派性心态的做法甚多，不独《春秋》研究如此，其中不乏观点具有学术价值。这样一来，预期研究者避免门户之见，是否不合情理呢？

这一诘问，实已默认门户可能是不好的，但其他好的东西却有可能得以兼容。如上所述，正确的判断需要各种条件的配合，不是单凭理智且冷静的态度便能保证推论无误。一个心怀偏见的人，也有可能凭着过人的洞见，提供常人难以察知的睿识。现在看来，除了少数固守《公羊》门户的人外，已很少严肃的学者还相信古文经全是伪造的指控。[42] 但不能否认，康有为《新学伪经考》还有一些想法，是值得保留的，例如他指出秦廷焚书，仅是禁绝民间之书，未尝废弃博士所职的典籍，[43] 就是一个经得起推敲的观点。[44] 某人虽然偏袒门户，但不能说其言必谬。王五说张三无罪，虽然不能成立，但他为张三的人格作证，却未必全是错误的。说到底，结论是否可靠，还是要透过具体分析方能论断。

这里需要掌握分寸，不能由此推出门户的可欲性和必要性。承认有门户心态的人可能提出正确的意见，不意味他不应该回避或放弃门户。门户作为一种党派性思维，纵使不一定阻止了正确观点的出现，但也没有起到促进的作用。应该说，回护门户的做法，更有可能的是制造不准确的推论。在此不妨多谈一例：努力紧跟康有为的崔适，同样指责《左》《穀》二传。为此，他武断地否定《汉书·儒林传》的记载，从而宣布《穀梁》同属刘歆一党炮制的“伪经”。尽管这是一个彻底错误的论断，但崔适在论辩中却有过人的锐见：“宣帝尊武帝为世宗，谥卫太子曰戾，抑扬之意可知。独于经学，则违世宗而从戾园，亦情理所不合者也。”[45] 比起那些认为宣帝立《穀梁》是为戾太子平反或给予慰藉的说法，[46] 崔适注意到宣帝不可能背弃武帝的做法，无疑是比较了解西汉政情的判断，

〔42〕 指责刘歆一党伪造古文经，早已被钱穆透过考据彻底推翻，参阅钱穆：《两汉经学今古文平议》，页1—163。

〔43〕 康有为：《新学伪经考》卷1，页356—61。

〔44〕 秦始皇不是像流行常识那般废绝儒家，其对儒家和《诗》《书》等措施，参阅辛德勇：《生死秦始皇》，页109—81。

〔45〕 崔适：《五经释要》卷5，页72。

〔46〕 程苏东：《从六艺到十三经：以经目演变为中心》上册，页211—22。

但因为捍卫《公羊》的心态，使得他始终不能接受《穀梁》在刘歆以前已被立学的事实，于是愈辩愈失真，愈讲愈荒唐，完全忽略一个可以满足他的质疑的可能性：汉宣帝确实立《穀梁》博士，但不是为了戾太子，而是出于其他考虑。[47] 可以合理地设想，如果康有为和崔适能够放弃排拒古文的门户偏见，相对收敛自己的想法，仅谈秦皇焚书的成效，或汉宣立学的背景，那么他们完全有可能得出更周延的判断。

对康有为、崔适来说，坚守门户之所以重要，因为他们在乎的是结论能不能符合己方立场；也就是说，着重点在于“结论的首要性”（primacy of conclusions）。[48] 对于中国哲学工作者来说，首要性应该在于论证。进行《春秋》研究时，争取论证的严谨性，尽量降低偏差的出现，很难说是不合情理的要求。是不是信守专业判断的原则，是在操作过程上规避偏差的一种尝试；能不能作出学术贡献，则看研究者的个人能力。基本上，这是两个不同层面上的考虑。没有理由因为合理的观点有可能出现而支持门户的存在。

（二）也有人可能怀疑：前提①所述的专业判断原则是可疑的。对这个原则有所疑虑，是因为许多经学研究者大概以为，研治《春秋》不需要独立的判断，跟随权威“定论”便足够了。

过去的注疏之学，不一定讲求经师作出个人的判断，或提供新颖的观点，但现代学术却不能没有创新发现。如果李四研究莎士比亚，仅只抄录各种说法而不能衡量得失，这样的论文有什么价值？中国哲学同样如此。对此，陈少明已说得比较深刻：“老生常谈，即使所谈是哲学，也会失去哲学的魅力，就如时下许多教科书式的

〔47〕 宣帝立《穀梁》的原因，参阅拙著：《汉宣帝立〈穀梁〉事述说》，页 87—138。

〔48〕 这一说法，参阅 Daniel Kahneman, *Thinking, Fast and Slow*, p.12.

哲学理论那样。"〔49〕《春秋》研究也要保持此一警惕。跟中国哲学的其他文献一样，《春秋》经传之所以值得研究，在于它们能给读者新的东西，如冯友兰所说："必有新'见'之著述，方可为哲学史史料。如只述陈言者，不可为哲学史史料。"〔50〕无论是以前训诂《春秋》的传注，抑或今人再次作出的解读，若无"新见"而"只述陈言"，可能也没有太大的学术意义。由于"新见"得之非易，故一些严肃的《春秋》研究者或多或少有些莫名的焦虑。张慰祖如此记述自己增补柳兴恩《穀梁大义述》的心情："学问无穷，未敢自信，一知半解，懔懔乎以不克闻为惧。"〔51〕此"一知半解"就是需要实质性的创新见解，如果剿取前人旧说也不妨，何"惧"之有？

不仅"接着讲"需要"新见"，"照着讲"同样讲究"新见"。现在国内经学史的一些著作，屡有因袭旧说之习，例如曾亦《春秋公羊学史》说："杜注集众美于一身，虽不免攘善之讥。"又说："杜注简约，而服注繁芜……杜注能得众心，此实一大缘由也。"〔52〕此"集众美"之论，与赵伯雄《春秋学史》大体相同："杜注广泛吸收了前辈学者的优长，虽不免攘善之讥，但毕竟完成了一部在当时确是'集众美于一身'的著作。"〔53〕至于"简约"与"繁芜"的对比，赵著亦早有说明："杜注所以能够压倒服注，还有一个重要的原因，就是杜注的简约战胜了服注的繁芜……影响及于经学，简明说经自然受到人们的欢迎。杜注之能够得势，自有其深刻的社会心理根源。"〔54〕比较可见，曾亦"能得众心"，实是"深刻的社

〔49〕陈少明：《做中国哲学》，页145。
〔50〕冯友兰：《中国哲学史》上册，页26。
〔51〕张慰祖：《序》，载《穀梁大义述补阙》，页5。
〔52〕曾亦、郭晓东：《春秋公羊学史》中册，页514。
〔53〕赵伯雄：《春秋学史》，页296。
〔54〕赵伯雄：《春秋学史》，页297—98。

会心理根源”的另一说法。像这样袭用旧说而不明引之，恐怕不是严谨的学术态度。

学术贵乎自得，人云亦云绝非可喜的现象。确切地说，门户心态的理据，无非是某一种（或一些）说法被视为“定论”，甚至成为相关研究的基础，足以为解决其他问题提供可靠的进路。因为文献材料有限，或论者认识的偏颇，故这个“定论”可能仍然值得被追问或有商榷的余地。知此，“所得的‘定论’以及其他被这个方法所解决的问题，就可能都是假象了；而我们的古典学研究所‘已经’解决了的这些问题，就需要推倒重来。”〔55〕与其他中国哲学的许多见解一样，对《春秋》研究所提出的一些观点，同样是可能被“推倒重来”的说法，充其量“只可用作启发心思的工具”，不可“认作天经地义的信条”或“奉为金科玉律的宗教”。〔56〕因为门户的壁垒心态，放弃自己的判断而轻信某些“定论”，不过是看待“信条”或“宗教”的心态，非学术研究所宜有。

（三）最后可能有人质疑前提②，觉得《春秋》研究不必抱持“严刻的理智态度”。为反驳这一前提，也许很容易联想到中国传统思想里有许许多多的学说讲究心灵的证悟，而非理智的论证。但是，摒弃“严刻的理智态度”，真的可欲和可行吗？

的确，不是所有思想都需要采用理智的态度来了解。像各种宗教问题的剖析，便可能需要采用直觉、顿悟、神秘经验等做法。但冯友兰已指出，这些做法“虽有甚高的价值，但不必以之混入哲学方法之内”。〔57〕《春秋》不是文学作品，对它的解读不大涉及心灵感受如何。自三传以降，对不同观点存在不同解释，各怀异见，互

〔55〕 李锐：《同文与族本：新出简帛与古书形成研究》，页39。
〔56〕 胡适：《介绍我自己的思想》，载《胡适文选》，页4—5。
〔57〕 冯友兰：《中国哲学史》上册，页4。

有离合，偶尔彼此攻讦，实乃《春秋》研究的常态。无论是“照着讲”抑或“接着讲”，言其重点，“皆不在叙述经验，而在成立道理”。[58] 在实践上，这已要求论者不能任凭一时的随感轻下判断，应该忠实地衡量各种论证（无论正反），正如梁启超所说，“既立一说，绝不遽信为定论，乃广集证据，务求按诸同类之事实而皆合”。[59] 这些，都是需要“严刻的理智态度”方能为之，像王五偏信张三无罪，再多的“证据”也可能变成偏见合理化的工具。

门户心态的存在，正是可能强化偏听偏信的一个原因。当论者放弃了“严刻的理智态度”，只认定自己所坚执的信念是绝对正确的，就会觉得不听取其他异见也无所谓。皮锡瑞就是这么提倡的。他在《经学历史》中介绍自己的治经方法，即“本汉人治经之法，求汉人致用之方”，谈及如何研治《左传》，就建议“主贾、服遗说，参以杜解”，并且明确主张：“后儒臆说，极屏勿观。”[60] 为什么后儒所说的都是“臆说”？如所周知，贾逵、服虔解《左》之言，仅是零星地收录孔疏之中，较之杜注的完整性，何可比拟？仅就《左传》而言，贾、服之解也很难说是必合传意。孔颖达《左传正义》引贾逵《春秋序》云：“孔子览《史记》，就是非之说，立素王之法。”[61] 贾逵毫不避忌地援引《公羊》学者“素王”之说，而《左传》绝无这方面的主张，岂能说他的解释必比杜预正确？[62] 说穿了，皮氏贬杜之见，实是佞汉而又偏袒“今文说”的心理表现，不足取信。[63] 假如不是守护汉学和今文学的门户偏见作祟，而是

〔58〕 冯友兰:《中国哲学史》上册，页5。

〔59〕 梁启超:《清代学术概论》，页46。

〔60〕 皮锡瑞:《经学历史》，页342。

〔61〕《左传正义》卷1，页25。

〔62〕 有关这个问题的分析，参阅拙著:《〈经学通论〉辨证》，页162—66。

〔63〕 有关杜预的学术成就，已有学者作出深刻的研究，例如方韬《杜预〈春秋经传集解〉研究》。

公平地衡量哪一套意见更合《左传》，其实不妨像梁启超所说的“广集证据”，何至“极屏勿观”？掩目避见自己看不上眼的东西，绝不保证推论可靠。

在驳论还未成立之前，本文得出初步结论：在《春秋》研究上，要获得可靠的推论，终究还是离不开“严刻的理智态度”，不应该维持门户之见。

第五节　小　　结

中国哲学工作者具有初步判定的责任，应该在《春秋》研究上避免门户之见。无疑，这个结论可能令一些人感到沮丧。长久以来，把自己偏好的门户当作是非对错的判准，并且以各种理由合理化门户之见，是很多经师视若常规的习性。不过，门户派性的做法，作为一种党派性思维，把是非对错化约为立场的选定，可能导致认识上的各种偏差，宜弃不宜有。假如相信《春秋》经传是中国哲学专业合理的研究领域，便应该遵守专业判断的原则，理智地对待各种证据和推论。门户之见，因其潜在的弊端，实非《春秋》研究的必要条件。

“不敢有穿凿附会之谈，不敢存党同伐异之见”，〔64〕这是程庭桂《春秋希通》的自述，其言平实有味，弥可珍重，愿以此与同道共勉。

基于以上的认识，书中所收录的七个章节，都是着重追查语脉，从《春秋》研究的各种文献中寻找正反证据，客观地解读文献原意

〔64〕 程庭桂：《序》，载《春秋希通》，页3。

及其论证。前四章是订正前人之误，检讨近代以来迄至今天还在坚持的一些认识；后三章是补充过去之阙，透过三个案例，展示《春秋》研究一些还未得到充分讨论的思想现象，以供读者参考。

附记： 本文原是 2019 年 11 月在广州参与“面向未来的中国哲学”工作坊的一篇会议论文，在宣读前曾发给李锐兄求教，喜获反馈，以为本文宜用“中国学术”，比“哲学”更通融，此言亦甚有理，于此我愿意持开放态度。

第一章　无论多少，不该被抹煞
——《公羊》和《穀梁》的史料价值

由于近代学者的建构，《公羊》与《穀梁》二传常被视作今文经学的作品，被标注了各种各样的属性，许多想法已被视若天经地义，其所衍生的问题也许比想象中更繁多和更复杂。其中一个较少人注意的客观效应是二传的史实性较少得到着墨或甚至备受忽略。〔1〕尤有进者，甚至有人彻底不承认它们的史料价值。陈壁生《经学的瓦解》对近代学术发展提出不少值得究理的观点，但书中的一个论断却是可以商榷的："在三传中，《公羊》《穀梁》二传，唯说微言大义，实无史料之价值……具有史料价值的是《左传》。"〔2〕以上说法，貌似理所当然，但细梳文献，比读诸传，似不可通。是否仅《左传》"具有史料价值"，而《公羊》与《穀梁》"实无"呢？这是一个不容易解答的学术问题，需要经过具体考察，耐心举证，而非不假思索径自按印象而发言。有鉴于此，下文将会比读三传，略作辨证，提出不一样的事实认知。

〔1〕认为二传（通常专指《公羊》）专讲微言大义，或所谓的"以义解经"，而不措意于其叙事或史料价值，是相当流行的想法。参阅平飞：《经典解释与文化创新：〈公羊传〉"以义解经"探微》，页1—18。曾亦、郭晓东：《春秋公羊学史》上册，页121—26。

〔2〕陈壁生：《经学的瓦解》，页157。

第一节 有待澄清的误解

首先，澄清一些不必要的误解。认为《公》《穀》二传没有史料价值，貌似符合直觉的一个理由，也许是认为它们并非历史著作。二传的写作，其核心宗旨无疑是解读《春秋》经文，而非以史料的传承为第一义。但必须明确一个基本的认识：说一部著作具有史料价值，跟它的作者是否有意识地写作历史作品，没有必然的关系。像出土的甲骨文、金文、简帛，其作者大概没有意图要留下什么重要的史料，但谁会否定这些东西的史料价值？同样道理，《公》《穀》与其他经部文献一样，即使不是有意识写作的历史著作，也不代表它们没有史料价值。

承认二传不是历史著作，不意味它们没有史料价值。这一点，金景芳在概括经部文献时已说得比较明白："从历史实际出发，就要求占有大量的史料，不论是地上的、地下的，正统的、非正统的，都不应轻易放过。基于上述观点，研究中国古代史就不能不对经学予以足够的重视。"[3] 以上，是强调从经学中挖掘史料，能不能挖到史料，主要是看文献的内容和研究者个人的本领，无涉于这些文献是否历史著作的定性。金氏高弟吕绍纲肯定地指出："儒家《诗》《书》《礼》《乐》《易》《春秋》六部经典，除《春秋》以外，都不是严格意义上的史学，但是都有史学意义和史料价值。"[4] 这一观察，足见其治诸经至深至精，秋毫之末也能看得一清二楚。如果说，不是史学的《诗》《书》《礼》《乐》《易》都有史料价值，那么被很多学者视为史学的《春秋》就没有了吗？如果说，《春秋》

[3] 金景芳：《经学与史学》，载《金景芳全集》第7册，页3139。
[4] 吕绍纲：《易学与史学》，载《〈周易〉的哲学精神：吕绍纲易学文选》，页375。

有史料价值，那么针对《春秋》所述史事作出解释和评论的《公羊》和《穀梁》就没有了吗？

要证明《公》《穀》没有史料价值，比较有力的做法似乎是认为它们没有历史叙事，而非说二传不是历史作品。假如二传的内容没有丝毫史事记载，那么说《公》《穀》没有史料价值，至少在直观上似乎比较可靠。然而，《春秋》是编年史的体裁，而《公》《穀》为了解释经文对所述事件有何见解，往往不得不交代相关历史的来龙去脉。因此，二传叙事的内容纵使不如《左传》之多，但绝非拒绝历史叙事的记载。这一点，赵生群已说得相当明白："《公羊》《穀梁》直接叙事解经者共八十余条。这些条目从十几字、几十字至数百字不等（最多者达六百余字），与《左传》以事解经性质完全相同。"[5] 这是相当全面、确切的概括。二传载有各种叙事，开卷自见，记载显明，不烦辞费。

当然，有历史叙事不等于具有史料价值。假如一部著作的历史叙事完全照搬前人的作品，而这些作品又是流通易得之书，那么这部著作就很难说有什么史料价值。例如《资治通鉴》秦汉及其以前部分，只宜用来观察司马迁等宋代史家对史事的裁断，不能当作一般意义的史料。正如辛德勇所述："了解相关史事，更不宜先于《史记》《汉书》而阅读《通鉴》。这是因为其纪事内容，完全依据《史记》《汉书》等著述编录改写，并没有我们今天看不到的可信史料作依据。"[6] 至于《公》《穀》，则不是这样的情况。下一节将会指出，二传载有一些叙事，其对史事记述的丰富性和准确性，是不容视若无睹的。

---

〔5〕 赵生群：《〈春秋〉经传研究》，页276。

〔6〕 辛德勇：《制造汉武帝：由汉武帝晚年政治形象的塑造看〈资治通鉴〉的历史构建》，页1。

涉及《公》《穀》二传的历史叙事，陈澧另有一个说法需要清理。他说："《公羊》亦甚重记事，但所知之事少，而又有不确者耳。"又批评《穀梁》："实因所知之事少，故从简略。"〔7〕这是一个很有误导性的论断。"所知之事少"的"少"，究竟是多少？说穿了，陈澧之所以认定二传"所知之事少"，是把二传不述其事当作不知其事。陈澧没有提及，桓谭早已批评《穀梁》残略，而钟文烝对之有所批驳，《补注》云："是谓传所不载者，并是不知其事，岂其然乎？"〔8〕然而，"不知其事"的批判是一个有待证验的预设。二传作者所据的史料原典是什么，现已无从考察，难以断言其"所知"是多是少。不管如何，"所知之事少"的"少"已意味二传对史事不是一点也不知道！就是陈澧本人，也承认二传有记事之语，有些内容二传是知道的。因此"所知之事少"的批判，与二传是否存在史料价值，是不相干的。

第二节　二传独有的历史叙事

有历史叙事不蕴涵有史料价值。假如三传属于同一史源，而《公》《穀》完全复述或抄袭《左传》所讲过的各种记事，《公》《穀》的叙事仍有可能没有史料价值。然而，究竟三传的史源如何？这是一个无法深入探讨的问题。鲁史旧文（即《公羊》所谓的"不修春秋"或《穀梁》所谓的"史文"）没有传世，三传参考的是什么史料也无从稽考。惟一清楚的是，三传叙述有异有同，绝非事事相同。吕思勉说："至《公》《穀》之记事，与《左氏》之记事，

---

〔7〕陈澧：《东塾读书记》卷10，页195、205。
〔8〕钟文烝：《春秋穀梁经传补注》卷2，页70。

则各有所取。”〔9〕赵伯雄也有类似的观点：“三传解经都是依据史实的，有时所据史实不同，也会使三传的说解产生歧异。”〔10〕三传取材的源头既然不尽相同，而《公》《穀》二传也不是全盘复述或照搬《左传》的记载。细心的读者会发现，如果遇到了其他文献阙如的情况，《公》《穀》的一些叙事就会成为相关史事的惟一纪录（或主要纪录），具有难以抹煞的史料价值。

相信《公羊》学者最有把握的叙事，该是孔父、仇牧、荀息三人死义的叙事。《公羊》歌颂这三个被弑君逆贼杀死的臣子，不像其他观点容易遭到质疑，主要原因是其传对三人死难过程的深描，尤其是孔父和仇牧二人。《公羊》桓二年传：“督将弑殇公，孔父生而存，则殇公不可得而弑也，故于是先攻孔父之家。殇公知孔父死，己必死，趋而救之，皆死焉。孔父正色而立于朝，则人莫敢过而致难于其君者，孔父可谓义形于色矣。”〔11〕宋督先攻孔父之家，与夷知道孔父死了自己也不能幸存，就赶去援救，结果君臣二人同遭杀害，记述详尽，基本上没有反证足以驳倒其说。尽管《左传》记述祸事之源由，指出宋督在路上目睹孔父妻子的艳色，并且批判宋殇公“十年十一战，民不堪命”而孔父没有纠正等情节，而杜预和孔颖达也怪责孔父连累宋殇公遇害，〔12〕但因《公羊》叙事的完整和厚实，基本上接受孔父作为忠臣的声音，绝对盖过对他的责难。章太炎的意见可以反映舆情之一斑，《春秋左传读》云：“孔父为詹事，其能整饬宫闱必矣。其妻偶一失礼，未足为孔父病也。”〔13〕这

〔9〕吕思勉：《吕思勉读史札记》上册，页148。
〔10〕赵伯雄：《春秋学史》，页75。
〔11〕《公羊注疏》卷4，页70—71。
〔12〕《左传正义》卷5，页133、136—37。
〔13〕章太炎：《春秋左传读》，页116。

是相信《公羊》上述的叙事比较接近历史实际。以辩护《公羊》为己任的皮锡瑞同样充满底气，他和其他《公羊》学者一样都认为《公羊》记载孔父之事皆是符合史实，反过来抨击唱反调的杜预和孔颖达谬误失宜："杜、孔之解《春秋》如此等处，不谓之邪说不可也。"[14]

与孔父一样，《公羊》对仇牧死义的讨论，也因其独家且厚实的叙事，得到广泛的支持。《公羊》庄十二年传："万尝与庄公战，获乎庄公。庄公归，散舍诸宫中，数月然后归之。归反为大夫于宋，与闵公博，妇人皆在侧，万曰：'甚矣！鲁侯之淑，鲁侯之美也！天下诸侯宜为君者，唯鲁侯尔！'闵公矜此妇人，妒其言，顾曰：'此虏也！''尔虏焉故，鲁侯之美恶乎至?'万怒，搏闵公，绝其脰。仇牧闻君弑，趋而至，遇之于门，手剑而叱之。万臂摋仇牧，碎其首，齿著乎门阖。仇牧可谓不畏强御矣。"[15]这里记述宋万与宋闵公如何发生口角，愤而弑君，并且遇上仇牧，用椎击将之格杀。其中的前因后果，乃至相关对话、行凶方式、杀人动机等等，一一缕述无遗，现存文献也找不到任何反证，所以它的认受性极高，即使杜预对之刻意贬抑，也没能予以改变。《左》庄十一年传："遇仇牧于门，批而杀之。"杜解："仇牧称名，不警而遇贼，无善事可褒。"[16]上述《左传》仅九字，情节单薄，读者自难因此弃《公》奉《左》。焦循《左传补疏》云："虽不及《公羊传》之详，亦未尝有贬辞。"[17]之所以不相信杜预的观点，很大程度上是因为《公羊》有关仇牧的记载是现存文献中

---

〔14〕 皮锡瑞：《经学通论》卷5，页402。
〔15〕《公羊注疏》卷7，页148—49。
〔16〕《左传正义》卷9，页247—48。
〔17〕 焦循：《春秋左传补疏》卷2，页22。

最具体、最丰富和最细致的叙事，杜预“无善事可褒”的批判也不足以动摇分毫。

虽然《左传》的整体篇幅和叙事数量远高于《公羊》，但在某些事件的记载上，《公羊》比《左传》更全面和更翔实。有关曹刿劫持齐桓公订盟之事，便是一证。《公羊》庄十三年传：“庄公将会乎桓，曹子进曰：‘君之意何如?’庄公曰：‘寡人之生，则不若死矣。’曹子曰：‘然则君请当其君，臣请当其臣。’庄公曰：‘诺。’于是会乎桓。庄公升坛，曹子手剑而从之。管子进曰：‘君何求乎?’曹子曰：‘城坏压竟，君不图与?’管子曰：‘然则君将何求?’曹子曰：‘愿请汶阳之田。’管子顾曰：‘君许诺。’桓公曰：‘诺。’曹子请盟，桓公下与之盟。已盟，曹子摽剑而去之。”〔18〕齐桓公被曹刿劫持却仍然遵守信用不负盟约，使得他的信用闻于诸侯，《公羊》的叙事可以与《荀子》《鹖冠子》《战国策》《吕氏春秋》诸书的记载相互印证，〔19〕所以后世读者普遍相信以上的叙事。相反，《左传》记载这一盟会极其简陋，没有太多信息可言，《左》庄十三年传：“冬，盟于柯，始及齐平也。”〔20〕在史料价值上，它根本不能与《公羊》相比。因为这样，《史记·刺客列传》陈述曹刿的往事，基本上是取材自《公羊》而非《左传》。〔21〕

《公羊》叙事对历史认识的贡献，许多文史研究者早已了然于胸。在此，陈其泰有一个比较平实的观察：“《公羊传》虽以阐释大

〔18〕《公羊注疏》卷7，页150—52。

〔19〕王先谦：《荀子集解》卷5，页157。黄怀信：《鹖冠子校注》卷下，页270。范祥雍：《战国策笺证》卷13，页711。许维遹：《吕氏春秋集释》卷19，页538。《史记》卷86，页3053—54。石光瑛：《新序校释》卷4，页497。

〔20〕孔颖达：《左传正义》卷9，页249。

〔21〕《史记》卷86，页3053—54。有关《史记》这方面的史实取材，参阅郑杰文、傅永军主编：《经学十二讲》，页219。

义为主，但在史实上，与《左传》相比，也有重要的补充。如宣公六年记赵盾弑其君，宣公十二年记邲之战，宣公十五年记宋及楚平，成公八年记晋使韩穿来言归齐汶阳之田，昭公二十五年记鲁昭公攻季氏而反被季氏所逐出走等。"〔22〕只要耐心研读引文所举诸例，谁还能认为《公羊》没有史料价值呢？

与《公羊》一样，《穀梁》虽然篇幅比不上《左传》，但对某些事件的记载，同样仅此一家，别无他说。公弟叔肹在先秦文献中记载极少，但《穀梁》的记载却最周详全面，非二传所能媲美。《穀梁》宣十七年传："其曰公弟叔肹，贤之也。其贤之何也？宣弑而非之也。非之，则胡为不去也？曰：'兄弟也，何去而之？'与之财，则曰'我足矣'。织屦而食，终身不食宣公之食。君子以是为通恩也，以取贵乎《春秋》。"〔23〕叔肹不满其兄鲁宣公篡夺君位，既不食其禄又不离弃，故此得到经文的高度肯定。这一叙事，是有关叔肹最全面的叙事。相反，《左传》仅是泛泛申述"公子"和"弟"的称呼："凡大子之母弟，公在曰公子，不在曰弟。凡称弟，皆母弟也。"〔24〕以上，不触及公弟叔肹其人之事，其史料价值远远不如《穀梁》。《公羊》未尝发传解说，更不用提了。

非常清楚，《穀梁》记述史事虽不如《左》《公》之多，但也不乏一些叙事比二传更完备和更符合史实。僖元年经："冬，十月壬午，公子友帅师败莒师于丽，获莒拏。"《左》《公》二传皆未提及"获莒拏"的过程，惟《穀梁》记载其事："其曰莒拏，何也？以吾获之，目之也。内不言获，此其言获，何也？恶公子之绐。绐

〔22〕陈其泰：《清代公羊学》，页18。
〔23〕《穀梁注疏》卷12，页207。
〔24〕《左传正义》卷24，页678。

者奈何？公子友谓莒拏曰：‘吾二人不相说，士卒何罪？’屏左右而相搏。公子友处下，左右曰：‘孟劳！’孟劳者，鲁之宝刀也。公子友以杀之。”〔25〕公子友与莒拏徒手不胜，最终凭孟劳宝刀杀了莒拏。这是现行文献中惟一记载这场决斗的叙事，全赖《穀梁》方才得以保存并流传下来。〔26〕附带一提，这场决斗的叙述，与荆轲刺秦王一事，〔27〕完全是不同的历史事件，二者环境不同，成因不同，情节不同，结果不同，除了关键时间有人叫喊提醒之外，基本上没有什么相似之处，岂能认为前者因袭后者？卫聚贤竟然仅据叫喊这一点，就断定“这完全用荆轲刺秦始皇的故事”，〔28〕纯属自由心证，不足凭信。总而言之，以上的举证已足够说明《公羊》和《穀梁》有些叙事无可取代，具有不容磨灭的史料价值。

第三节　二传补证文献的作用

要讨论《公》《穀》的史料价值，不能仅限于二传独有而其他文献没有或较少记载的内容。毕竟三传都是围绕《春秋》而发，这已决定它们的许多叙事存在重叠的地方。问题是，当三传都有记述，而且有时《左传》记述的部分比较多，那么是否意味二传完全没有史料价值呢？简略地说，计有以下三种可能性：

A《公羊》或《穀梁》有些记载可能错误，不如《左传》可靠；

B 二传与《左传》各有说法，难以确定哪一套说法更可靠；

---

〔25〕《穀梁注疏》卷 7，页 107。

〔26〕郑杰文、傅永军主编：《经学十二讲》，页 224。

〔27〕《史记》卷 86，页 3074—75。

〔28〕卫聚贤：《十三经概论》，页 147。信从其说者，参阅吴涛：《“术”、“学”纷争下的西汉〈春秋〉学：以〈穀梁传〉与〈公羊传〉的升降为例》，页 244—45。

C 二传虽然记载不同，但有些内容却能印证《左传》或其他典籍的叙述。

大体而言，这三种可能性都同样存在，必须具体问题具体分析，不能大而化之。就 A 而言，《公羊》确有某些内容不符合历史实际，例如文十二年经："秦伯使遂来聘"，《公羊》云："贤缪公也。"〔29〕这是把经文的"秦伯"误解为秦缪公。但检《秦本纪》和《十二诸侯年表》可知，当时在位的是秦康公，非秦缪公。〔30〕何休和孔广森尝试对之辩护，也不成功。〔31〕同样，《穀梁》也有一些令人费解的说法。庄三十二年经："秋，七月癸巳，公子牙卒。"《穀梁》没有发传解释，但根据"大夫日卒，正也"的传例，公子牙的死亡日期只能说明他是"正"而非"恶"，没有政治合法性的问题。相反，《左》《公》二传都记述了公子牙因谋反而被公子友下令毒杀之事，〔32〕因《穀梁》未尝刻划公子牙之事，虽然解读经文言之成理，但在某些史事的解说上，很难比得上二传。无论如何，二传被确证违反史实的叙事，数量有限。承认二传有些内容不符合史实，没有什么不可以，不必避忌。

再看 B。二传在史事上引起的争议，其实较少的是被确证为完全不合史实，更多的是三传各有史源而导致不同的判断。闵元年经："冬，齐仲孙来。"《左传》认为"齐仲孙"就是齐国公子仲孙湫："冬，齐仲孙湫来省难。"相反，《公羊》认为"齐仲孙"就是公子庆父："齐仲孙者何？公子庆父也。公子庆父，则曷为谓之齐仲孙？系之齐也。曷为系之齐？外之也。"《穀梁》也同样认为这是公子庆

〔29〕《公羊注疏》卷 14，页 299。

〔30〕《史记》卷 5，页 248；卷 14，页 745。

〔31〕对何、孔二人的批判，参阅陈澧：《东塾读书记》卷 10，页 195—96。

〔32〕《左传正义》卷 10，页 301。《公羊注疏》卷 9，页 185—87。有关公子牙之死，参阅拙著：《〈穀梁〉政治伦理探微》下册，页 716—26。

父："其曰齐仲孙，外之也。其不目而曰仲孙，疏之也。其言齐，以累桓也。"〔33〕齐召南对之已有符合实情的观察："以仲孙为庆父，《公》《穀》二传所同。"〔34〕确切地说，究竟是仲孙湫抑或公子庆父，就现存文献而言，很难确言哪一主张更加正确。更合理的做法，是备存二说，等待确证，而不能因为二传不合《左传》就断言不合史实。也就是说，二传有些观点确实存在异说，但是否构成反证，就要看有没有坚实的证据加以佐证。无论如何，由此推导不出二传所有内容都没有史料价值的结论。

再看C。这是需要大书特书的部分。二传印证《左传》或其他典籍的内容，为数甚多，撰其大要，计有以下四类：

① 重要情节的记述。楚庄王围攻宋国近九个月，终于和解收场，其中主要是司马子反与华元二人居间调解的结果。尽管《左》《穀》二传都有约略提及，但还是以《公羊》最为翔实。《公羊》宣十五年传："庄王曰：'何如？'司马子反曰：'惫矣！'曰：'何如？'曰：'易子而食之，析骸而炊之。'庄王曰：'嘻！甚矣惫。虽然，吾今取此，然后而归尔。'司马子反曰：'不可。臣已告之矣，军有七日之粮尔。'庄王怒曰：'吾使子往视之，子曷为告之？'司马子反曰：'以区区之宋，犹有不欺人之臣，可以楚而无乎？是以告之也。'庄王曰：'诺。舍而止。虽然，吾犹取此，然后归尔。'司马子反曰：'然则君请处于此，臣请归尔。'庄王曰：'子去我而归，吾孰与处于此？吾亦从子而归尔。'引师而去之。"〔35〕这一叙事，是《公羊》以事解经的典型事例，读此可知楚、宋二国最后和

---

〔33〕《左传正义》卷11，页304。《公羊注疏》卷9，页192。《穀梁注疏》卷6，页102—03。

〔34〕齐召南：《春秋穀梁传注疏》卷6考证，页645。

〔35〕《公羊注疏》卷16，页356—57。

解的所以然，史料价值毋庸置疑。[36]

《穀梁》同样也有一些叙事，涉及重要情节的补充记述。《穀梁》定四年传："坏宗庙，徙陈器，挞平王之墓。"又云："君居其君之寝而妻其君之妻，大夫居其大夫之寝而妻其大夫之妻，盖有欲妻楚王之母者。"[37] 这是刻划吴军攻入郢都后的各种暴行。相比之下，《公羊》却比较简略："君舍于君室，大夫舍于大夫室，盖妻楚王之母也。"[38] 根本没有提及当时吴国为灭绝楚国而毁坏宗庙，以及伍子胥鞭墓的疯狂行为。更令人纳罕的是，《左传》对吴军入郢后的记载甚为简略，仅是说："吾闻之：'不让，则不和；不和，不可以远征。'吴争于楚，必有乱；有乱，则必归。焉能定楚?"[39] 这里提及鬬辛闻吴人争宫，但其事的历史背景，也就是吴军在攻陷郢都后的各种表现，却甚少着墨。由此反观，《穀梁》在吴军入郢的叙事上，《左》《公》二传也不能取而代之。

② 人物品性的刻划。《公羊》有些叙事对历史人物的描述，颇为生动细致，令人印象深刻。有关公子目夷的记载，便是一例。《公羊》僖二十一年传："宋公谓公子目夷曰：'子归守国矣。国，子之国也。吾不从子之言，以至乎此。'公子目夷复曰：'君虽不言国，国固臣之国也。'于是归，设守械而守国。"[40] 目夷不负宋襄公，在危难期间，暂代君职，抵抗楚人来犯。这是《左》《穀》二传和其他典籍也没有提及的情节。此外，《左传》载有子鱼（即目

〔36〕 也有学者同样注意到《公羊》此一叙事的重要性，参阅叶国良、夏长朴、李隆献：《经学通论》，页144。叶纯芳：《中国经学史大纲》，页81。王文东：《天之道与人之礼——〈春秋〉经传主体思想》，页645—46。

〔37〕《穀梁注疏》卷19，页323—24。

〔38〕《公羊注疏》卷26，页564。

〔39〕《左传正义》卷55，页1563。

〔40〕《公羊注疏》卷11，页243—44。

夷）不受宋襄公让国的往事，[41] 而《公羊》上述“子之国”的话语，正好印证《左传》的内容，不能因为二传有各种差别而忽略其述事的相通性。

《穀梁》对人物描述的篇幅不多，但也有一些重要的记载。《穀梁》昭十九年传：“止曰：‘我与夫弑者，不立乎其位。’以与其弟虺。哭泣，歠飦粥，嗌不容粒。未逾年而死。故君子即止自责而责之也。”[42] 许止因进药失误而害死许悼公，事后自责悔恨。相反，《左传》仅说“大子奔晋”，[43]《公羊》仅说“止进药而药杀”，[44] 二传对许止的叙述同样欠缺深描。可以说，没有《穀梁》上述的叙事，读者很难具体地了解许止无意弑父和深切懊恼的表现。

③ 事件成因的解释。《左传》虽是记载春秋史事最权威的典籍，但不代表它的所有叙述都能缕述因果关系。例如邲之战，《左传》叙述楚国最初以和诳晋，随后乘夜攻袭，当交战取得胜利之时，却又教敌人以遁逃：“晋人或以广队不能进，楚人惎之脱扃，少进，马还，又惎之拔旆投衡，乃出。顾曰：‘吾不如大国之数奔也。’”[45] 为何要放走敌人，以致反为所笑？《左传》以上叙事，读来颇不近情。然而，只要参考《公羊》的叙事，疑惑迎刃而解。《公羊》宣十二年传：“庄王曰：‘嘻！吾两君不相好，百姓何罪？’令之还师，而佚晋寇。”[46] 可见，楚庄王发动这次战争，虽是谋求挫败晋军，但不主张滥用杀戮，所以下令让敌人得以遁逃。有关这方面的因果解释，吕思勉已有显白的阐扬：“此则非兼考

[41]《左传正义》卷13，页353—54。
[42]《穀梁注疏》卷18，页299。
[43]《左传正义》卷48，页1380。
[44]《公羊注疏》卷23，页509—10。
[45]《左传正义》卷23，页650。
[46]《公羊注疏》卷16，页353。

《公羊》，不能明史事之真，并不能明《左氏》者矣。举此一事，余可类推。”〔47〕

同样，《穀梁》对某些史事的成因，也有一些解说足以印证《左》《公》之阙。熟悉晋国内乱的人都知道，晋国大夫里克在晋献公死后，接连杀了奚齐、卓两名嗣君及大夫荀息，随后拥立夷吾（即晋惠公）。但夷吾即位后，立即杀了里克。《穀梁》僖十年传：“里克所为杀者，为重耳也。夷吾曰：‘是又将杀我乎？’故杀之不以其罪也。”接着叙述晋献公生前被丽姬蛊惑，逼迫太子申生走投无路最终自杀，而在申生死前，与里克有这么一段对答：“世子之傅里克谓世子曰：‘入自明！入自明则可以生，不入自明则不可以生。’世子曰：‘吾君已老矣，已昏矣。吾若此而入自明，则丽姬必死；丽姬死，则吾君不安。所以使吾君不安者，吾不若自死，吾宁自杀以安吾君，以重耳为寄矣。’刎脰而死。故里克所为弑者，为重耳也。夷吾曰：‘是又将杀我也。’”〔48〕可见，里克真正效忠的人是申生，而申生遗命交托的人是流亡在外的重耳（即晋文公），而非临时拥立的夷吾。夷吾正是知道这一点，害怕里克可能杀害自己，决定先下手为强诛杀里克。相反，《左》僖十年传：“周公忌父、王子党会齐隰朋立晋侯，晋侯杀里克以说。”又载夷吾说：“子弑二君与一大夫，为子君者，不亦难乎？”〔49〕周公忌父、王子党和隰朋左右晋国政局的实力，是否能够超越连弑二君的里克？《左传》完全不交代夷吾顾忌里克的所以然，只说他为了讨好这些人而杀里克，似乎不如《穀梁》可信。此外，《公羊》僖十年传：“孰立惠公？里克也。里克弑奚齐、卓子，逆惠公而入。”又载惠公之言：

---

〔47〕吕思勉：《经子解题》，载《中国文化思想史九种》上册，页154。

〔48〕《穀梁注疏》卷8，页126—27。

〔49〕《左传正义》卷13，页362。

“尔既杀夫二孺子矣，又将图寡人。为尔君者，不亦病乎？”[50] 如其解，读者只知道夷吾忘恩负义，害死拥立自己的里克。当然，“将图寡人”之语，与《穀梁》“是又将杀我也”的记载，两者的叙事有所互通，但《公羊》因为没有触及申生遗命托付重耳的情节，故读者实不知道“将图寡人”的所以然。在里克的死因解释上，《穀梁》的说法最是可信，据此方能通释《左》《公》未能圆满说明的疑问。

④ *历史地理的旁证*。这是较少学者注意的环节，但也不宜忽略。楚昭王执政时，吴、蔡联军在伯举大败楚军。这场战争的缘起，是蔡昭公被楚国奸臣囊瓦拘留三年，《左》定三年传“蔡昭侯为两佩与两裘，以如楚”和“三年止之”，[51] 没有提及蔡昭公被拘留在什么地方。《管蔡世家》沿承《左传》的记载，只能含糊其辞，说是“留之楚三年”。[52] 在这里，《公》《穀》记载相同，同样明说“为是拘昭公于南郢”，[53] 可见囚禁蔡昭公的地点是楚都南郢，据此可补《左》《史》之阙。

二传对历史地理的佐证，也可以惠及其他典籍。历来治《禹贡》的学者，对梁州在哪里，“治梁及歧”之“梁”是如何解释，众说纷纭，传统经师往往以为“梁”是普通的山名，然而二传却有一些值得关注的旁证。成五年经：“梁山崩。”《公羊》云：“梁山者何？河上之山也。”[54] 《穀梁》云：“梁山崩，壅遏河三日不流。”[55] 二传的记载明确了“梁山”完全有可能是指河道上的某一

---

〔50〕《公羊注疏》卷 11，页 226。
〔51〕《左传正义》卷 54，页 1539。
〔52〕《史记》卷 35，页 1897。
〔53〕《公羊注疏》卷 25，页 561。《穀梁注疏》卷 19，页 321—23。
〔54〕《公羊注疏》卷 17，页 381。
〔55〕《穀梁注疏》卷 13，页 218。

种特殊地形，这为“梁”的解释提供了重要的参证。[56] 由此可见，二传对研究历史地理也不是毫无贡献的。

第四节　小　　结

上文所言，只属不全面的举证，可谈的事例还有许许多多，难免挂一漏万之讥。之所以不避浅陋作出这些不成熟的刍议，主要是说明《公羊》和《穀梁》的历史内容是有待挖掘的，不宜轻易断言二传毫无史料价值。当然，本文也不是主张高估二传的史料价值。如上所说，《公羊》或《穀梁》可能有些叙事是不符合历史实际的，也未必能够与《左传》或其他典籍兼容，过度高估甚至以为它比《左传》更有史料价值，肯定是不对的。反过来说，过分忽视或无视二传的史料价值，也不符合实际。

还是这句老话：具体问题具体分析！本田成之在二十世纪初提出的一个观点，仍然值得玩味。他明确地反对把“理义”与“事实”对立起来的简单化做法：“例如说《左氏》详述事实不传理义，然《左氏》的事实仍然有《左氏》一流的理义记载着，其理义合理与否，直接与事实有着密切的关系。这在《公羊》《穀梁》也同样。此二家仍然是从其一派的意见以传事实的，如果否定此二家的道理，则不能不否定此二家所记的事实。虽则不都是这样，然大体略同。例如同一惠公仲子，《左传》及《公羊》都以为是惠公之妾，而《穀梁》则以为是惠公之母、孝公之妾。又如同一君氏，《左传》则以为是名叫声子的妇人，而《公羊》《穀梁》则作尹氏，说是天子的大夫。其他一方以为忠臣，一方以为

---

〔56〕 辛德勇：《陆梁名义新释》，载《旧史舆地文录》，页96—129。

恶汉的同一的人，而其判断与事实完全不同的例子尚多，因而是等孰真孰伪很不容易分辨。”[57] 假如今人能够正视或重视本田或其他类似的观点，大概就不致误以为惟《左传》才有史料价值。《公》《穀》二传同样也有史料价值，无论多少，不该被抹煞。

〔57〕 本田成之：《中国经学史》，页 62。

第二章　以《公》解《穀》之谬
——近代学术史上一个被忽略的片断

把复古当作学术建树的标杆，是一些学者在整理中国哲学典籍时自感理所当然的态度。皮锡瑞《经学历史》就是鼓吹回归古说的立场，书中对清儒恢复“今文说”的工作，推崇备至，视之为“经学复盛时代”的一个成就：“学愈进而愈古，义愈推而愈高；屡迁而返其初，一变而至于道。”〔1〕这种愈古愈好的态度，是否真如皮氏所言那么美妙，需要从不同的视角来展开分析，在这里只辨析一点：标榜复古，不一定等于经典内容的正确解读。

跟其他古典一样，《穀梁》也是清儒整理汉学的一个对象，但吊诡的是，它虽被不少学者当作今文经典，却不因“今文说”的兴盛而获得广泛的尊崇。〔2〕在复古的思潮中恢复“今文说”，有一个鲜为人知的客观效应，就是把《公羊》划为与《穀梁》同一学派的作品。尽管二传对经文的解释明显存在许多分歧，其异又被其同所掩盖已是《春秋》研究的主流基调，但当“今文说”成为定性经传的基本范畴后，相信二传同属一派的思路隐然支配了解读文献的方

---

〔1〕皮锡瑞：《经学历史》，页341。

〔2〕章太炎《訄书·清儒》说：“《穀梁氏》淡泊鲜味，治之者稀。”载《章太炎全集》第3册，页160。这个观察，在某种程度上可以反映晚清学者不重视《穀梁》的状况。

向，一些《穀梁》学者援引《公羊》的观点，而不顾传义能否兼容，是相当普遍的集体现象。这是一个得不到足够重视的学术问题。某些号称专门研究《春秋》或今文经学的学术史著，固然不理会清代穀梁学的发展；〔3〕那些以《穀梁》为专题的作品，同样没有处理清儒援《公》解《穀》的进路。〔4〕

限于篇幅，本章的阐述实不可能遍及《穀梁》的全部问题，也不可能把所有清代《春秋》学者都拿来分析。为了方便论述起见，以下主要挑选廖平《穀梁古义疏》和柯劭忞《春秋穀梁传注》二书作为讨论对象。王闿运因是廖平之师，而他的《穀梁申义》虽然篇幅极短，但也有若干观点可以印证廖、柯之说。这三本书各有风格，持论各不相同，但经常混淆二传之义，可说是它们的共同特征。为了方便论述，下文将围绕着让国、复仇、崇贤三方面的问题，剖析援《公》解《穀》以致错解《穀梁》传义的问题。〔5〕

第一节　对让国的分歧

对让国持不同的立场，是二传其中一个最大的分歧：《穀梁》没有推崇让国的主张，不像《公羊》那样称让国而贤其人。所有被

〔3〕例如，赵伯雄《春秋学史》和《〈春秋〉经传讲义》，以及黄开国《清代今文经学的兴起》和《清代今文经学新论》四书，皆无专章研究清代穀梁学的发展，仿佛这不算是春秋学术史或今文经学史的构成部分似的。

〔4〕例如，文廷海《清代春秋穀梁学研究》，以及秦平《〈春秋穀梁传〉与中国哲学史研究》和《〈春秋穀梁传〉政治哲学研究》三书。文廷海的著作（页158—322）虽然简介了一些清儒注《穀梁》的成果，却不正视援《公》解《穀》的现象，而秦平二书主要探究《穀梁》的思想观点，不是专门研治清儒治《穀梁》的问题。

〔5〕本章的内容大致是由拙著《〈穀梁〉政治伦理探微》的部分内容改写而成，重在申述援《公》解《穀》的问题，许多论证的考察，盼请读者自行翻查《探微》一书。

《公羊》称贤的让国者，都得不到《穀梁》的揄扬。但是，许多学者解读相关的经传，都是从《公羊》的思路出发，屡有违反《穀梁》传义的弊端：

① 子反。僖二十一年经："秋，宋公、楚子、陈侯、蔡侯、郑伯、许男、曹伯会于雩，执宋公以伐宋。"传："以，重辞也。"[6]宋襄公称霸失败，与楚成王盟会反遭被执。此经两书"宋公"，是显示宋襄公由主盟而沦为被执的发展。《穀梁》指出"以"是"重辞"，说明当时情况危急。经文没有提及子反，此传也没有褒扬子反摄立拒楚的意思。

廖平虽未明说，却认为子反是解读经传的重点所在："主书者，善宋立君以拒楚。"[7] 这是借镜于《公羊》的叙事。据《公羊》僖二十一年传的记载，当时宋国为了因应宋襄公被执而临时让公子目夷（即子反）摄立，以此抵抗楚军的侵略。《穀梁》没有这些观点，也不认为"主书"与此有何关系。廖平以《公》解《穀》，不合传义。

② 叔武。僖二十八年经："五月癸丑，公会晋侯、齐侯、宋公、蔡侯、郑伯、卫子、莒子，盟于践土。"传："讳会天王也。"[8] 经文的"卫子"，就是城濮战后继立的叔武。《穀梁》没有解释称子的所以然，据"称子未葬"的传例，一般称公、称侯或称伯的诸侯遇有先君甫薨的状况，经文对继立的嗣君不爵称子。但在此经之前，《春秋》明言"卫侯出奔楚"，显示实情不是先君离世，而是在位的卫成公流亡出国。叔武和其他服丧的新君一样，称子大概是为了显示新君继立的状况，跟叔武摄立待让之心，毫无关系。

---

〔6〕《穀梁注疏》卷9，页140。
〔7〕 廖平：《穀梁古义疏》卷4，页277。
〔8〕《穀梁注疏》卷9，页148—49。

然而，许多注疏都认定叔武称子，寓有深意。廖平说：“称子者，明君有绝道，已无立志也。”〔9〕柯劭忞说：“践土之盟称子，以著其贤。”〔10〕此“著其贤”，是扎根于《公羊》叔武为卫成公暂摄君位的叙事。所以柯氏之论，与廖疏没有实质的差别。廖、柯二人不约而同地相信叔武不想即位的心意，是经文称子的缘故。这是可以商榷的。不仅《穀梁》，《公羊》也没有解说“卫子”的笔法，他们二人在很大程度上是暗袭何休的故智，因为《解诂》说：“卫称子者，起叔武本无即位之意。”〔11〕这个说法，放在《公羊》也不见得必无疑义；若用来解读《穀梁》，更是不通。

在解释僖二十八年“卫元咺自晋复归于卫”的经文时，柯劭忞还辩说：“与卫侯郑复归义同，见咺为叔武讼无恶，其归而立公子瑕则恶矣。”〔12〕之所以认为元咺为叔武讼“无恶”，是因为柯氏相信《公羊》贤叔武的叙事，同样适用于《穀梁》。然而，僖三十年传批判元咺“讼君”，〔13〕不能说《穀梁》认为这是“无恶”。此外，传文也没有明言元咺之恶仅在于“立公子瑕”。说穿了，柯氏“为叔武讼无恶”的观点，乃是接受《公羊》的结果，背后的推理是：叔武让国可贤，他被卫成公杀害是冤枉的，所以元咺为叔武讼是正确的做法。问题是，《穀梁》对元咺只有贬辞，不存在“无恶”与“恶”之间的区分。

③ 子臧。昭二十年经：“夏，曹公孙会自鄸出奔宋。”传：“自鄸者，专乎鄸也。曹无大夫，其曰公孙，何也？言其以贵取之，而

---

〔9〕廖平：《穀梁古义疏》卷4，页297。
〔10〕柯劭忞：《春秋穀梁传注》卷7，页12。
〔11〕《公羊注疏》卷12，页258。
〔12〕柯劭忞：《春秋穀梁传注》卷7，页14。
〔13〕《穀梁注疏》卷9，页151。

不以叛也。"〔14〕经文“公孙”之名，《穀梁》强调其人之“贵”，认为事情并非取地叛国的性质，因为鄟本是公孙会的采邑，他出奔却不将之献给其他国家，实是有所不为的善举。经传只提及公孙会，不涉及其父子臧（即公子喜时）之名，更遑论他的生平行事了。

然而，廖平却认为公孙会之褒源于子臧让国之贤，说：“《春秋》贤喜时能让国，因贤其父喜时而褒其子会也。"〔15〕柯劭忞也是这样的主张，说：“以褒会为贤子臧，会可褒愈见子臧之贤。"〔16〕廖、柯二人是立足于刘向的观点，非《穀梁》本义。《新序·节士篇》说：“子臧让千乘之国，可谓贤矣，故《春秋》贤而褒其后。"〔17〕刘向虽治《穀梁》，但《新序》兼取百家，不能说它的每一句话必合《穀梁》之义。以子臧为贤，实是《公羊》而非《穀梁》的观点。《公羊》从让国者可褒的预设出发，认定公孙会是真正的叛乱者，之所以没有叛文，是因为他是子臧的后裔，以致经文为之隐讳。应该说，上述《新序》的观点是刘向透过《公羊》解读《穀梁》的个人心得，虽然见解新颖，但于《穀梁》却无所据。《穀梁》此传只言“贵”不言“贤”，这两个概念不能相互化约。承认公孙会的“贵”，不等于褒扬子臧的“贤”。

④ 季札。襄二十九年经：“吴子使札来聘。”传：“吴其称子，何也？善使延陵季子，故进之也。身贤，贤也；使贤，亦贤也。延陵季子之贤，尊君也。其名，成尊于上也。"〔18〕派季札出使的“吴

〔14〕《穀梁注疏》卷18，页300。
〔15〕廖平：《穀梁古义疏》卷9，页605。
〔16〕柯劭忞：《春秋穀梁传注》卷13，页16。
〔17〕石光瑛：《新序校释》卷7，页852。
〔18〕《穀梁注疏》卷16，页272。

子”，不是当年被弑的馀祭，而是继位的新君馀眛。在《穀梁》看来，本人具有“贤”的条件，固然是“贤”；能派遣像季札这样的贤者出使，同样是“贤”。“身贤”之例，就是季札；“使贤”之例，则是吴子馀眛。此传只说季札之贤在于“尊君”。单凭“延陵季子”之语，很难说《穀梁》也像《公羊》那样强调季札推拒君位的心意。

柯劭忞虽未正面提及季札让国之事，却对“身贤”另有新解。《传注》引文十二年经“秦伯使术来聘”说：“贤秦伯之悔过；身贤，贤也。”〔19〕此解不通，因为《穀梁》没有“贤秦伯”的主张，僖三十三年传甚至提出“狄秦”之说。柯注之言，实是弃传文而旁骛他传。《公羊》文十二年传“以为能变”而“贤缪公”，柯注援此解读《穀梁》，有违传义。“身贤”之例，其实不必远求。《穀梁》既以“使贤”进吴子，季札本身就是贤者，不待证而可知。

必须强调，这不是柯氏个人的错误。廖平同样相信“贤秦伯”的观点，而且大量引录《新序·节士》有关季札让国的叙事（基本上取材于《公羊》襄二十九年的内容），最后说：“是以《春秋》贤季子而尊贵其君也。”〔20〕《节士》原文是“是以《春秋》贤季子而尊贵之也”，廖氏改“之”为“其君”。这样暗地改动的结果，就是把“尊贵”的对象由“季子”变为“其君”，既非《新序》原意，也与《穀梁》不合。

⑤ 叔术。昭三十一年经：“冬，黑肱以滥来奔。”传：“其不言邾黑肱，何也？别乎邾也。其不言滥子，何也？非天子所封也。来奔，内不言叛也。”〔21〕黑肱是邾国的人，因为滥邑有别于邾国，经

〔19〕 柯劭忞:《春秋穀梁传注》卷 12，页 9。
〔20〕 廖平:《穀梁古义疏》卷 8，页 555。
〔21〕《穀梁注疏》卷 18，页 312。

文不称之为“邾黑肱”；因为黑肱不是周王册封的国君，所以也不能称为“滥子”。因此，经文称名而剔除“邾”字。无论如何，黑肱实有叛邾投鲁之罪，跟其他献地出奔的叛国者犯了一样的错误。此传没有提及叔术其人，也不涉及他的让国是否可贤等问题。

廖平在解释“不言滥子”时，特别引录“《公羊》言叔术让国事”。〔22〕据《公羊》的叙事，黑肱的祖先叔术是让国的贤者，当邾娄颜因淫乱而招纳反贼作乱时，叔术得到周王册立，后来醒悟把君位还给颜子夏父，而且当夏父封赏国土时，只接受五分之一。〔23〕《穀梁》认为不言“滥子”的原因是“非天子所封”，跟《公羊》刻划叔术被册立的叙事不合，所以廖平引“叔术让国事”实非《穀梁》所能兼容的内容。

总而言之，《穀梁》没有鼓吹让国或歌颂让国者为贤的观点。尽管“让”或“辞让”在传中往往带有褒义，但让国绝非《穀梁》认可的政治行动。廖平说：“欲绝乱原，务须明让。故《春秋》贵让，善隐公，贤卫武、曹臧、吴札三公子。”〔24〕为何只谈这三个人？廖平没有解释。但可以肯定的是，这一概括完全违反传义。贵让不等于贵让国。《穀梁》讨论让国问题，只是围绕着一个案例，就是鲁隐公欲让弟而反惹弑祸的事件。隐元年传虽不否定鲁隐公的“善”，却强调他的“不正”。〔25〕如上所述，《穀梁》虽贤季札，却不是因为他的让国，而传文对子臧和其他让国者，也不像《公羊》那样推崇备至。因让国而贤其人，是不适用于《穀梁》的思想预设。

〔22〕 廖平:《穀梁古义疏》卷9，页629。
〔23〕《公羊注疏》卷24，页538—41。
〔24〕 廖平:《穀梁古义疏》卷10，页639。
〔25〕《穀梁注疏》卷1，页2—3。

第二节　对复仇的分歧

对复仇的不同判断，是二传另一个显著的分歧：《公羊》鼓吹复仇，《穀梁》则谨慎地看待复仇的是非对错，不是凡复仇必有佳评。令人纳罕的是，无视二传分歧，强以《公羊》解读《穀梁》的观点，还是不难找到。以下，试以齐襄公、鲁庄公和伍子胥三人为例，说明这方面的问题。

① 齐襄公。庄四年经："纪侯大去其国。"传："大去者，不遗一人之辞也。言民之从者，四年而后毕也。纪侯贤而齐侯灭之，不言灭而曰大去其国者，不使小人加乎君子。"〔26〕这段传文交代了纪国灭亡的结局。齐襄公以复九世之仇为名出兵灭纪，但经文"大去其国"的措辞，反映纪侯是得到民众爱戴的贤者，而《穀梁》透过纪侯与齐襄公的对比，显示前者是君子，后者是小人，为免小人凌驾君子，经文不用"灭"而用"大去其国"的笔法。

莫名其妙的是，王闿运却认定齐襄公和纪侯都是贤者，说："齐、纪俱贤，故特言大去。若齐贤纪不贤，自可书'齐师灭纪'；纪贤齐非贤，宜如潞子婴儿谨日也……云小人者，对纪贤而言，非必绝齐甚于他灭，可互通也。"又说："何论失襄公之恶，郑论江、六非贤，皆是也……若直书灭，而别见纪贤，则襄公为小人。不书灭，明非小人也。"〔27〕

在王闿运看来，"齐贤纪不贤"的正确笔法该是"齐师灭纪"，是假定"A 师灭 B"的 A 必贤而 B 必不贤，但昭八年传解"楚师灭陈"说："恶楚子也。"灭陈的楚灵王非贤，显而易见。没有理由相

〔26〕《穀梁注疏》卷 5，页 68。
〔27〕王闿运：《穀梁申义》，页 6。

信以“师”作为“灭”的主体必是贤者。此外，王氏认为“纪贤齐非贤”的正确笔法是像潞子婴儿那样“谨日”。然而，宣十五年经明言“晋师灭赤狄潞氏，以潞子婴儿归”，这同是“A师灭B”，根据王氏对这种笔法的理解，灭潞氏的晋应该可贤，被灭的潞子婴儿不贤，这跟《穀梁》夷狄灭日示贤的主张明显矛盾。王氏根据灭者和被灭者的贤不贤概括经文书法的尝试，自相矛盾，全不可信。

王闿运刻意强调“齐贤纪不贤”和“纪贤齐非贤”另有正确的笔法，无非是想证明庄四年经“大去”不是“纪贤齐非贤”，而是“齐、纪俱贤”的情况。然而，《穀梁》明言齐襄公是“小人”，难道“小人”也能够成为贤者么？王氏似乎就有这样荒谬的想法，因此断言“小人”与“纪贤”可以“互通”，还认为灭纪不比“他灭”更“甚”。这是严重的曲解，因为庄四年传“小人”与“君子”之间以“加”言之，说明两者水火不容，岂有“互通”的余地？岂有宽宥齐灭之意？

说穿了，王氏“齐、纪俱贤”的判断，是牵合二传的结果。他既接受了《穀梁》贤纪侯的观点，又相信《公羊》讳齐襄的主张，所以断言不书“灭”就是齐襄“明非小人”。然而，从《穀梁》的立场看，贤纪侯与贬齐襄是一事的两面，密不可分，没有理由把齐襄公这样的“小人”当成贤者。从《公羊》的立场看，贤齐襄意味着灭纪有理，其传毫无贤纪侯的想法。王闿运强合二传，过于牵强和别扭，完全错误。不言“灭”，不意味齐襄公复仇可贤。只要抛开这个错误的主张，径自从《穀梁》传义出发，自可得出纪侯贤、齐襄不贤的正确结论。

②鲁庄公。春秋初期，齐襄公使人谋杀鲁桓公，而鲁庄公在齐襄公生前未能报仇，反而自解心防亲近仇人，遭到后世无数儒生诟病。问题是，在齐襄公死后，鲁庄公该如何对待齐国的人呢？《穀

梁》既不赞成鲁庄公亲娶仇女哀姜，但也不要求鲁庄公痛恨所有与齐襄公相关的人。传中没有复九世之仇的主张，所以报复的对象也不可能包括继任的齐国君主，尤指齐桓公。

掌握这一点，对于正确解读经传，非常重要。庄元年经："王姬归于齐。"传："为之中者，归之也。"〔28〕王姬嫁给齐襄公，因鲁国主婚，所以记载其事。可以看见，尽管齐襄公是鲁庄公的仇人，但《穀梁》没有过多发挥，更勿论不能算是仇人的齐桓公了。十年之后，《春秋》又有类似的记载。庄十一年经："冬，王姬归于齐。"传："其志，过我也。"〔29〕当时迎娶王姬的齐桓公，《穀梁》仅是解释经文有此记载，因为王姬路过鲁国，没有别的考虑。

柯劭忞对后一经传，却有异于《穀梁》传义的新解："忘仇为礼，故志之。"又说："事逾十年，故传不用前义。"〔30〕然而，《穀梁》仅言"过我"，哪有"忘仇为礼"的谴责？分析到最后，柯氏怀着《公羊》复九世之仇的眼光来解读《穀梁》，把齐桓公视为不可相接触的仇雠。问题是，庄二十七年传明言"齐侯得众也"，〔31〕而齐桓公实是《穀梁》称道的一名贤者，绝非不能"为礼"的对象，跟齐襄公不能等量齐观。补充一句：即使鼓吹复九世仇的《公羊》，亦不批判鲁庄公对齐桓公的做法。《公羊》庄十一年传："何以书？过我也。"〔32〕柯注以《公》解《穀》之例，不胜枚举，但对这条经传的诠释，反因接受《公羊》复仇说，忽略了《公羊》实非谴责鲁庄公"忘仇为礼"，说来耐人寻味。

除了王姬的婚礼外，柯劭忞还认定齐、鲁之间的盟会也寓有批

---

〔28〕《穀梁注疏》卷5，页63。

〔29〕《穀梁注疏》卷5，页76。

〔30〕柯劭忞：《春秋穀梁传注》卷3，页13。

〔31〕《穀梁注疏》卷6，页93。

〔32〕《公羊注疏》卷7，页147。

判鲁庄公亲近齐桓公的意思。庄二十二年经："及齐高傒盟于防。"传："不言公，高傒伉也。"〔33〕高傒虽是大国大夫，《穀梁》认为他不能享有与鲁国君主平起平坐的地位，经文为鲁庄公讳，没有"公"的主辞。此传并无谴责鲁庄公接触仇人之意，也不认为齐桓公及其臣子是鲁庄公不可接触的对象。不过，柯劭忞坚持鲁庄公与仇人接触的"错误"，说："此高傒氏者，传意但责傒，不为鲁讳。鲁忘君父之仇，不为之讳矣。"〔34〕究其实，传文只责高傒之伉，哪有"不为鲁讳"之意？至于"忘君父之仇"的批判，更是过度诠释，于传无征。

③ 伍子胥。定四年经："冬，十有一月庚午，蔡侯以吴子及楚人战于伯举，楚师败绩。"传："吴其称子，何也？以蔡侯之以之，举其贵者也。蔡侯之以之，则其举贵者，何也？吴信中国，而攘夷狄，吴进矣。"接着，传文交代伍子胥投奔吴国，迄至蔡昭公与楚人结怨，向吴国请救的叙事（这一叙事与《公羊》大体相同），最后说："何以不言救也？救，大也。"〔35〕据《穀梁》的意见，此经以"蔡侯"为主，吴王阖庐之所以称"吴子"是因为吴军帮助中原国家，但经文始终反对把这场战争界定为"救"的性质。换言之，传文的焦点实非以伍子胥复仇为主，而是蔡国如何得到吴国的援助。

不过，廖平却认为《穀梁》此传像《公羊》那样鼓吹伍子胥复仇："据《公》《穀》以为可复仇者，就子胥说之。"〔36〕这是过度诠释。传文没有任何称许伍子胥复仇的言辞，不能因为传中有关伍子胥的故事与《公羊》情节相同，而认为《穀梁》也是主张复仇。

---

〔33〕《穀梁注疏》卷6，页86。

〔34〕柯劭忞：《春秋穀梁传注》卷4，页2。

〔35〕《穀梁注疏》卷19，页321—23。

〔36〕廖平：《穀梁古义疏》卷10，页649。

只要不存偏见地阅读，便可发现《穀梁》讨论的重点是“蔡侯”和“吴子”如何联手对抗“楚人”的过程，而伍子胥始终没有在经中出现，经文也没有什么字眼歌颂复仇，没有理由认为《穀梁》借伍子胥的故事来宏扬复仇的主张。[37]

必须强调，《穀梁》不是全面反对复仇的，它的某些观点（像它对鲁庄公不复仇的批判之类）与《公羊》确有接近之处。但是，这不意味二传水乳交融，毫无扞格。上述三例可以说明，援《公》解《穀》极有可能导致误读传文、违反传义的结果。

第三节　对崇贤的分歧

对“贤”的不同理解，乃至什么人可以称贤，《穀梁》有许多见解迥异于《公羊》。简单地说，《公羊》认可贤者的标准，往往是从其人存心之良窳出发，意图良好，即使得不到好结果也可以称贤。相反，《穀梁》不曾从行动者的主观意愿出发，更讲究的是其人是否“得众”，以及行事是否符合其道。因为这样，二传的观点往往存在无法弥补的分歧，但清儒治《穀梁》却往往无视于此，鉴于二传讨论贤不贤的内容甚多，在此无法缕述，以下仅举曹羁、宋襄公、潞子婴儿三人为例，说明以《公》解《穀》的进路如何导致认识上的偏差。

① 曹羁。庄二十六年经：“曹杀其大夫。”传：“言大夫而不称

[37] 在伍子胥的问题上，李隆献《复仇观的省察与诠释》（页40）说：“《穀梁传》主张复仇除了要有正当的动机外，行为亦须正当，并非一味赞扬复仇。”这是错误的理解，《穀梁》在吴军助蔡伐楚的问题上，没有把动机与行为二分的思路，更没有认为伍子胥的动机正当。确切地说，李书（页43）强调“《公羊》与《穀梁》基本上肯定复仇”，是误读《穀梁》的错缪预设，不宜取信。

名姓，无命大夫也。无命大夫而曰大夫，贤也，为曹羁崇也。”〔38〕此传“贤也”的“也”，是总结上文。全传凡言“贤也”或“贤之也”，都是指代传中所谈的对象，不是传外的其他人。可以推断此传被杀和称贤的大夫，同样是指曹羁。

在此之前，《春秋》曾有曹羁出奔陈国的记载，庄二十四年经：“冬，戎侵曹，曹羁出奔陈。”据《公羊》庄二十六年传的解释，当时曹君与戎决战，曹国被灭，大夫不为国君死难，而曹羁进谏失败后奔陈，同样没有死难，所以不言大夫的原因是“为曹羁讳”。〔39〕《穀梁》没有剖析杀大夫的原因，但可以肯定的是，它既不认为曹君已死可以言“灭”，也不认为曹国大夫被杀是因为他们不死难。曹羁奔后回国的可能性，不能抹煞。即使接受《公羊》的一部分叙事，认为曹羁因为谏言得不到国君接受而出奔，可以与《穀梁》兼容，但从《穀梁》的立场出发，不能认为曹羁一直流亡没有回国被杀。范宁说曹羁“出奔他国，终于受戮”，〔40〕是正确的。《穀梁》明言“为曹羁崇”，有别于《公羊》的“为曹羁讳”，两者不能等量齐观。把贤和死截然二分，认为曹羁因贤而被崇，死的是其他人，不合传义。

可是，王闿运却批判范宁“受戮”之说：“传《穀梁》者，误以大夫即羁，不知二谊各异也。传云‘为曹羁崇’，明是因羁而贵其僚友，何云羁‘受戮’乎?”〔41〕《穀梁》从未提及曹羁的“僚友”，此传的“贤”和“为曹羁崇”一语都是指代“无命大夫而曰大夫”的“大夫”，“二谊各异”的说法不合文理。说穿了，王氏强

---

〔38〕《穀梁注疏》卷 6，页 92。
〔39〕《公羊注疏》卷 8，页 173。
〔40〕《穀梁注疏》卷 6，页 93。
〔41〕王闿运：《穀梁申义》，页 8。

调死者不是曹羁，非《穀梁》本义，盲从《公羊》而已。

廖平略变王氏之说，认定曹国死亡的大夫是曹羁之友，说："传曰：'身贤，贤也。使贤，亦贤也。'此言羁贤，贤也；羁友，亦贤也。主为羁，故前名；此由羁崇，故言大夫而不名也。"〔42〕王、廖之别，在于王氏仅贤曹羁而"贵其僚友"，而廖氏则贤曹羁亦贤其"友"。廖平的论证，主要是把贤馀眜和贤季札的观点扩大到曹羁的案例身上，但《穀梁》绝无"羁友亦贤"的主张。如上所述，《穀梁》所解读的襄二十九年经"吴子使札来聘"，明确记载两个贤者，即"吴子"和"札"，二者的关系可以根据经文的"使"字得以确认。相反，庄二十四年经"曹羁出奔陈"和庄二十六年经"曹杀其大夫"实非如此。如《穀梁》之论，把"大夫"理解为"曹羁"，二者自无梳理其中关系的必要，但如《公羊》之论，将之理解为两个不同的人，问题就大了，因为经传从未记载曹羁之"友"。换言之，"曹羁"与"大夫"作为"友"的关系，没有经传的半点凭证。也就是说，一者言"使"，一者不言"友"，两者毫不相同，"使贤亦贤"凭什么可以推论出"羁友亦贤"？对此，廖氏殊无有力的辩解。

柯劭忞同样相信曹羁已出奔而没有被杀，说："曹君不听羁言，羁出奔，曹君与戎战被杀，其后曹人讨不能死君难者，杀其大夫，非羁受戮也。羁先事谏君，不从乃去之。其去就之义审矣，视从君于昏死，又以苟免为国人所戮者，岂可同日语乎？传云'贤'、'为曹羁崇'者，贤曹羁，非贤被杀之曹大夫。"〔43〕柯氏全盘接受《公羊》之说，连经传无征的叙事和观点，包括戎杀曹君，曹国有大夫不能死君难而被杀，乃至曹羁谏后去国而贤，皆是照单全收。先不

〔42〕 廖平:《穀梁古义疏》卷 3，页 189。
〔43〕 柯劭忞:《春秋穀梁传注》卷 4，页 7。

细说这些说法如何与《穀梁》违逆，即使退一万步来说，暂且将之接受，问题还是不能免除的。如上所述，《公羊》最终得出的结论是“为曹羁讳”，认为曹羁在曹君和曹国大夫被杀后还能存活，说起来不算光采，方有隐讳的需要。相反，《穀梁》则是“为曹羁崇”，字面上看，传文绝无讳言贤者过失之意。假如像柯氏那样接受《公羊》之说，那就要追问：为何承载诸般不光采的曹贤只贤不讳？正因为《穀梁》是“为曹羁崇”而非“为曹羁讳”，真正忠于传义的做法是拒绝援《公》解《穀》，放弃像柯氏这种错误的观点。

② 宋襄公。僖二十二年经：“冬，十有一月己巳，朔，宋公及楚人战于泓，宋师败绩。”传：“泓之战，以为复雩之耻也。雩之耻，宋襄公有以自取之。伐齐之丧，执滕子，围曹，为雩之会，不顾其力之不足，而致楚成王，成王怒而执之。故曰：礼人而不答，则反其敬；爱人而不亲，则反其仁；治人而不治，则反其知。过而不改，又之，是谓之过；襄公之谓也。”〔44〕宋、楚决战于泓，最终惨败收场，许多人只注意宋襄公那种“蠢猪式的仁义道德”多么可笑，较少检讨这场战争的成因。《穀梁》与别不同的是，它认为宋襄公不自量力，而且恶行连连，包括伐齐丧、执滕子、围曹，都是令人发指的，他之所以被楚成王捉拿而沦为俘虏，全是咎由自取。所以泓之战，实是一场错误的战争。玩味传文，根本读不出宋襄公是贤者的结论。

柯劭忞却认为《穀梁》对宋襄公的责备，反映他作为贤者的身份资格。他说：“《春秋》责贤者，宋襄虽过而不改，犹为贤。”〔45〕《穀梁》既无责贤者的观点，亦无贤宋襄的主张。柯注认为宋襄公“犹为贤”的想法，实是援《公》解《穀》，不宜取信。

---

〔44〕《穀梁注疏》卷9，页141。
〔45〕柯劭忞：《春秋穀梁传注》卷7，页7。

③ 潞子婴儿。宣十五年经："六月癸卯，晋师灭赤狄潞氏，以潞子婴儿归。"传："灭国有三术：中国谨日，卑国月，夷狄不日。其日，潞子婴儿贤也。"[46] 灭国有三种记述方式：如果被灭的是中原国家，就会慎重地记载日期；如果被灭的是卑国，就会记载月份，而非日期；如果是夷狄，就会不记载日期，记载季节而已。此经之所以记载赤狄潞氏被灭的日期，《穀梁》认为潞子婴儿是贤者，所以另作特笔。有别于此，据《公羊》宣十五年传的说法，潞子婴儿因"为善"而称子，原因是他虽"离于夷狄，而未能合于中国"，[47] 终致穷窘灭亡。

在这个问题上，柯劭忞又再次暗袭《公羊》之说："《春秋》列潞子之爵，为其慕诸侯也。"同时举《汉书·景武昭宣成元功臣表》"《春秋》列潞子之爵，许其慕诸夏也"一语，以证其说。[48] 无独有偶，廖平也有类似的观点，说："此言子者，潞子离夷狄而归中国，以此得之，《春秋》谓之潞子以致其意。"[49]《穀梁》没有谈及潞子离夷狄等问题，柯氏"慕诸侯"与廖氏"归中国"的说法都是《公羊》的主张。《汉书》列爵之说，明显是采用《公羊》之义，与《穀梁》不合。柯、廖之论，皆非传义。《穀梁》对"贤"的表达和指谓，自有一以贯之的完整思路，不必牵合《公羊》亦能言之成理。

第四节　结　　语

一部作品究竟说些什么？分析到最后，还是要看论者提出了什

---

〔46〕《穀梁注疏》卷12，页203。
〔47〕《公羊注疏》卷16，页357—58。
〔48〕柯劭忞：《春秋穀梁传注》卷9，页15。
〔49〕廖平：《穀梁古义疏》卷6，页411。

么证据。某些古说虽然是来自较早的时代，但作为证据的价值，与其他证据相比，大体上是平等的。能不能证成某些观点，端赖它们在相关论证中所能发挥的作用。不能因其古而判定其言必真，也不能因其古而断言提倡或拥护它们的人（因其尊崇它们的态度）享有特权的言说地位。是非的判断，借用徐复观的话来说，“不是以态度对态度，而是以证据对证据”。〔50〕

清儒治《穀梁》因复古的信念，往往倾向于墨守汉人的说法，相信两汉材料接近先秦而具有足够的可信性。但就解释的基本原则而言，裁断什么材料可信的基本依据，说到底还是文本自身。什么材料可以用作正确解释《穀梁》传义的证据？什么材料不该用？主要的关键还是它能够与《穀梁》经传兼容。当然，这不是说《公羊》《新序》《汉书》及其他汉人的文献，没有任何与《穀梁》相同或相似的观点。即使是范宁，也有不少地方借用了《左》《公》二传的想法。这里只是强调，《穀梁》以外的各种文献，作为证据的重要性，怎也不可能高过《穀梁》经传自身。王闿运、廖平和柯劭忞都是较有成就的《春秋》学者，但他们援《公》解《穀》，在让国、复仇、崇贤三个问题上，显然是把《公羊》的观点强加在《穀梁》之上，因而产生了许多违反《穀梁》传义的观点。这些错误之产生，其实反映了一个简单的道理：像“今文说”之类的经学史标签，未必是解读典籍的不二法门。假如以这些标签作为指引观察的视角，反而可能是自造心防，创造了不必要的有色眼镜。

〔50〕 徐复观：《中国思想史工作中的考据问题》，载《两汉思想史》卷3，页1。

第三章　《东塾读书记·春秋三传》析疑五则

陈澧《东塾读书记》是研治清代经学者无人不知的名著。有关此书的基本宗旨和学术理念，已有学者作出精彩的解说，[1] 但书中仍有一些内容还可以继续讨论。今不辞粗陋之讥，就其书卷十《春秋三传》部分，检其可酌之处，略抒己见，以就正于方家。

（一）陈澧曰："《左传》云'羽父请杀桓公'，则桓公有不臣之迹可知也；云'反谮公于桓公而请弑之'，则桓公许之可知也；（《左传》："生桓公，而惠公薨。"孔疏引《释例》云："今推案传之上下，羽父之弑隐公，皆谘谋于桓公。"）云'讨[2]寪氏，有死者'，言其冤也；云'不书葬，不成丧也'，言桓不以人君之礼葬隐也。（《三国志·三少帝纪》注引《汉晋春秋》云："葬高贵乡公，下车数乘，不设旌旐，百姓相聚而观之，曰：'是前日所杀天子也。'或掩面而泣。"此所谓不成丧也。）左氏为鲁史官，亦不可以直书者，而能曲曲传之，其叙事之精善，非后世史家所及也。杜注

---

〔1〕 朱维铮：《汉宋调和论——陈澧和他未完成的〈东塾读书记〉》，载《求索真文明》，页44—61。近年的补充研究，参阅於梅舫：《学海堂与汉宋学之浙粤递嬗》，页129—249。

〔2〕 原误作"诗"，据《左传》改正。

云：‘欲以弑君之罪加寪氏，而复不能正法诛之。传言进退无据。’此杜之诬传也，传曷尝有此言乎？”[3]

〔辨证〕

《左》隐十一年传：“羽父请杀桓公，将以求大宰。”[4] 这是公子翚因谋求大宰而向鲁隐公的献计，由此可知他为了私利而谋求杀害桓公，在此使坏的人是羽父而非桓公。《左传》言“不臣”共7例（僖十五年、僖二十六年、成二年、成十八年、昭二年、昭三十一年、哀十四年），[5] 都是直指某人因其错误行为（当然，这是就讲话者的立场而言，其中的政治是非还得在语脉中审定）而被指“不臣”，没有一例因某贼臣涉及了另一些人，由此得出这些人也是“不臣”的结论。“羽父请杀桓公”相关的叙述，本无“不臣”之论。尽管后来羽父反过来向桓公进谮，由此得到桓公默许而弑隐公，但假如不是心存偏见地阅读“羽父请杀桓公”一语，读者仅知桓公在羽父投靠之前还是潜在的受害者。仅此一语，《左传》实未明示桓公是否“不臣”。

除隐十一年传，《左传》言“不成丧”还有2例：

[1] 昭二十二年传：“十一月乙酉，王子猛卒，不成丧也。”

[2] 定十五年传：“葬定姒。不称小君，不成丧也。”

这两则“不成丧”都是说当事人死后没有举行相关的丧礼，陈澧说桓公没有按国君丧礼葬隐公，符合《左传》的主张。然而，他在注中引《汉晋春秋》为旁证，却是弄巧成拙，因为《汉晋春秋》叙述的重点，是刻划司马氏对待高贵乡公的凉薄，“下车数乘，不

〔3〕 陈澧：《东塾读书记》卷10，页184。
〔4〕 《左传正义》卷4，页129。
〔5〕 《左传正义》卷14，页384；卷16，页432；卷25，页703；卷28，页801；卷42，页1174—75；卷53，页1519；卷59，页1677。

设旌旄”是连高贵乡公作为国君的资格也不承认。[6] 这跟同样被弑的鲁隐公实不相同。说到底，鲁桓公是继鲁隐公而登位，而羽父在表面上也要找寪氏作为替罪羊，也就是说，在逆贼心目中，鲁隐公还是正式的君主，有别于高贵乡公的处境。此外，《汉晋春秋》透过百姓悲泣的情节，批判司马氏政权的篡夺本性。但这一点，实不可以套用在《左传》之上。《左传》没有交代其他臣民对鲁隐公被弑有何想法，而另外两个“不成丧”的人，一个是被刘子、单子进行王室内乱的王子猛，一个是得不到“小君”之名的定姒，他们与百姓同情的高贵乡公，毫无可比性可言。《汉晋春秋》无助于“不成丧”的释义，陈澧画蛇添足，一目了然。

杜预“传言进退无据”是解释《左》隐十一年传“立桓公而讨寪氏，有死者”，传注皆是专指羽父而言。孔疏引刘炫云：“传言此者进退无据：进诛寪氏，则实非寪氏弑君；退舍寪氏，则无弑君之人。是其进退无据也。”[7] 可见，“进退无据”是指羽父，而非《左传》。陈澧“杜之诬传”的批判，无中生有。

（二）陈澧曰：“孔冲远云：‘《春秋》诸事，皆不以日月为义例者。其以日月为义例者，唯卿卒、日食二事而已。故隐元年，冬，十有二月，“公子益师卒”。传曰：“公不与小敛，故不书日。”桓十七年，“冬，十月，朔，日有食之”。传曰：“不书日，官失之也。”丘明发传，唯此二条。明二条以外，皆无义例。’（杜氏《集解》序疏）澧案：此说可疑。岂有一书内，唯二条有例者乎？且日食不书日，为官失之，其说通。大夫卒，公不与小敛，不书日，则不可通。

[6] 《三国志》卷4，页146。
[7] 《左传正义》卷4，页130。

孔巽轩云：'“九月甲申，公孙敖卒于齐”，公宁得与小敛乎？'此无可置辩矣。盖《左传》无日月例，后人附益者，以《公》《榖》有之，故亦仿效而为此二条耳。”[8]

〔辨证〕

孔疏认为《左传》仅有“卿卒”和“日食”二事涉及日月义例，[9]这是鉴于其传已有明言，有别于其他经传的书写。陈澧“唯二条有例者乎”的反问，毫无道理。此外，襄五年经：“辛未，季孙行父卒。”《左传》云：“大夫入敛，公在位。”[10]可见《左传》确实把国君参与视为大夫卒日的一个条件。陈澧指责孔疏“不可通”，其实真正要追究的是《左传》，孔疏在解释上是忠于《左传》。

至于桓十七年日食“不书日”，陈澧反而认为“官失之”的解释可以接受，说是“其说通”，莫名其妙。《左传》在书日的措辞上，对“日食”的举证反不如“卿卒”。另外，也没有证据显示“后人”因《左传》而效法《公》《榖》加以“附益”。连“后人”是谁，也说不清楚。这也反映陈澧在这里的裁断任随心证，欠缺确切凭据。

孔广森《通义》之言，本是偏袒《公羊》一家；陈澧援之为说，令人费解。以公孙敖日卒反诘《左传》，在孔广森以前，早有成说。刘敞《春秋权衡》云：“公孙敖、叔孙婼、公孙婴齐，皆为公预小敛乎，何以得书日？”[11]后来，胡安国也有类似的主张，胡传：“公孙敖卒于外而公在内，叔孙舍卒于内而公在外，不与小敛

---

〔8〕陈澧：《东塾读书记》卷10，页187—88。

〔9〕《左传正义》卷1，页4。

〔10〕《左传正义》卷30，页845。

〔11〕刘敞：《春秋权衡》卷1，页176。

明矣，而尽日，《左氏》之说亦非也。其见恩数之有厚薄欤?”[12]诸如此类的观点，还有不少。以公孙敖等人为反例攻击孔疏，陈澧既非创举，也不比刘、胡二人更高明。但必须强调，刘敞的驳议不尽圆满，孔疏早已谈及公孙敖、叔孙婼、公孙婴齐三例：于公孙敖，说是“已绝卿位，公不与小敛而书日卒”；于叔孙婼、公孙婴齐，则说是“在外而卒，皆公不与敛而书日”。[13]先不问孔疏是否正确，但肯定的是，像刘敞那样的质疑，早在孔疏计算之中。陈澧径以《通义》之是非为是非，却不理会孔疏的辩护意见，实不公允。

孔广森《公羊通义》上述对《左传》的批判，不仅是单独针对《左传》而言，还涉及对《穀梁》的批判，有必要略加申辩。《公羊通义》云：“《穀梁》说：‘大夫日卒，正也。不日卒，恶也。’‘六月丙申，季孙隐如卒’，何以无恶文？似二传皆失之。”[14]陈澧后来批判《穀梁》“时月日之例，多不可通”，亦以季孙意如之例言之，[15]可见他虽不明言，但也肯定接受孔广森对《穀梁》的批评意见。究其实，孔广森《通义》对《穀梁》的质疑，同样是暗袭刘敞之说。《春秋权衡》云：“公孙敖、仲遂、季孙意如，岂正者乎而皆日？叔孙得臣不闻有罪而反不日，皆妄也。”[16]但要强调，这样的质疑同样是建立在误解之上。仅以季孙意如（即孔广森所说的“季孙隐如”）而言，经文之所以有死亡日期，是因为他的恶行已有“前见”。僖十七年经：“冬，十有二月乙亥，齐侯小白卒。”传：“此不正。其日之，何也？其不正，前见矣。”[17]这是《穀梁》剖

---

〔12〕胡安国:《春秋胡氏传》卷1，页6。
〔13〕《左传正义》卷2，页47。
〔14〕孔广森:《春秋公羊经传通义》卷1，页7。
〔15〕陈澧:《东塾读书记》卷10，页206。
〔16〕刘敞:《春秋权衡》卷14，页320。
〔17〕《穀梁注疏》卷8，页135。

析死亡日期的通则。凡是“不正”已在死前另有记载的人，即使死时记载日期，也不怕读者误会他不是“不正”，所以经文也不避忌其卒日的纪录。季孙意如死前在经传的“前见”，计有3例：

[1] 昭十四年经：“意如至自晋”，《穀梁》云：“大夫执则致，致则名，意如恶，然而致，见君臣之礼也。”

[2] 昭二十九年经：“四月庚子，叔倪卒。”《穀梁》云：“季孙意如曰：‘叔倪无病而死，此皆无公也。是天命也，非我罪也。’”

[3] 昭三十一年经：“晋侯使荀栎唁公于干侯。”《穀梁》云：“唁公不得入于鲁也。曰：‘既为君言之矣，不可者意如也。’”〔18〕

因为“前见”的恶行如此之多，季孙意如死时记载日期，是相当容易理解的事情。廖平《穀梁古义疏》云：“日者，恶前见。”〔19〕这是符合传义的正确解释。孔广森责问《穀梁》“何以无恶文”，跟刘敞一样，都是反映其人不曾细读《穀梁》的内容，遂有误解如此。陈澧没有清理孔广森的错误，尽是批判《左》《穀》之失，其实不甚妥当。

（三）陈澧曰：“《左传》解《春秋》，书法有不通者，必后人附益。如宣元年春，王正月，‘公子遂如齐逆女’，传云：‘尊君命也。’‘三月，遂以夫人妇姜至自齐’，传云：‘尊夫人也。’（成十四年“秋，叔孙侨如如齐逆女”，“九月，侨如以夫人妇姜氏至自齐”，传亦云，“称族，尊君命也”，“舍族，尊夫人也”。）《公羊》则云：‘一事而再见者，卒名也。’此《公羊》之胜《左传》者。然此乃文法必当如此耳，左氏岂不知文法者乎？（如《论语》“公叔文子之臣大夫僎与文子同升诸公”，再见不称“公叔”。《檀弓》“公

〔18〕《穀梁注疏》卷18，页296、310、312。
〔19〕廖平：《穀梁古义疏》卷10，页653。

仪仲子之丧”，下文再见，但云“仲子”，“趋而就子服伯子于门右”，下文再见，但云“伯子”。此等文法，触目皆是，浅人皆知之。昭十三年“晋人执季孙意如以归”，十四年“意如至自晋”，传云：“尊晋罪己也。尊晋、罪己，礼也。”更不通，不必辩。）其尤可怪者，襄二十七年‘叔孙豹会晋赵武、楚屈建’云云‘于宋’，秋，七月，‘豹及诸侯之大夫盟于宋’，传云：‘季武子使谓叔孙以公命，曰：“视邾、滕。”既而齐人请邾，宋人请滕，皆不与盟。叔孙曰：“邾、滕，人之私也；我，列国也，何故视之？宋、卫，吾匹也。”乃盟。故不书其族，言违命也。’此竟颠倒是非矣。贾逵云：‘叔孙义也，鲁疾之非也。’服虔云：‘虽以违命见贬，其于尊国之义得之。’（并孔疏引。）贾说可以纠正《左传》，服注已稍依违矣。杜注云：‘豹不倚顺，以显弱命之君，而辨小是以自从。’孔疏云：‘豹……若其即以为真，共敬从命，则国内义士必云豹是国之大贤，闻是公命，虽非亦从，则知公之所命，悉不可违，岂不使季氏惧而公室尊也？’如杜、孔之说，权臣假称君命，大贤义士共敬从之，权臣复何所惧乎？传谬而注曲从之，注谬而疏曲从之，而以为孔子之意，（孔疏云：“贾、服不以孔子之意说《春秋》。”）此经学之大害也。故附益之语，不可不辨也。”〔20〕

〔辨证〕

陈澧“书法有不通”的批判，似乎又是暗袭刘敞的观点。《春秋权衡》云：“此所谓一事而再，见卒名耳。君之使臣，固有称族不称族；史之书之，所谓实录也，非尊君命夫人之谓也。且必若云‘公子结媵陈人之妇，遂及齐侯宋公盟’，此权事而非受命者也，非受命何以亦称族邪？岂尊以为君命哉？豹、婼、意如，其往也氏，

〔20〕 陈澧：《东塾读书记》卷10，页188—89。

其至也皆不氏，无有夫人居闲也，何以亦舍族邪？岂尊以敌夫人哉？”〔21〕可见，以《公羊》“一事而再见”质疑《左传》，不是陈澧个人的发明。亟须强调的是，《公羊》这方面的主张，也不是毫无疑问的。同样都是“一事而再见”，《公羊》所蕴涵的文例相当广泛，除了宣元年传“卒名”的解释外，〔22〕也包括其他省略性措辞。如僖五年经：“诸侯盟于首戴。”《公羊》云：“诸侯何以不序？一事而再见者，前目而后凡也。”〔23〕在此之前的经文，是“公及齐侯、宋公、陈侯、卫侯、郑伯、许男、曹伯会王世子于首戴”，《公羊》为此解释为何使用“诸侯”而不是再次复述9位参加首戴盟会的人。然而，因“一事”而“卒名”或“前目而后凡”的做法，也不能蕴涵所有“一事”的措辞。僖元年经：“齐师、宋师、曹师城邢。”《公羊》云：“此一事也，曷为复言齐师、宋师、曹师？不复言师，则无以知其为一事也。”〔24〕在此之前，僖元年经：“齐师、宋师、曹师次于聂北，救邢。夏，六月，邢迁于夷仪。”可见，《公羊》虽把“救邢”和“城邢”理解为“一事”，但二者皆书作“齐师、宋师、曹师”的事情，没有“卒名”或“前目而后凡”。即使被列作“一事”的行为主体，不见得必须省略其措辞。确切地说，“一事而再见”也很难通释全经诸文。如成三年经：“冬，十有一月，晋侯使荀庚来聘，卫侯使孙良夫来聘。丙午，及荀庚盟；丁未，及孙良夫盟。”又如成十一年经：“晋侯使郤犨来聘。己丑，及郤犨盟。”在这两则经文中，孙良夫和郤犨的“来聘”和“盟”显然都是“一事”，诚如柳兴恩的诘问，“皆可去其族，曰及庚盟、及良夫

〔21〕 刘敞：《春秋权衡》卷5，页224。
〔22〕《公羊注疏》卷15，页318。
〔23〕《公羊注疏》卷10，页217。
〔24〕《公羊注疏》卷10，页201。

盟、及犨盟矣，然乎？否乎？"[25] 然而，二人皆未省略其称谓。这些反例意味着，把问题归诸"一事"，绝非圆满的解释，《公羊》只是提供其中一套解经意见，是否足以通释经文，也很难说，需要具体分析。因此，《左传》不从"一事"来解释经文，也不是难以理解的事情。陈澧"不通"之说，只能证明他在这个问题上偏爱《公羊》多于《左传》的立场，如此而已。

《论语》《檀弓》的各种论说缘事而述，人物的名字因前有所举而后有所略，当然可以理解。但《春秋》文体不同，名字述说含有许多不易解读的含糊性，如文八年经："冬，十月壬午，公子遂会晋赵盾盟于衡雍。"接着又云："乙酉，公子遂会雒戎盟于暴。"同一行程两书"公子遂"，不嫌其烦。真要贯彻陈澧对"文法"的理解，这样的笔法本不可通。陈澧以《论语》《檀弓》作为印证"不通"的依据，只能说是比拟不当。

陈澧过度强调"文法"，无非是想证明《左传》有些貌似读不通的句式，都是"后人附益"。但凭什么分辨哪些内容是"后人附益"？哪些内容不是？根本找不到可靠的标准。仅以成十四年经先书"叔孙侨如"、后书"侨如"为例，《左》成十四年传："舍族，尊夫人也。故君子曰：'《春秋》之称，微而显，志而晦，婉而成章，尽而不污，惩恶而劝善。非圣人谁能修之？'"[26] 可见，这是有"君子曰"为引证的主张。当然，"君子曰"在某些论者眼中还是有疑问的，像刘逢禄便指控这些都是刘歆伪造窜入的内容，《广膏肓》云："其传中则附会《史记》鲁君子左丘明之语，多设为'君子曰'、'书曰'云云，类多鄙倍之谭，圣门五尺所勿道。"[27]

---

〔25〕 柳兴恩：《穀梁大义述》卷10，页137。
〔26〕《左传正义》卷27，页765。
〔27〕 刘逢禄：《春秋公羊释例后录》卷4，页379。

不过，陈澧对待《左传》，有别于刘逢禄全盘否定的态度，曾经称赞“君子曰”对颖考叔“纯孝”和石碏“纯臣”的评价，并援引贾逵“《左氏》义深于君父”之语，说是“其此之谓乎?”〔28〕但同样是“君子曰”，陈澧对《左》成十四年传“君子曰”只字不提，仅是批判“尊君命”和“尊夫人”的“不通”，然则“君子曰”难道又是“后人附益”的一例吗？说到底，“后人附益”的最终裁定，还是落在陈澧的主观判断上，实非从经传中客观概括所得出的可靠结论。

据《左传》的记载，季武子以襄公之命指示叔孙豹，但叔孙豹抗拒，故此经文觉得是“违命”而“不书其族”。服、贾、杜、孔四者之间的异同，都是围绕着如何理解《左传》“违命”的分歧。服、贾肯定叔孙豹的做法，而杜、孔则是倾向否定和批判。陈澧说贾逵和服虔的观点“纠正”或“依违”，已不见得可信，但这也无关宏旨。陈澧已清晰地披露，他是厌恶孔疏遵从权臣所颁布的“君命”，之所以不能接受，无非是担心这些建议可能导致权臣挟持君主的危局。孔疏这个观点即使不能成立，也不能证成《左传》“违命”的观点是错误的。陈澧批判注疏“曲从”，所恃的根据无非是襄二十七年“豹及诸侯之大夫盟于宋”的“豹”在文法上不该如此解释；而他所预定的正确答案，则有两个依据：一是《左传》“言违命”之语是“附益之语”，另一是“豹”在文法上是承上“叔孙豹会晋赵武”的“叔孙豹”而言，仅属省略而没有深意。前一依据是尚待确实举证的说法，由于陈澧始终没能交代辨别什么是“附益之语”、什么不是的操作性程序，他也没能通盘作出这样的鉴定，所以“附益”的说法，充其量是貌似有理的猜疑，没有可靠的证

---

〔28〕 陈澧：《东塾读书记》卷10，页184。

据。后一依据，是对文法的判断，前已述及，这不是必然可靠的通则。仅就襄二十七年经而言，三传同样不认为“豹”是简单的省略语。《左传》说是“违命”，《穀梁》则释之为“恭也”，[29] 连《公羊》也不再从“一事而再见”上找解释，反而说：“曷为再言豹？殆诸侯也。”[30] 如其解，“豹”的记载蕴涵诸侯有危险，不是因为先前称“叔孙豹”而予以省略而已。可以这么说，问题不仅是《左传》“违命”的不可接受，而是《公》《穀》二传也觉得“豹”是寓有深意的措辞。陈澧仅是指责《左传》“颠倒是非”，而又不理会三传上述的意见，极其欠缺说服力。

（四）陈澧曰：“庄四年‘纪侯大去其国’，《公羊》以为贤齐襄公复九世之雠。此盖有激而言，未可以为《公羊》病也。（《春秋繁露·竹林篇》但云“荣复雠”，不言“贤齐襄公”，盖以襄公不可谓贤也。）下文‘公及齐人狩于郜’，《公羊》以为讥与雠狩，‘雠者无时焉可与通’？可见《公羊》深恶鲁庄公不复雠，遂以为贤齐襄公复雠耳。《公羊》又云襄公‘事祖祢之心尽矣’。九世安得云祢？明讥鲁庄公忘其祢也。”[31]

〔辨证〕

《公羊》庄四年传：“大去者何？灭也。孰灭之？齐灭之。曷为不言齐灭之？为襄公讳也。《春秋》为贤者讳，何贤乎襄公？复雠也。”[32] 齐襄公的仇，就是九世祖齐哀公因纪侯之谮而被周天子烹杀。齐襄公灭纪国，就是复九世之仇。在《公羊》的理解中，复仇

〔29〕《穀梁注疏》卷16，页270。
〔30〕《公羊注疏》卷21，页460。
〔31〕陈澧：《东塾读书记》卷10，页196。
〔32〕《公羊注疏》卷6，页122。

就是齐襄公称贤的决定性因素，没有其他考虑。陈澧“有激而言”的“激”，应是意谓感触，[33] 上述传文，却没有说过贤齐襄是对鲁庄公不能复仇的感触所致。

《竹林》云：“难者曰：‘《春秋》之书战伐也，有恶有善也，恶诈击而善偏战，耻伐丧而荣复雠，奈何以《春秋》为无义战而尽恶之也？’曰：‘……今天下之大，三百年之久，战攻侵伐，不可胜数，而复雠者有二焉。’”以上答问，大概是回应《孟子·尽心下》的观点而发：“凡《春秋》之记灾异也，虽亩有数茎，犹谓之无麦苗也；今天下之大，三百年之久，战攻侵伐，不可胜数，而复雠者有二焉，是何以异于无麦苗之有数茎哉！”[34] 在董仲舒看来，因复雠而战，实是“义战”的性质，犹如“数茎”之喻。那么齐襄公既有发动“义战”之举，自然是难能可贵，可以称道的。在《公羊》看来，齐襄之灭纪，以及乾时战役之讳败，都是可以称道的战争。《竹林》“复雠者有二”的主张，就是和应《公羊》的观点。没有证据显示董仲舒不赞同《公羊》贤齐襄之说，陈澧“盖以襄公不可谓贤”的猜测是没有确据的。“荣复雠”实非暗藏不同意或不肯说“贤齐襄公”的深意。

《公羊》当然“深恶鲁庄公不复雠”，但不等于因此“贤齐襄公复雠”。如上所述，二者实无因果关系。无疑，“公及齐人狩于郜”是可以批判的事情，但“雠者无时焉可与通”之下，又说：“通则为大讥，不可胜讥，故将壹讥而已，其余从同同。”[35] 意谓不用凡与仇人交往便讥刺，所以只讥刺一次便够了。在《公羊》看来，明

---

〔33〕 例如《汉书·高五王传赞》云：“以海内初定，子弟少，激秦孤立亡藩辅，故大封同姓”，颜注：“激，感发也。”参阅《汉书》卷38，页2002。

〔34〕 苏舆：《春秋繁露义证》卷3，页49。

〔35〕《公羊注疏》卷6，页125。

确地贬责鲁庄公不复仇的经文，仅“公及齐人狩于郜”一则经文，其他的都不含贬义（这跟《穀梁》的再三贬抑形成鲜明的对比）。因此，庄四年“纪侯大去其国”一语实非“深恶鲁庄公不复雠”，陈澧没有读懂“壹讥”之说，一览无余。

陈澧惟一的证据是“事祖祢之心尽矣”，他大概认为“祢”仅指父亲，似嫌狭隘。古籍“祖祢”除了意谓先祖和先父，也可以泛指祖先。例如《汉书·韦贤传》载元帝“疾久不平”，匡衡“祷高祖、孝文、孝武庙”之辞，内有“谨案上世帝王承祖祢之大礼，皆不敢不自亲”和“以祖祢之意为不乐，是以不敢复”二语，[36] 因祷辞对汉高祖、文帝、武帝之庙而发，可以推知以上两言“祖祢”，没有专指宣帝及其他祖先。因此“祖祢”应该泛指祖先。这一例子显示，“祖祢”不必生硬地分指先祖和先父。以此再读《公羊》庄四年传：“哀公亨乎周，纪侯谮之，以襄公之为于此焉者，事祖祢之心尽矣。”[37] 此“祖祢”承哀公而言，绝不可能包括齐襄公的父亲齐僖公了。当然，陈澧也不认为“祢”是指齐僖公，但问题是，凭什么说“祖祢”涉及鲁庄公那个被杀的父亲鲁桓公？《公羊》没有这么说，而“壹讥”之论也排除“祖祢”涉及鲁桓公被杀的仇怨问题。

说实在的，认为《春秋》对齐襄公灭纪的叙述，含有批判鲁庄公之意，本非陈澧的独家发明。早在宋元之际，家铉翁《集传详说》便提出类似的观点：“《春秋》于鲁庄之世，揭复雠大义，以示天下，惟《公》《穀》知之，故于襄之灭纪、庄之会齐而拳拳焉。后之言复雠者，实昉乎此。”[38] 以此比较《读书记》之言，便可以

[36] 《汉书》卷73，页3121。
[37] 《公羊注疏》卷6，页122。
[38] 家铉翁：《春秋集传详说》卷5，页118。

发现二者大旨相同，但家铉翁之言，更多的是汉人面对蒙元征服中国而亟欲复仇的史论，本非《公羊》之确解。从“《公》《穀》知之”一语，更反映他对二传之别视若无睹，《穀梁》斥齐襄为“小人”，彻底反对灭纪之举，对鲁庄公的判断也有差别，岂能相提并论？无论如何，家传申张“复雠大义”，仅能算是借历史发抒政治悲情，绝非证成经传的可靠主张。陈澧所提的观点，既不见得比家铉翁更可贵，也不符合《公羊》内容，似宜弃去。

（五）陈澧曰：“昭三十一年‘黑弓以滥来奔’。《公羊》以为通滥，（何注云：“通滥为国，致使无所系。”《穀梁》亦云：“其不言邾黑肱，何也？”亦与《公羊》同意，但无叔术之事耳。）以为叔术贤者让国，黑弓‘贤者子孙，宜有地’。澧案：叔术事在鲁武公、懿公时，若必追而褒之，则《春秋》何必始于隐公乎？叔术妻嫂而以为贤，虽丧心病狂者，不至于是。故孔巽轩《通义》序谓《公羊》不信此事。然不妻嫂，即可以为贤乎？邾娄颜淫恶，天子诛之而立叔术；天子死，叔术杀天子所使诛颜之人，而授国于颜之子。狂悖如此，可谓之贤者让国乎？此《公羊》之谬，孰能墨守之乎？”〔39〕

〔辨证〕

陈澧说《公》《穀》二传“同意”，甚谬。《穀梁》不仅没有叔术的叙事，而且该传对“以”的解释，“以”蕴涵“不以”之意，而且昭三十一年传：“来奔，内不言叛也。”〔40〕显然，《穀梁》认为黑肱是奔鲁的叛臣，与《公羊》借其事而歌颂叔术，可谓南辕而北辙。

陈澧说“叔术杀天子所使诛颜之人”，是受到何休的误导。《公

〔39〕 陈澧：《东塾读书记》卷10，页196—97。
〔40〕《穀梁注疏》卷18，页312。

羊》昭三十一年传记载颜夫人的话："有能为我杀杀颜者，吾为其妻。"《解诂》解释说："杀颜者，鲍广父、梁买子也。"〔41〕查看传文可知，鲍广父与梁买子"闻有贼，趋而至""于是负孝公之周诉天子，天子为之诛颜而立叔术，反孝公于鲁"。可见，杀颜的人是周天子，不是鲍广父和梁买子。依此，"叔术为之杀杀颜者，而以为妻"，就是杀周天子而又娶嫂为妻。这当然是不可能发生的事情。事实上，该传在记载叔术杀"杀颜者"、妻嫂、让国等事后，接着又说："公扈子者，邾娄之父兄也。习乎邾娄之故，其言曰：'恶有言人之国贤若此者乎？诛颜之时天子死，叔术起而致国于夏父。'"〔42〕这里的"若此"是指叔术杀天子和妻嫂之事；"恶有言人之国贤若此者乎"意谓哪有国之贤者会有像这样的事情？通过熟悉邾娄国故事的公扈子现身说法，指出传文有关叔术的事迹都是虚妄失实。孔广森《公羊通义》云："自是已下，并传所不信，聊广异闻者言之。"〔43〕可见，《公羊》认为传中叔术杀天子、妻嫂等事，不过是备载异闻，不足为信。何诂认为"杀颜者"是鲍广父、梁买子二人，显然是没有真正读懂传文，没有注意公扈子否证叔术叙事的作用。有关何休的失误，于鬯已有指示，《香草校书》云："是必以杀天子为必无之事，故归之鲍、梁二人，而不知早有公扈子言其必无之事矣。"〔44〕何休忖度叔术不可能真的杀天子，遂认定叔术杀的是鲍广父和梁买子。假如知道传中记载叔术的各种劣行，皆非《公羊》接受的事情，就没有必要把"杀颜者"解作鲍、梁二人。陈澧不明何休之失，遂批判"叔术杀天子所使诛颜之人"，其实依

〔41〕《公羊注疏》卷24，页539。
〔42〕《公羊注疏》卷24，页540。
〔43〕孔广森：《春秋公羊经传通义》卷10，页249。
〔44〕于鬯：《香草校书》卷50，页1015—16。

《公羊》对叔术的理解，完全可以不接受这些负面的叙事。

简单地说，陈澧对叔术“狂悖如此”的批判，都是因为误信传闻为实事所致。陈立《公羊义疏》引包慎言曰：“《公羊》记言者之辞，传疑也，记公扈子之言解惑也。扈为邾父兄习邾故，不信公扈子之言，而执言者传闻之偏辞以讥《公羊》，则《公羊》非怪，而人自怪之耳。”〔45〕这是准确把握《公羊》的心得之言。公扈子所说的话，反映《公羊》述事态度严肃，讲究备载异闻，不会因为不相信某些历史记载，便将之随意删除，甚至假造不合史实的叙事。奇怪的是，有人针对陈澧的批判，居然说：“陈澧殆不明《公羊》‘借事明义’之书法也。”〔46〕如其解，《公羊》有关叔术的叙事，就是为了寄寓“义”而已。这是扩大皮锡瑞“借事明义”的说法，但这个说法用来理解《春秋》和《公羊》的叙事，本有严重的纰漏。〔47〕最重要的是，《公羊》没有半点说法显示叔术之事是“借事明义”的性质。包括何休、包慎言、孔广森、陈立等《公羊》学者，都不曾这么说过。因此，拿“借事明义”加在《公羊》之上，然后指责陈澧不理解这个，就是制造了《公羊》本来没有的东西而要求他人予以接受，恐怕对《公羊》、对陈澧都算不上是平情之论。

---

〔45〕陈立：《公羊义疏》卷67，页2601。

〔46〕曾亦、郭晓东：《春秋公羊学史》中册，页465。

〔47〕有关皮锡瑞这方面的问题，参阅拙著：《皮锡瑞〈春秋〉经传“借事明义之旨”辨非》，页33—39、70；《〈经学通论〉辨证》，页323—430。

第四章 《读春秋界说》辨证

梁启超在时务学堂进行讲学活动，乃是清末维新变法的著名事迹。当时，他为了宣传新思想，撰写了《读春秋界说》和《读孟子界说》作为教材，而这两篇文章，都收录在《饮冰室文集》之中。然而，较少人注意到《文集》版的《读春秋界说》，已经过大量删节，非其原貌。这对于梁氏早年思想的认识，是相当不足的。可喜的是，新出版的《广州大典》已将这篇文章重新收录，方便读者查阅。[1] 现据《大典》本重新点校，另以《文集》本略加校订，诸条之后略述学思所得。

素王改制，创自《春秋》。西河巨儒实承宗旨，源远未分。《公》《穀》偕出，历传五世，乃援口授，著之竹帛。董生以《公羊》之理，阐天人之奥。嬴眭承流，严、颜绍统，闳识孤怀，踔越有汉矣。刘歆竖子校书秘府，伪窜《左氏》。《公羊》大义，寖即晦霧，爰迄于今。斯道益蒙孔、刘述之，一拘例法。南海康氏恫乎斯文，私淑胶西，远承绝学。新会梁君亲炙其门，习闻绪论，推衍秘恉，紬绎新理。其说以《公羊》为君，以《穀梁》、董氏为辅。凡以包举公法，绵系公提。方今异学蔓衍，吾道陆沈，非延教主之统，

〔1〕《读春秋界说》的两个版本，分别载《饮冰室合集》第1册《文集》第3册，页14—17；《广州大典》第142册，页667—73。

蚤定一尊，将恐祆神之言倾吾九鼎。有志斯世者，得是篇而存之，庶知赤制有谶，匪祇应乎卯金，黄种可留所贵，发乎《墨守》云尔。

湘学使者宛平徐仁铸序

〔辨证〕

徐仁铸，清末维新四公子之一，其《輶轩今语》与康、梁之说多有吻合之处。这篇序言是徐仁铸为《界说》特笔表彰之作。其对《左传》的抨击，大体上是沿康门之调而发，没有多少个人新意，不必深究。仅就《界说》一文的认识而言，真正值得注意的是序中提出“延教主之统，蚤定一尊”的诉求。谁能代替已死的孔子延续“教主之统”？谁有资格不被谬说所囿而享有“一尊”的地位？答案呼之欲出，自是以康、梁为首的维新派。这样姿态鲜明地渴望占有意识形态的主宰地位，梁启超行文时也不敢明白透露，但经徐氏这样一说，倒是赤裸裸地披露了维新派的政治图谋——假定梁启超及其同道也不反对徐序的话。

界说一　《春秋》为孔子改定制度，以教万世之书。

《史记·太史公自序》曰：“周道衰微，孔子知言之不用，道之不行也。是非二百四十二年之中，以为天下仪表。文成数万，其指数千。万物之散聚，皆在《春秋》。”《孟子》曰：“《春秋》，天子之事〔2〕。”夫《春秋》，一儒者之书〔3〕耳，何以谓为“天子之事”也〔4〕？盖以《春秋》者，损益百王，斟酌三代，垂制立法，以教万世。此其事皆天子所当有事者也。独惜周道衰废，王者不能自举

〔2〕“事”后《文集》多“也”。
〔3〕“书”，《文集》作“笔”。
〔4〕“也”，《文集》无。

其职，而天地[5]公理终不可无人以发明之也，故孔子发愤而作《春秋》，以行天子之事。故《说苑》曰："周德不亡，《春秋》不作。"《孟子》曰："王者之迹熄然后《春秋》作。"又曰："知我者，其惟《春秋》乎！罪我者，其惟《春秋》乎！"夫作《春秋》何以见罪孔子？盖逆知后世必有执布衣不当改制之说，而疑孔子之僭妄者，故先自言之也。后之儒者不明此义，而甘为罪孔子之人，则何益矣！

孔子改制之说，本无可疑。其见于周秦两汉传记者极多，不必遍举。即如《论语》"麻冕礼也"一章，"颜渊问为邦"一章，改制之精义犹可考见。使孔子而仅"从周"云尔，则何不云"行周之时，乘周之辂，乐则韶舞"，而必兼采三代耶？可见当时孔子苟获为邦，其制度必有所因革损益明矣。既已不见用，则垂空文以待来者，亦本其平日之所怀者而著之，又何足异乎？黄梨洲有《明夷待访录》，黄氏之改制也。王船山有《黄书》，有《噩梦》，王氏之改制也。冯林一有《校邠庐抗议》，冯氏之改制也。凡士大夫之读书有心得者，每觉当时之制度有未善处，而思有以变通之，此最寻常事。孔子之作《春秋》，亦犹是耳。夫以梨洲、船山、林一之所能为者，而必不许我孔子为之，此何理也？西人果鲁士西亚、虎哥，皆以布衣而著万国公法也[6]，天下遵之。今孔子之作《春秋》，乃万世公法也。今必谓孔子之智，曾果氏、虎氏之不若，此又何理也？

〔辨证〕

1."界说"的对象

"界说"，即今语所谓定义。罗列诸条"界说"，作为立说的纲

---

〔5〕"地"后《文集》多"之"。
〔6〕"也"，《文集》无。

领，不是梁启超发明的编写形式。康有为写作《实理公法全书》，已模拟《几何原本》的体例，首列“实理”，次列“公法”，再列“比例”，附以其个人对政治社会发展的主张。〔7〕在编写方式上，梁氏《界说》显有因袭《全书》的痕迹，但二者同中有异。同者，是康、梁均首列纲领然后缕述的编写方式；异者，是不同于康，梁“界说”的对象并非语词或概念。马建忠《文通》说：“凡立言，先正所用之名以定命义之所在者，曰界说。”〔8〕这里指出“界说”所定的是“名”，而马氏这个解释，也是清末知识分子流行的做法，像《实理公法全书》首言“实”和“公”之解，便是“界说”的显例。〔9〕相反，梁启超的十一则“界说”，皆非围绕语词或概念而展开，都在讲述他对《春秋》的某一见解，不是特指经传的某一字词。更恰当地说，这像是策论题的行文方式，多于模拟科学的形式化写作。〔10〕

把策论题的写作方式包装为准科学的产品，实已反映晚清知识分子追慕西方文明的趋新心理。在梁启超心目中，这些“界说”不仅是他个人的想法，更是确凿不易的“理”。“界说五”云“既明第二至第三、第四条之理”，“界说九”云“往古来今天地万物之递进之理”，足证梁启超“界说”的是“理”，而非经传的语词或概念。此“理”犹如康有为所说的“实理”，是梁启超视为恒真的道理。《春秋》之所以重要，就在于此。故梁启超《界说》所偏重的，在于陈述“理”是什么，而非经传说了什么。

---

〔7〕朱维铮：《从〈实理公法全书〉到〈大同书〉》，载《求索真文明：晚清学术史论》，页233。

〔8〕马建忠：《马氏文通》卷1，页13。

〔9〕康有为：《实理公法全书》，页147—48。

〔10〕有关策论题对经学论述的影响，参阅艾尔曼：《清代科举与经学的关系》，载《经学·科举·文化史》，页158—81。

2. 董仲舒的说法

依此，可以窥见梁启超对普遍原理的追慕，多于文本意义的探求。《春秋》之所以重要，在他眼中，是因为它记载了孔子所“发明”的“天地公理”。其中一项举证，就是《史记·太史公自序》。梁启超所述仅属节录，原文是：“余闻董生曰：‘周道衰废，孔子为鲁司寇，诸侯害之，大夫壅之，孔子知言之不用，道之不行也。是非二百四十二年之中，以为天下仪表。贬天子，退诸侯，讨大夫，以达王事而已矣。子曰：“我欲载之空言，不如见之于行事之深切著明也。”夫《春秋》上明三王之道，下辨人事之纪，别嫌疑，明是非，定犹豫，善善恶恶，贤贤贱不肖，存亡国，继绝世，补敝起废，王道之大者也。《易》著天地阴阳四时五行，故长于变；《礼》经纪人伦，故长于行；《书》记先王之事，故长于政；《诗》记山川溪谷禽兽草木牝牡雌雄，故长于风；《乐》乐所以立，故长于和；《春秋》辩是非，故长于治人。是故《礼》以节人，《乐》以发和，《书》以道事，《诗》以达意，《易》以道化，《春秋》以道义。“拨乱世，反之正，莫近于《春秋》。”《春秋》文成数万，其指数千。万物之散聚，皆在《春秋》。《春秋》之中，弑君三十六，亡国五十二，诸侯奔走不得保其社稷者，不可胜数。察其所以，皆失其本已。故《易》曰“失之毫厘，差以千里”，故曰“臣弑君，子弑父，非一旦一夕之故也，其渐久矣”。故有国者不可以不知《春秋》，前有谗而弗见，后有贼而不知。为人臣者不可以不知《春秋》，守经事而不知其宜，遭变事而不知其权。为人君父而不通于《春秋》之义者，必蒙首恶之名，为人臣子而不通于《春秋》之义者，必陷篡弑之诛，死罪之名。其实皆以为善，为之不知其义，被之空言而不敢辞。夫不通礼义之旨，至于君不君，臣不臣，父不父，子不子。夫君不君则犯，臣不臣则诛，父不父则无道，子不子则不孝。此四行者，天下之大过也。以天下之大过予之，则受而弗敢辞。故《春秋》者，礼义之大宗也。夫礼禁未然之前，法施已然之后，法之所为用者易见，而礼之所为禁者难知。’”[11]

以上划以底线的部分，是梁启超所引录的。[12] 结合其他部分一并阅读，便可发现董仲舒对《春秋》内容的概述，主要落在行为是非的褒贬，诸如“贬天子，退诸侯，讨大夫”“别嫌疑，明是非，定犹豫，善善恶恶，贤贤贱不肖，存亡国，继绝世，补敝起废”“《春秋》辩是非，故长于治人”等等，都是需要辨别什么行为是正确的，什么行为是错误的。在董仲舒看来，《春秋》是透过各种言辞对相关的人及其行为进行批评，很难说他认为孔子写作《春秋》时所留下的这些批评意见已凝聚为“天地公理”。董仲舒说的是“天下仪表”，重点是行为的榜样或示范作用。“君不君”“臣不臣”“父不父”“子不子”为何要不得，就是因为相关人物不成模样。“仪表”不等于“公理”。作为“天下仪表”，是指做了相关行为的人。尽管董仲舒提及“万物”，但不代表他在讲述“天地公理”。《公羊》没有“万物”的概念，而《春秋繁露》言“万物”计 32 例，通常是涉及秩序状态的讨论。在早期中国的思想世界中，人与外物之间存在复杂多样的感应方式，殊非现代人类能动者单方面支配的格局。[13] 董仲舒一方面承认《春秋》叙述偏重于人类行为的是非得失，故曰“长于治人”；另一方面也注意到《春秋》所述的不仅是活生生的人类，还包括一些非人的能动者，故曰“万物之聚散”。因此，不能因谈及“万物之聚散”而断言孔子意图“发明”

〔11〕《史记》卷 130，页 4003—04。

〔12〕在本章中引述《界说》所采用的原文，凡划有底线的部分皆是梁启超所摘录的。

〔13〕李巍：《从语义分析到道理重构》，页 267—84。

“天地公理”。在董仲舒的说明中，谈论“天地”的作品，“著天地阴阳四时五行”的《易》和“记山川溪谷禽兽草木牝牡雌雄”的《诗》应该更具相关性，至少比“长于治人”的《春秋》更多涉及“天地”。可是经过梁启超的省略和节写后，仿佛《春秋》就在谈论“天地公理”。这是符合董仲舒原意的解读吗？

“天地公理”是什么？梁启超没有界定其中内容。由于他认为“垂制立法”属于“天子所当有事者”，又说孔子鉴于“天地公理终不可无人以发明之”而作《春秋》，合观推知，“垂制立法”的“制”和“法”，与“天地公理”，二者密不可分。在梁启超的理解中，孔子所“改定”的“制度”，体现的是“天地公理”。这些都足以在后世流传，故曰“以教万世”。问题是，董仲舒在《太史公自序》的话语不曾触及“天地公理”，也没有说过孔子创设什么制度。据其理解，《春秋》是“礼义之大宗”“禁未然之前”，有别于“施已然之后”的“法”。“法”不是《春秋》所立的东西，至少董是这样理解的。此外，所谓“上明三王之道，下辨人事之纪”，“三王之道”和“人事之纪”中的“道”和“纪”既非“天地公理”，亦非“制度”，更不是孔子所“垂”、所“立”、所“改定”的。其言“明”和“辨”者，皆已预设“道”和“纪”的先在。董仲舒的语意相当明白，就是认为《春秋》对各种行为的评价可以印证过去伟大统治者的做法，彰明一些“人事”的道理。从发生的次序上说，都是先于《春秋》已存在的。但在梁启超的构想中，“制度”及“天地公理”是因《春秋》而产生的产品，自然是后于《春秋》而出现。

需要注意，“改定制度，以教万世”的主语是“孔子”。无论“改定”抑或“发明”，其所指代的主体都是孔子。梁启超与康有为一样，出于一神教的教主构想，都相信《春秋》的“制”“法”“制度”与“天地公理”等等，都是孔子作为创始人刻意留给后人的东西，也就是说，“以教万世”的“教”是出自孔子本人的想法，不仅是后世儒者的追认。这已预设孔子作《春秋》以为后世教典，具有鲜明的意向性和目的性。但要证成这一点，最好是拿出写作动机或写作过程的证据。遗憾的是，孔子没有日记或笔记传世，《春秋》也没有序言自述为何和如何写作。因此，再高明的论者也仅能仰赖第三人称的证据。董仲舒（前179—104）生于西汉，上距孔子（前551—479）有三百年之久，他的言谈作为孔子写作的证辞，甚难说是太有分量的证据。更成问题的是，董仲舒似乎没有明确提及孔子作《春秋》具有“教万世”的打算。按其所述，孔子“言之不用，道之不行”的认知，是“为鲁司寇，诸侯害之，大夫壅之”以后的事情。一个完全合乎情理的解读，是孔子认为这次失败经历，源于鲁司寇任内的政治环境。如所周知，孔子随后便周游列国，谋求诸侯赏识。可见，在孔子的自我评估中，还是相信换了另一个环境，他的“言”和“道”还有实践的可能。而这样的新环境，不见得就是遥远的“万世”，更有可能是时人见闻可及的时世。玩味“以为天下仪表”和“以达王事”之语，董仲舒显然相信《春秋》具有吸引世人的模范作用，而观察“仪表”和“王事”的人不必就在“万世”，说其在春秋之末或战国之初，又有何不可？当然，董仲舒整段话语中实未明确交代《春秋》的读者群究竟在哪时，更无“万世”与否的辨识。[14]

3.《孟子》两则引文的解读

除了《史记》以外，梁启超还节录了两则《孟子》作为旁证：

①《孟子·滕文公下》。原文是：“世衰道微，邪说暴行有作；臣弑其君者有之，子弑其父者有之。孔子惧，作《春秋》。《春秋》，

〔14〕 有关《太史公自序》的解读，参阅拙著：《〈经学通论〉辨证》，页250—68、333—41。

天子之事也。是故孔子曰：'知我者，其惟《春秋》乎！罪我者，其惟《春秋》乎！'圣王不作，诸侯放恣，处士横议，杨朱、墨翟之言盈天下。天下之言，不归杨，则归墨。杨氏为我，是无君也；墨氏兼爱，是无父也。无父无君，是禽兽也。公明仪曰：'庖有肥肉，厩有肥马，民有饥色，野有饿莩，此率兽而食人也。'杨、墨之道不息，孔子之道不著，是邪说诬民，充塞仁义也。仁义充塞，则率兽食人，人将相食。吾为此惧，闲先圣之道，距杨、墨，放淫辞，邪说者不得作。作于其心，害于其事；作于其事，害于其政。圣人复起，不易吾言矣。昔者禹抑洪水，而天下平；周公兼夷狄、驱猛兽，而百姓宁；孔子成《春秋》，而乱臣贼子惧。《诗》云：'戎狄是膺，荆、舒是惩，则莫我敢承。'无父无君，是周公所膺也。我亦欲正人心，息邪说，距诐行，放淫辞，以承三圣者。岂好辩哉！予不得已也。能言距杨、墨者，圣人之徒也。"[15]

结合未划底线的部分一并阅读，便可发现孟子对《春秋》的理解，主要是看重其对"邪说暴行"的批判，像"臣弑其君""子弑其父"等等。这与董仲舒在《太史公自序》的话语一样，都是对行为是非的讨论。孟子为了辩护"距杨、墨，放淫辞"的做法，除了举孔子作《春秋》为例外，还举禹抑洪水，周公兼夷狄、驱猛兽等事为证。禹、周公、孔子、孟子四者的共同点，在于对重大错误的修正，绝非"垂制立法"。此外，孟子仅言"三圣"，指的是禹、周公、孔子，未尝谈及"百王"或"三代"。"损益百王，斟酌三代"之说，在《滕文公下》中毫无依据。至于"天子之事"，梁启超将之理解为周王的职掌，固无不可，但从孟子的原话却很难推论出"改定制度"或"天地公理"的"发明"。此外，"知我""罪我"之言，不过是孔子预计

[15] 《孟子注疏》卷6，页178—79。

读者对自己的了解和批判都是冲着《春秋》而来，至于“知”和“罪”的原因是什么，却没有说。大体上说，“知我”和“罪我”无非是孔子对读者反应的预测。马王堆汉墓出土的《要》篇也有类似的心理记载：“夫子老而好《易》，居则在席，行则在橐。有古之遗言焉，予非安其用，而乐其辞。后世之士，疑丘者或以《易》乎!”吕绍纲指出以上评述孔子论《易》之言，与“知我”“罪我”之言，二者“句式可谓雷同”：“他作《春秋》鞭挞弑父弑君者，后世的乱臣贼子要罪他；而后世的士（有知识的人）要因《易》而对他疑惑不解。”[16] 这是相当平实且可信的判断。对《易》和《春秋》，孔子皆预期有些读者未必可以接受，这不蕴涵孔子已有“改制”的设计。《孟子》没有述及“改制”，而梁启超断言孔子“逆知后世必有执布衣不当改制之说”，过度解读，显而易见。把“天子之事”与“知我”“罪我”扯上关系，是因为孟子以“是故”言之，并非孔子已有怀疑“僭妄”的预见而“先自言之”。梁启超割裂《孟子》话语，制造了孔子自行“天子之事”的打算，不合文本原意。[17]

②《孟子·离娄下》。原文是：“王者之迹熄而《诗》亡，《诗》亡然后《春秋》作。晋之《乘》，楚之《梼杌》，鲁之《春秋》，一也。其事则齐桓、晋文，其文则史。孔子曰：‘其义则丘窃取之矣。’”[18]

在梁启超的《界说》中，“王者之迹熄”与“《春秋》作”之间的中介环节，即“《诗》亡”，被剔除了。之所以有此删减，很有可能是《诗》与楚《梼杌》、晋《乘》、鲁《春秋》三史一样，原属诸国不同作者完成的典籍，不尽出于孔子一人之手。在梁启超当

〔16〕 吕绍纲：《孔子的易学及其流传》，载《〈周易〉的哲学精神：吕绍纲易学文选》，页175。
〔17〕 有关《孟子·滕文公下》的解读，参阅拙著：《〈经学通论〉辨证》，页224—38。
〔18〕 《孟子注疏》卷8，页226。

时拥护康氏孔教的构想中，《春秋》是孔子独自创作的产品，故《诗》被视若枝节而不予处理。

4.“周德”与《春秋》

为了佐证《春秋》是“天子之事”，梁启超还节录了《说苑·君道篇》的话，原文是：“孔子曰：‘夏道不亡，商德不作；商德不亡，周德不作；周德不亡，《春秋》不作。《春秋》作，而后君子知周道亡也。’故上下相亏也，犹水火之相灭也，人君不可不察，而大盛其臣下，此私门盛而公家毁也。人君不察焉，则国家危殆矣。筦子曰：‘权不两错，政不二门。’故曰：胫大于股者难以步，指大于臂者难以把，本小末大，不能相使也。”〔19〕

依此，过去历史的发展都是“上下相亏”的发展轨迹：

（1）夏德→商德；

（2）商德→周德；

（3）周德→《春秋》。

以上三者，皆在印证“公家毁”→“私门盛”（或“本小”→“末大”）的形态。《说苑》的重点是梳理君臣上下的关系，预防臣下超出人君掌握的失控局面。梁启超抽离上下语脉，孤立地引录“周德不亡，《春秋》不作”之言，似乎是想在印证《春秋》作为“天子之事”之余，同时避免“僭妄”之疑。是故《说苑》之引证，仅是为了刻划孔子具有“垂制立法”的意愿，而“公家毁”的危险，至少不是梁启超或其他康党人士所能承受。不管如何，《说苑》与《孟子》二书，依据不同，立论有异。解读“天子之事”一语，完全可以不从“周德不亡”的前提出发。

归纳以上四项举证，无一足以证明《春秋》是梁启超所宣言的

〔19〕 向宗鲁：《说苑校证》卷1，页31。

"教万世"之书。梁的宣言更多是一个姿态的展现，而非理性的论证。认定《春秋》是孔子有意为"万世"而写的想法，跟许多宗教信徒渴求与神圣来源心心相印、精神互通的态度一样，是一种宗教性的"圣书意识"，其中讲求的是读者对圣书敬虔的、被动的、倾听的、接受性的心灵，而非证据和论证的辨认。[20] 因此，梁启超要求读者接受"孔子改定制度，以教万世之书"，可以视为准宗教纲领的确立。尽管其所自称"界说"，貌似要接受严格论证的推敲。

5.《论语》三则引文的理解

认为孔子提倡"改制"之说，是康有为《孔子改制考》的核心主张。梁启超因笃信师说已为定谳，故不再引证，未能对此做出更有说服力的说明，于是读者也无从审理他"周秦两汉传记者极多"的论断。被他具体谈到的，计有《论语》以下三例：

①《论语·子罕》云："麻冕，礼也；今也纯，俭，吾从众。拜下，礼也；今拜乎上，泰也。虽违众，吾从下。"[21]

此句讲述孔子对礼仪变迁的看法：冕的织料，由麻改为纯（黑丝），但因其"俭"，故孔子选择"从众"。"拜乎上"，则是泰（倨傲）的表现，故孔子宁愿"违众"。这里的差别，在于显示孔子在不同情况下的变通之道。礼帽用丝是可以接受的，最初不用麻而用丝的是其他人，不是孔子。至于升堂磕头，则是对上倨傲的错误行为，故孔子认为不可接受。读《左》僖九年传，齐桓公面见周王，犹言："余敢贪天子之命无下拜！"[22] 可见臣子对君主"拜下"，是保持恭敬的表现，如简朝亮所言，"盖桓公时犹不敢泰也"。[23] 所

[20] 有关圣书意识的讨论，参阅陈立胜：《"身体"与"诠释"：宋明儒学论集》，页190—228。

[21] 《论语注疏》卷9，页129。

[22] 《左传正义》卷13，页358。

[23] 简朝亮：《论语集注补正述疏》卷5，页521。

以孔子“拜下”而非“拜乎上”的选择，正是坚持旧礼的表现。麻冕已为别人改为纯冕，而又节俭，所以从之。而拜乎上则是改得不当，所以违之。这些都是孔子对当时旧礼的新变化作出评说，而不是自主地提出“改制”的新构想。说此章载有“改制之精义”，是改换了孔子的角色，从评论者改换为立法者。

②《论语·卫灵公》云：“颜渊问为邦，子曰：‘行夏之时，乘殷之辂，服周之冕，乐则韶舞。放郑声，远佞人。郑声淫，佞人殆。’”〔24〕

孔门师弟谈论“为邦”，因为这是当时政治讨论的流行话题。“为邦”不宜化约为“改制之精义”，“放郑声，远佞人”只是就人事的管理而言。夏时、殷辂、周冕与韶舞都是孔子当时所认识的文化遗产。“韶”为有虞氏之乐，梁启超以“乐则韶舞”与“行周之时，乘周之辂”并举，大概把“韶”理解为周代乐舞，认识并不正确。撇除这个小错，时、辂与韶舞是过去流传下来的东西，而在“为邦”的讨论中，孔子表示要实践它们，这是否意味他要“改制”呢？由于梁启超理解的“改制”是对“天地公理”的“发明”，故“制”必是孔子的思想产品，但仅就《卫灵公》此章而言，读者完全可以另作这样的理解：夏时、殷辂、周冕、韶舞是孔子生活之时（即春秋末年）的好东西，它们既非孔子创造的，也不见得是他觉得最完美和最理想的东西。至于郑声、佞人，则是孔子眼中的坏东西。其对颜渊的回答，仅是说了要什么东西和不要什么东西。换言之，这只是担当评估者和挑选者，而非发明者和创造者的角色。〔25〕

③《论语·八佾》云：“周监于二代，郁郁乎文哉！吾从周。”〔26〕

梁启超坚持反对“从周”之说，其依据是他所想象的一个反设

〔24〕《论语注疏》卷15，页247。
〔25〕有关《论语·卫灵公》的解读，参阅拙著：《〈经学通论〉辨证》，页74—78。
〔26〕《论语注疏》卷3，页39。

事实（counterfactual）：为什么《卫灵公》说的是“行夏之时，乘殷之辂”而非“行周之时，乘周之辂”云云？这里，已规定了一个隐性的预设：周人只行周礼，出现了诸如夏时、殷辂等记载，就是孔子“改制”的表现。但是，假如发现其他证据说明周人施行夏、殷或其他时期的做法，就有理由不接受以上的预设。偏偏在周秦两汉文献中，类似的证据不难找到。例如《礼记·檀弓上》云：“有虞氏瓦棺，夏后氏堲周，殷人棺椁，周人墙置翣。周人以殷人之棺椁葬长殇，以夏后氏之堲周葬中殇、下殇，以有虞氏之瓦棺葬无服之殇。”[27] 这里记载周人用虞、夏、殷三种不同的棺来葬埋不同年龄死去的孩子，足证杂用虞、夏、殷的做法，周人早有施行，非孔子所“发明”。[28] 这也显示，《八佾》“周监于二代”绝非虚语，而是确有实事。周礼依据夏、殷二代，不是无中生有的创造。“监于二代”的是周而非孔子，故很难彻底否定周人亦有行虞、夏、殷之礼的可能性。在孔子的思想选择中，周作为二代之后的继承者，是最值得接受和追随的。“从周”与夏时、殷辂、韶舞等异代事物的接受，二者并非冰炭不容的关系。梁启超以“兼采三代”而推断“制度必有所因革损益”，固无不可，但“兼采”和“因革损益”却不见得必是孔子“改制”所致。行夏时、乘殷辂、服周冕、乐韶舞，与麻冕、拜乎上一样，实际上是孔子提出评论意见的一些做法。阅读《论语》文本，是无法彻底确定其他周人对之有否相应的实践。也就是说，在孔子以前，周人是否（和如何）行夏时、乘殷辂、服周冕、乐韶舞，像麻冕、拜乎上那样？这仍是不能明确提出否定答案的。比较谨慎的做法，应该是不予强解，保留相关诠释空间。像梁启超断言其中必有“改制之义”，就是在没有

〔27〕《礼记正义》卷6，页177—78。
〔28〕有关《论语·檀弓》的解读，参阅拙著：《〈经学通论〉辨证》，页83—87。

足够证据的情况下断定这些做法都是孔子个人的独特发明，据此摒弃“从周”的记载，这是否是过分武断的解读呢？说到底，孔子明言“从周”是“吾”的选择，但由“行夏之时，乘殷之辂，服周之冕，乐则韶舞。放郑声，远佞人”则推不出“吾改制”的结论。

6. 如何证成孔子改制

以“改制”定性孔子的思想学说，绝非清末知识分子皆可接受的公论。自周秦两汉以降，“改制”基本上是新王建立新政权时所做的事情，如《荀子·正论》云：“天下厌然，与乡无以异也；以尧继尧，夫又何变之有矣！唯其徙朝改制为难。”〔29〕何休也是这般的思路：“夫王者，始受命改制，布政施教于天下。”〔30〕因此，当康有为鼓吹孔子改制，并以其独特理解来诠释《春秋》的思想内容，就很难摆脱各种猜忌和防范。梁启超显然清楚这些顾虑，故再三强调黄宗羲《明夷待访录》、王夫之《黄书》《噩梦》，冯桂芬《校邠庐抗议》诸书都属于“改制”之作，倡言“改制”不具有外界所猜想的各种危险。

问题是，黄、王、冯三人尽管“觉当时之制度有未善处，而思有以变通之”，但这种“寻常事”能不能算是“改制”？进一步说，他们有没有使用“改制”之语？如果没有，为什么还要说他们“改制”呢？撰写策论议政，可以有各种各样的命名方式，梁启超执意把黄、王、冯之书视为“改制”，其实是故意含糊了事的修辞手法，把原来不属于“改制”的东西混进“改制”之中。言其所以，显然是为了辩护康有为有关孔子改制的主张，刻意把敏感的“改制”说成无害的想法，仿佛“士大夫之读书有心得者”皆会这样做。这实

〔29〕 王先谦：《荀子集解》卷12，页332。
〔30〕《公羊注疏》卷1，页10。

际上是大幅放宽了“改制”的资格门坎：“改制”似乎不是新王的专利，也不是圣人方可为之，而是所有“读书有心得”的“士大夫”皆有资格、皆能做得到的事情。于是，康有为提倡孔子改制之说，自然算不上犯忌之举。

跟随梁启超此调的，还有皮锡瑞后来出版的《经学通论》。此书许多观点被后来经学研究者奉若定谳，但较少人注意到，其思路与梁氏所言大同小异，同样透过王夫之、黄宗羲等人的作品，力辨《春秋》改制不宜以僭妄视之：“所谓改制者，犹今人之言变法耳。法积久而必变。有志之士，世不见用，莫不著书立说，思以其所欲变之法，传于后世，望其实行。”〔31〕这里同样把“改制”说成变法，把“思以其所欲变之法”的知识分子“著书立说”也当作“改制”的产出，完全是师法梁启超的故智。〔32〕当然，读者是否接受梁、皮这样偷换内涵的“改制”之说，乃是另一回事。在接受经典教育的士大夫眼中，普遍知道“改制”的主体是潜在地取代现有政体的未来统治者，最低限度也可能会影响到现行君主的举措。像陈庆年便这么理解康有为改制之说：“康之命意在解散君权，以便其改制之邪说。”〔33〕又如张之洞在讲述“康党逆为乱阶”之时，也指出：“末流波靡，邪说纷出，大有犯上作乱之忧。”〔34〕陈、张二人“邪说”的批评究竟如何，暂不深论，但他们的反感已可以反映康、梁倡言“改制”的无害性，不见得可以争取多少论敌的接受。以倡言“改制”为僭妄之举，始终是康、梁在维新变法中所面对的政治指控。在一般知识分子的认识中，“改制”绝不等

〔31〕皮锡瑞：《经学通论》卷5，页382。

〔32〕有关皮锡瑞经学思想的分析，参阅拙著：《〈经学通论〉辨证》，页58—64。

〔33〕陈庆年1898年6月18日日记，《戊戌己亥见闻录》，载《近代史资料》第81号，页113。

〔34〕茅海建：《戊戌变法的另面："张之洞档案"阅读笔记》，页40。

于简单地提出政见。把《春秋》定性为改制之书，亦非士人皆可接受的共识。

7. 万国公法与万世公法

按照梁启超的思路推论，士大夫“读书有心得者”皆可“改制”，有条件言说“改制”的人在数量上自必大幅提升。如是说，除了能辩护“改制”的安全性，在思想相对封闭的环境中，其实也有解放主观意识、允许更多声音发出的作用。这是康、梁师弟能够吸引年青知识分子的独到之处，不宜等闲视之。〔35〕在扩大人数的同时，梁启超也在维护“改制”的卓越性。按他的理解，《春秋》所述的“改制”其实不是一般统治者所做的制度改动，而是“天地公理”，是放诸后世皆可普遍推行的，故曰“万世公法”。依此判准，言说《春秋》改制者，自必比不言者更高明。然而，《春秋》经传（包括《公羊》在内）既无“公理”的概念，也没有“公法”的构想。凭什么说《春秋》是“万世公法”呢？

“果鲁士西亚虎哥”是 Grotius Hugo 的译名，即著名国际法学家格劳秀斯（Hugo Grotius）。梁启超以“皆”言之，又说“果氏、虎氏之不若”，显然是把“果鲁士西亚”和“虎哥”误作二人。〔36〕在此，没有必要深究梁启超对格劳秀斯的学说有何认识，从“万国公法”与“万世公法”二语相提并论，而且《春秋》所“发明”的

---

〔35〕朱维铮在研究康有为崇拜王学的情形，已指出这一点：“由少数年青知识分子发动的改革运动，何以在短短两三年内便激动了政治倾向并不一致的各阶层有识之士的心弦？我以为从这个侧面也可做出一种令人信服的说明。”参阅《阳明学在近代中国》，载《走出中世纪》，页 247。

〔36〕狭间直树说：“‘果鲁士’是格劳秀斯，‘虎哥’是胡果，‘西亚’或许是由于某种误解而造成的词。”显然，狭间知道“果鲁士西亚虎哥”是一个人，故他对之不加顿号（对“果氏虎氏之不若”亦如是）。考虑到梁启超本来误认果、虎为二人，不加顿号似嫌拘泥，不合梁氏原意。参阅狭间直树：《东亚近代文明史上的梁启超》，页 35—36。

又是“天地公理”，已可推想他真正关怀的不是国际法的具体运作，或类似的法学主张，而是一种放诸四海皆准的普遍原理，以此合理化和正当化维新改革的政治主张。

梁启超拿“果氏、虎氏”（即格劳秀斯）证成孔子作《春秋》，背后的逻辑是：

P－M　果氏、虎氏以布衣著万国公法，

Q－N　孔子以布衣作《春秋》，

N－M　故《春秋》乃万世公法。

这是一个不能成立的推论。“万国公法”与《春秋》本是不同作者的不同产出，为何二者可以扣在一起呢？在梁启超的用语中，《春秋》发明了“万世公法”，但“万国公法”与“万世公法”二者真的是等值吗？从上面的讨论可知，“界说一”的引证都是努力证明孔子有一套类似法则性的东西，不论是“天地公理”抑或“万世公法”，要交付给未来，跨越的是不同时段的维度，并非不同空间的国度，故“万世公法”不宜改换为“万国公法”。如果“万世公法”与“万国公法”本不相干，凭什么由后者推出前者？果氏、虎氏做了M，凭什么据此说孔子做的N就是M？两个前提和结果的端词都是不周延的，以致整个论证的逻辑关联性严重不足。不必多少高深的逻辑训练便可质疑，果氏、虎氏与孔子具有不同的思想，为什么二者撰写的东西都要有高度的相同性？同样是“布衣”的身份背景，能够是充足的决定性条件吗？——当然，从梁启超以“孔子之智”而提出“此又何理”的诘问，应该还可以说他们三人已被预设具有水平相若的智力。但添加了智力相同这一条件，那又如何？“布衣”和“智”的相同性，足以确保“《春秋》乃万世公法”这个结果的可靠性吗？纵无高深的逻辑训练，恐怕亦知其言之非理。

界说二 《春秋》为明义之书，非记事之书。

《孟子》曰："晋之《乘》，楚之《梼杌》，鲁之《春秋》，一也。其事则齐桓、晋文，其文则史。孔子曰：'其义则丘窃取之矣。'"盖以明《春秋》之所重者在义，而不在事与文也。其意若曰：若仅论其事，则不过桓、文之陈迹而已。若仅论其文，则不过[37]史官之职而已。是二者乃晋《乘》、楚《梼杌》之所同也。孔子未修之《春秋》，亦犹是也。及孔子修之，则其中皆有义焉。太史公所谓"万物散聚皆在《春秋》""其指数千"者，即今之《春秋》是也。《春秋》所以为万世之书者，曰：惟义之故。[38] 孟子所以言道统述及孔子即举《春秋》者，曰：惟义之故。若夫事也者，则不过假之以明义（说详第三条）。义之既明，兼记其事可也。义之既明，而其事皆作筌蹄之弃，亦无不可也。若徇其事而忘其义，则大不可也。痛哉《左传》家之说也，乃谓《春秋》书不书之例，不过据列国赴告之策以为文。然则孔子直一识字之史官而已。《乘》与《梼杌》皆优为之，而何必推孔子之《春秋》是尊也？自《公》《榖》之义[39]不明，后儒之以史目《春秋》久矣。夫使孔子而果为史官也，则亦当搜罗明备，纪[40]载详博，然后为史之良[41]。我朝二百余年，[42]《东华》之录[43]汗牛充栋，犹寝略芜杂，毫无体例例之。[44]《春秋》二百四十年，乃仅得一万九千字，不其陋与！[45]

---

〔37〕"过"后《文集》多"一"。
〔38〕"故"后《文集》多"孔子所以为圣者，曰：惟义之故"句。
〔39〕"义"后《文集》多"大"。
〔40〕"纪"，《文集》作"记"。
〔41〕"为史之良"，《文集》作"为尽史官之职"。
〔42〕"年"后《文集》多"而"。
〔43〕"录"后《文集》多"已"。
〔44〕"犹寝略芜杂，毫无体例例之"，《文集》作"矣而"二字。
〔45〕"不其陋与"，《文集》作"犹复漏略芜杂，毫无体例，何其陋欤"。

故使《春秋》而[46]为记事之史也，则吾谓左丘明贤于孔子远矣！呜呼！此义也，孔子自言之，孟子又言之，董子、太史公又言之，而竟数千年沈霾晦塞[47]，无一发明，则无怪王荆公谓《春秋》为断烂朝报[48]，虽以朱子之贤，亦自言于《春秋》无所解也。故苟不辨明义与事之界，则《春秋》不可得而读也。

〔辨证〕

1. 其事、其文、其义

梁启超所引《孟子》之语，载于《离娄下》。[49]“其事”“其文”“其义”的“其”，因语脉的转换而略有不同。“其事”“其文”的“其”，出自孟子之口，因上承《乘》《梼杌》《春秋》而言，故“其”是指代这三部书。相反，“其义”的“其”，因出自孔子之口，而孔子又是《春秋》作者，故合乎情理的理解，“其”该是专指《春秋》一书。同一“其”字，因孔、孟之异，指代对象有所不同。“其事”“其文”“其义”三者并排，是孟子解说的结果。因语境不明，孔子口中的“其义”是否相对“其事”和“其文”而言，不得而知。完全有可能的是，孔子“其义则丘窃取之矣”之语，仅在谈论他作《春秋》而“取”其“义”，不曾触及“事”和“文”。仅凭这一句话，是无法确定《春秋》之“所重者在义，而不在事与文”的。

退一步看，暂且撇开孔子是否谈及“事”和“文”的疑问，仅就衡量孟子对《春秋》的认识而论，“其事”“其文”“其义”三者是否轻重不一，甚至如梁启超所言，所重在“义”而不在“事”与

〔46〕“而”后《文集》多“果”。
〔47〕“塞”，《文集》作“昒”。
〔48〕“报”后《文集》多“而”。
〔49〕《孟子注疏》卷8，页226。

“文”呢?从字面意思上看,孟子认为“事”与“文”是《乘》《梼杌》《春秋》共有的,而“义”是专就《春秋》而言,《离娄下》整段文字皆未说过哪些东西是“所重者”,哪些东西不是。

若要由此推论出“所重者在义,而不在事与文”,那就必须说明“事”与“文”带有负面的涵义,故非“所重者”。然而,《孟子》书中名词义的“事”,如《滕文公下》“作于其心,害于其事;作于其事,害于其政”,〔50〕不都是寓有贬义。孟子之言“其事则齐桓、晋文”,本是说《春秋》记载当时诸侯争霸的事情,但经过梁启超的解说,“事”却变成相当负面的东西:“若仅论其事,则不过桓、文之陈迹而已。”以“陈迹”言之,乃是刻意贬低“事”的重要性。《庄子·天运》载老子曰:“夫《六经》,先王之陈迹也,岂其所以迹哉!”〔51〕在老子看来,“陈迹”是先王留下来且没有太大价值的东西。这样差劣的涵义,乃是一般汉语的惯常用法,不烦赘言。梁启超以“陈迹”说“事”,实因其轻鄙“记事”的态度所致,但就《孟子》文本而言,“齐桓、晋文”以下既无他语,便难判断孟子是否像老子那样负面地讲述“陈迹”。

至于“文”与“史”,《孟子》仅“其文则史”一例,亦非不佳的陈述。梁启超释“史”为“史官之职”,乃是错解。“其文”的“其”既指《乘》《梼杌》《春秋》,是三部书,而非三个人,以“职”解之,显然不宜。况且周代史官的职掌,除历史纪录外,还涉及文秘、参谋、档案、户籍、巫术、占筮、祭祷、制历、武职乃至各种礼仪等安排。〔52〕以“史官之职”解“史”,就是把一些肯定与《春秋》无关的职务扯进其中,含混隐晦。说穿了,梁启超采用

---

〔50〕《孟子注疏》卷6,页178。
〔51〕郭庆藩:《庄子集释》卷5,页532。
〔52〕有关周代史官的职守,参阅许兆昌:《先秦史官的制度与文化》,页157—218。

“史官之职”的解读，可能是出于其对后世史官纂修实录的负面形象所致，为了引证《春秋》不是“史”，故特地从“史官”谈起。但这一解读，很不准确，倒不如读作历史书更为简洁达意。

2.“义”在何种意义上是首要的？

说《春秋》所重在“义”，而不在“事”与“文”，已规定了以下一个条件：“义”的首要性。

阅读《春秋》，谁不想懂得它的“义”？承认“义”的首要性，貌似不成问题。疑问在于，根据什么来作出这一判断？阅读孟子“其事”“其文”“其义”三者之说，叙述的重点主要是《春秋》与《乘》《梼杌》有何异同。孟子是否认为“义”比“事”和“文”更重要？这个问题较难回答。不能否认，孟子完全有可能认为“义”是比较重要的，但在孔子语境未明的情况下，太快断定“义”的首要性，很难说没有风险。

为了凸显“义”的首要性，梁启超屡言“惟义之故”，指出“义”不仅是导致《春秋》作为“万世之书”、使孔子成为圣人[53]的决定性因素，还认定孔子在道统中的地位在于《春秋》的“义”。但要小心的是，《孟子》没有“道统”的概念。前引《滕文公下》叙述孔子作《春秋》一章，虽述禹、周公、孔子、孟子之事，但很难算是道统的讨论。

假如予以适当理解的话，孟子谈论“道统”的，该是《尽心下》最后一节：“由尧、舜至于汤，五百有余岁。若禹、皋陶则见而知之，若汤则闻而知之。由汤至于文王，五百有余岁，若伊尹、莱朱则见而知之，若文王则闻而知之。由文王至于孔子，五百有余岁，若太公望、散宜生则见而知之，若孔子则闻而知之。由孔子而

---

〔53〕 这一点，是参照《文集》版“孔子所以为圣者，曰：惟义之故”之言。

来至于今，百有余岁，去圣人之世，若此其未远也；近圣人之居，若此其甚也，然而无有乎尔，则亦无有乎尔！”[54]

在这一引文中，尽管孟子不直言自己承担尧、舜以降诸圣的传承，但后世理学家普遍认为这是谈论道统的流传，诚如朱熹所说，就是“历序群圣之统，而终之以此，所以明其传之有在”。[55] 需要注意，无论孟子原话，还是朱熹等理学家的诠释，也未尝把孔子传承道统的关键归诸《春秋》或其“义”。这与《论语》《孟子》《太史公自序》及其他文献的记载一样，称许孔子的意见虽多，但不是因《春秋》的“义”而起。这不是说“义”不重要，而是相关记载未尝把“义”设定为孔子贡献后世的核心要素。

由此可以把“义”的首要性区分为两个层面：若从与《春秋》的“文”与“事”的比较而言，说《春秋》之“义”是最重要的，大概是许多学者不会反对的，包括被梁启超敌视的《左传》学者。若从孔子的整体地位而言，说《春秋》之“义”是最重要的，就不见得有充足的依据，因为儒学的常识告诉我们，对孔子而言，《春秋》以外还有其他重要的东西，不必非把《春秋》之“义”抬举到首要的地位不可。梁启超“惟义之故”的申张，刻意从“义”上立说，不能说是毫无疑问的。

3.“义”的独创性

梁启超之所以能够认定“义”是最重要的，其理据在于：“义”的独创性。依梁启超的理解，“义”是“天地公理”，是“万世公法”，是孔子独特的“发明”。因其独创，故为首要。

然而，有什么文献依据可以支持上述论点呢？就梁启超所引用的《孟子》而言，是否讲究“义”的独创性呢？依孟子所述，《春

---

[54] 《孟子注疏》卷14，页408—09。
[55] 朱熹：《四书章句集注》，页377。

秋》之所以有别于《乘》《梼杌》，在于“义”是孔子所“窃取”的。“窃”意谓私下，而“取”又是怎么回事呢？梁启超说《春秋》是“明义之书”，此“明义”大概相当于“天地公理”之“发明”，故孟子所说的“取之”，在梁启超眼中，只能作“明义”解。然而，“取”无“明”或“发明”之义。《孟子》全书“取之”共18例，意谓取得，殊无创立或发明之义。“取之”主要涉及选择时的权衡考虑，如《离娄上》“清斯濯缨，浊斯濯足矣，自取之也”的“取之”，便是“清斯濯缨”与“浊斯濯足”之间的选取。以此例彼，《离娄下》记载孔子“窃取之”，宜从取得义理解。通观“其义则丘窃取之矣”全句，“其义”是孔子在私下取得的东西，此“其义”是他所面对和选取的对象，在“取之”之时，已经客观地存在，并非内心发明创造的结果。[56]

照梁启超的理解，《春秋》从“未修”到“修之”，是“义”由无到有的过程。依此，孔子口中的“其义”，已非他所修的《春秋》的“义”，而是他本人的“义”。于是，“明义”的“明”，亦必须作发明解。但阅读《孟子》，读者只知《春秋》的“义”经过孔子的处理，难以确定全部的“义”都是孔子的个人发明。为了说明“义”从“未修”到“修之”的产生，梁启超还再次提及《太史公自序》之语：“《春秋》文成数万，其指数千。万物之聚散，皆在《春秋》。”细读董仲舒这两句话，无非是说《春秋》以很少的字数指示了很多东西。诚然，不能抹杀“义”在其中，但“义”如何被孔子创造和发明，却没有说。

由于鲁史旧文不传于世，后世读者只知道许多部分被孔子改动了，却无法准确衡量有多少内容是他自己的新意，有多少内容是原

〔56〕 有关《孟子》此章的解读，参阅拙著：《〈经学通论〉辨证》，页149—51。

来鲁史固有的。就现有证据所知，其实没有十足把握能断定全部的“义”都是孔子的发明。像《坊记》引鲁《春秋》曰：“杀其君之子奚齐及其君卓。”此“其君之子奚齐”一语仍在今三传的经文中继续保留，至少根据《穀梁》理解，“其君之子”已蕴涵“国人不子”的深意，故孔子所依据的鲁国旧史，很可能已有“义”的寄托。[57] 如此推论，“义”极有可能是既有孔子个人的想法，又有他对前人的继承。这样说，不是否定孔子对“义”的贡献。理由很简单，承认孔子改写之余仍因袭前人的观点，而这些观点最终被沿用也是经过孔子自己的选取，这已意味着，肯定旧有《春秋》的思想性，与肯定孔子思考和挑选“义”的创造性，二者是可以兼容的。

说到底，梁启超之所以讲究“义”是被孔子所“发明”的，并反复断言将孔子看为史官是对他的损贬，其判准是一神教的教主构想——如何能够接受作为“万世之法”的《春秋》不是孔子原创的作品呢？[58] 但在文献中，读者只能看到孔子对“其义”的“取之”，这显示孔子作《春秋》更多的是“义”的裁定者，而非发明者——更遑论“天地公理”的发明者了。恰当地说，由“取之”推出“明义”，反映了梁启超在心理上渴求孔子作为教主的投射效应(projection effect)，多于《孟子》本义的确解。

4.“事”是否可弃的工具？

在梁启超看来，相对于“义”，《春秋》的“事”不仅是次要而已；更准确地说，是极端的不重要。“假之以明义”的“假”，就

---

[57] 有关此一经文的分析，参阅拙著：《〈经学通论〉辨证》，页150—51；《〈穀梁〉政治伦理探微》，页225—31。

[58] 认为《六经》是孔子的创作，是清末宣扬孔教的人的共同认识。例如皮锡瑞《经学历史》（页19）便说：“孔子以前，不得有经；犹之李耳既出，始著五千之言；释迦未生，不传七佛之论也。”像《道德经》与七佛之论，各自是老子和佛陀的思想产品，以此比况孔子的《六经》，很自然便有要求孔子作为创作者的构想了。

字面意义上看，意谓借用。在梁启超看来，“事”是用来“明义”的工具，这意味着他已规定了：“事”的工具性。

读者阅读《春秋》，透过各种“事”而掌握“义”，说“义”是“事”的工具，在宽泛意义上说，大概没有什么人反对，但不能说“事”除了服务于“义”的发明外，再无独立存在的价值。在梁启超眼中，《春秋》的“事”是可有可无的，弃之不足惜，故曰“筌蹄之弃”。《庄子·外物》云：“荃者所以在鱼，得鱼而忘荃；蹄者所以在兔，得兔而忘蹄；言者所以在意，得意而忘言。”〔59〕荃与蹄之为工具，都是可弃之物，梁启超以此比喻《春秋》的“事”，表明另一要点：“事”的可弃性。

承认一项事物的工具性，不涵蕴它是可弃的。工具可以有不同的种类：有些工具用完了作废，也有些工具用后仍能保留，或另有其他存在价值。比如说，张三修读某课程，他的老师陈五评定其成绩，不妨说陈五是张三获得学分的“工具”，但除了打分以外，陈五大概还有其他价值，不能说张三修完课程、拿了学分将之废弃可也。

同样道理，说《春秋》的“事”能够阐明它的“义”，不意味“事”在“明义”以外已不用存在。照梁启超的理解，《公》《穀》肯定是有助于“明义”的作品。然而，二传不是把“事”视作“筌蹄”。最能说明这一点的，是观察二传如何处理史文阙疑之处。试看以下例子：

[1] 桓五年经：“春，正月甲戌、己丑，陈侯鲍卒。”《穀梁》云：“鲍卒，何为以二日卒之？《春秋》之义，信以传信，疑以传疑。陈侯以甲戌之日出，己丑之日得，不知死之日，故举二日以

〔59〕 郭庆藩：《庄子集释》卷9，页944。

包也。”

[2]《公羊》云：“曷为以二日卒之？怴也。甲戌之日亡，己丑之日死而得，君子疑焉，故以二日卒之也。”[60]

“鲍”是陈桓公的名字，《春秋》记载他的死亡，极其异常，分别系于甲戌（上年十二月廿一日）、己丑（正月初六）。一个人不可能死了又死，所以这两个死亡日期的写法，令人费解。例［1］是《穀梁》的解释，据其理解，陈桓公是在甲戌日离开国都，己丑日找到他的尸体，由于不能确定他在哪一天死亡，故列举首尾两个日期来概括他的死亡。这种记载，当然令读者难消疑云，但《穀梁》强调《春秋》叙述讲究照实纪录，无论是可信的地方，抑或容有可疑的地方，都是照实纪录。范宁指出这是“明实录也”，[61] 实得要领。据《穀梁》理解，《春秋》忠于史实，绝非视之为“筌蹄”。

例［2］是《公羊》的解释，观点与《穀梁》大致接近，“怴”意谓癫狂，认为陈桓公疯了在甲戌日走失，己丑日找到时已经死了。君子存疑而不作定论，故有两个日期记载他的死亡。何休《解诂》说：“以二日卒之者，阙疑。”[62] 像陈桓公这种貌似不可通的记载，若求甚解，舍穿凿末由也。何休“阙疑”之解，其道理与“信以传信，疑以传疑”相同，都是看见君子尊重史实的一面，故实话实说，不致附会穿凿，以饰其愚。

以上例子，充分说明梁启超把“明义之书”与“记事之书”摆出来，作为二选一的抉择，从根本上是误导的。《公》《穀》不会是反对“明义”的劣作，但它们也讲究《春秋》的“记事”，这说明什么呢？像陈桓公的两个死亡日期，不是在“义之既明”以后而被

〔60〕《穀梁注疏》卷3，页40。《公羊注疏》卷4，页82。
〔61〕《穀梁注疏》卷3，页40。
〔62〕《公羊注疏》卷4，页82。

“兼记”，除了增添读者的疑惑，对“义”的发明有何帮助？按照梁启超的逻辑，这些对“明义”没有帮助的“记事”，即使予以删除，“亦无不可也”。不过，《春秋》还是慎重地予以纪录，尊重史实，未尝弃之如敝屣——至少《公》《穀》二传都是这么认为的。

5. 兼得“事”与“义”不可以吗？

梁启超之所以反复申论“事”的工具性和可弃性，无非是害怕《春秋》的读者在“事”上花费精力，以致忘记了“义”，故以“徇其事而忘其义”为诫，说是“大不可”。于是，其对“事”与“义”的理解，二者之间是非此即彼的选择，犹如鱼与熊掌，无法兼得。这一构想，已预设：“事”与“义”是不可兼得的。由于“事”与“义”不能同时获得，故明智的做法是作出取舍，而“义”既是首要的，又是孔子作《春秋》的独创性所在，自然是该选“义”而弃“事”。徇事忘义之所以“大不可”，因为这是不该承担的风险。

梁启超“徇其事而忘其义”的警惕，究竟能否成立？这在很大程度上要看他所界定的“义”是什么。如果“义”是当时他心目中的“天地公理”，那么《春秋》记载的“事”读得再多也不可能增加对“义”的认识。只有尽快大量阅读翻译作品，如康有为《日本书目志》所开列之类，方能满足清末知识分子对新文明的渴求。[63]但这些新书的内容是否真的算是《春秋》的“义”，又是另一回事了。经义不等于康门师弟所讲的“义”。解读《春秋》的“义”，离不开经传文本，而这些文本却载有许多历史事件的发展。以下，

---

〔63〕 康有为为《日本书目志》撰写《自序》（页264），其中宣扬阅读日本译书的效用：“泰西诸学之书其精者，日人已略译之矣，吾因其成功而用之，是吾以泰西为牛，日本为农夫，而吾坐而食之。”以“坐而食之”来形容透过译著来学习新知识的简易快捷，自有不少夸张的成分，主要是为了满足当时知识分子渴望尽快掌握文明知识的虚浮心理。

且以晋国灭虢一事为例：

[1] 僖二年经："虞师、晋师灭夏阳。"《公羊》云："虞，微国也，曷为序乎大国之上？使虞首恶也。曷为使虞首恶？虞受赂，假灭国者道，以取亡焉。其受赂奈何？献公朝诸大夫而问焉，曰：'寡人夜者寝而不寐，其意也何？'诸大夫有进对者曰：'寝不安与？其诸侍御有不在侧者与？'献公不应。荀息进曰：'虞郭见与？'献公揖而进之，遂与之入而谋曰：'吾欲攻郭，则虞救之；攻虞，则郭救之，如之何？原与子虑之。'荀息对曰：'君若用臣之谋，则今日取郭，而明日取虞尔，君何忧焉？'献公曰：'然则奈何？'荀息曰：'请以屈产之乘，与垂棘之白璧，往，必可得也。则宝出之内藏，藏之外府；马出之内厩，系之外厩尔，君何丧焉？'献公曰：'诺。虽然，宫之奇存焉，如之何？'荀息曰：'宫之奇，知则知矣，虽然，虞公贪而好宝，见宝，必不从其言。请终以往。'于是终以往。虞公见宝，许诺。宫之奇果谏：'记曰："唇亡则齿寒。"虞郭之相救，非相为赐。则晋今日取郭，而明日虞从而亡尔，君请勿许也。'虞公不从其言，终假之道以取郭。还，四年，反取虞。虞公抱宝牵马而至，荀息见曰：'臣之谋何如？'献公曰：'子之谋则已行矣，宝则吾宝也，虽然，吾马之齿亦已长矣。'盖戏之也。夏阳者何？郭之邑也。曷为不系于郭？国之也。曷为国之？君存焉尔。"

[2]《左传》云："晋荀息请以屈产之乘与垂棘之璧，假道于虞以伐虢。公曰：'是吾宝也。'对曰：'若得道于虞，犹外府也。'公曰：'宫之奇存焉。'对曰：'宫之奇之为人也，懦而不能强谏，且少长于君，君昵之，虽谏，将不听。'乃使荀息假道于虞，曰：'冀为不道，入自颠軨，伐鄍三门。冀之既病。则亦唯君故。今虢为不道，保于逆旅，以侵敝邑之南鄙。敢请假道以请罪于虢。'虞公许之，且请先伐虢。宫之奇谏，不听，遂起师。夏，晋里克、荀息帅

师会虞师伐虢，灭下阳。先书虞，贿故也。"〔64〕

《公羊》的"郭"和"夏阳"，相当于《左传》的"虢"和"下阳"。例［1］追溯荀息向晋献公献上的计谋，以名马和玉璧贿赂虞公，晋师因此借道灭郭。《公羊》由晋献公召集大夫谋议之始说起，这是典型的以事解经，不搞清楚事件的来龙去脉，根本不明白经文以"虞师"为第一主语，以及《公羊》视其为"首恶"的缘故。例［2］是《左传》的叙事，同样是记载荀息献计赂虞伐虢之事，内容与《公羊》大同小异，为的是解释"先书虞"的缘故。《左》《公》异曲同工，皆是透过史事的重述，而解说经文的语义，显示"记事"与"明义"绝非对立的两面。

诸如此类的事例在三传还有许多，说明"徇其事"不必然导致"忘其义"——前提是这两个"其"字都是指《春秋》而言。只要不脱离经文的用辞，就没有理由质疑"事"的重要性。审视历史事件的细节，对经义的掌握是有帮助的，诚如赵佑所说："《春秋》美恶不嫌同辞，唯直书其事而义自见。"〔65〕此"美恶不嫌同辞"典出《公羊》隐七年传。〔66〕赵佑以此为说，是要表明经文用语不能单看字面意思的好恶，而要结合相关事件来呈现其中深义所在。简而言之，"事"与"义"之间不是单项选择题的作答，更宜视若相互影响和相互促进的辩证关系。

6. 对赴告的批判

当指责"事"可能影响"义"的认识时，梁启超把批判火力对准"《左传》家之说"，虽未点名，但据其提及"列国赴告之策以为文"的"书不书之例"，显然是针对杜预《左传集解》一书。限于

〔64〕《公羊注疏》卷10，页206—08。《左传正义》卷12，页323—25。
〔65〕赵佑:《读春秋存稿》卷1，页610。
〔66〕《公羊注疏》卷3，页55。

篇幅，这里不可能一一详述杜注的解经意见，仅能简略指出梁启超对赴告说的误解。

赴告是周室与诸侯彼此通告政事的制度，而鲁国以外的大事也赖此而得知。杜预以《左传》解读《春秋》，而赴告说就是他用来说明经传分歧的重要见解，分为"不告不书"与"从赴"二说。[67]这绝非杜预个人的私智。《左》隐十一年传："冬十月，郑伯以虢师伐宋。壬戌，大败宋师，以报其入郑也。宋不告命，故不书。凡诸侯有命，告则书，不然则否。师出臧否，亦如之。虽及灭国，灭不告败，胜不告克，不书于策。"[68] 经文没有记载宋师之败，而《左传》特别解释这是因为鲁国得不到赴告。由于《左传》以"凡"言之，故有理由相信这是解读经文的一项通则，不仅用于败宋之事不书而已。因此，杜预阐述赴告说，绝非毫无凭据的臆断。

不惟《左传》而已，《公》《穀》二传也有支持赴告说的证据。试看以下5例：

[1] 隐元年经："秋，七月，天王使宰咺来归惠公仲子之赗。"《公羊》云："桓未君，则诸侯曷为来赗之？隐为桓立，故以桓母之丧告于诸侯。"何诂："经言王者赗，赴告王者可知，故传但言诸侯。"

[2] 隐四年经："戊申，卫州吁弑其君完。"《公羊》云："曷为以国氏？当国也。"何诂："日者，从外赴辞，以贼闻例。"

[3] 隐八年经："八月，葬蔡宣公。"《公羊》云："卒何以名而葬不名？卒从正，而葬从主人。卒何以日而葬不日？卒赴，而葬不告。"何诂："卒当赴告天子，君前臣名，故从君臣之正义言也。"

[4] 昭二十三年经："戊辰，吴败顿、胡、沈、蔡、陈、许之师于鸡父。胡子髡、沈子楹灭，获陈夏齧。"《公羊》云："不与

[67] 此二说的考辨，参阅方韬：《杜预〈春秋经传集解〉研究》，页238—81。

[68] 《左传正义》卷4，页129。

夷狄之主中国，则其言获陈夏齧何？吴少进也。”何诂：“名者，从赴辞也。”

[5] 襄五年经：“仲孙蔑、卫孙林父会吴于善稻。”《穀梁》云：“吴谓善伊，谓稻缓。号从中国，名从主人。”范注：“夷狄所号地形及物类，当从中国言之，以教殊俗，故不言伊缓，而言善稻。人名当从其本俗言。”[69]

例 [1] 说明《公羊》交代鲁隐公把鲁桓公逝世的消息赴告诸侯的缘故，而何休更进一步解释，因为天王使人到鲁国送赗之举已意味隐公先前必已告周室赴告，所以《公羊》仅谈鲁国赴告诸侯之事。例 [2] 解读“州吁”国氏的原因是“当国”，而何休对经文的日期另作解释，说这是根据国外赴告之辞而记载的。例 [3] 说明诸侯死时为何记名而下葬却不记名，以及记载死亡日期而不载下葬日期的缘故，而何休还另作说明，以“君前臣名”描述赴告周王的礼节。例 [4] 讨论吴败六国之师的经文，其中“获陈夏齧”是否有违“不与夷狄之主中国”的叙事原则，故《公羊》指出这是“吴少进”，而何休则另外解释陈夏齧称名的原因，是“从赴辞”。例 [5] 是对赴告之辞的辨识，吴国称“善”为“伊”，称“稻”为“缓”，如范宁解释，经文沿用“善稻”（而不言“伊缓”），因为地名的纪录原则是随所在国的本俗（而非中原国家）而言。这是沿用赴告文的一例，其理易明，不烦深解。

梁启超拿赴告作为指控“《左传》家”的罪状，却无视二传也有支持赴告的材料。以上五例，说明《公》《穀》谈论和处理赴告之辞，而何休、范宁在解读经传之时也据此裁定文义，像“陈夏齧”之名而以“从赴辞”作解释，就是承认《春秋》依鲁史旧文而

[69] 《公羊注疏》卷 1，页 21；卷 2，页 42；卷 3，页 60；卷 24，页 518。《穀梁注疏》卷 15，页 247。

作，故有些用辞也是因袭而来。玩味梁氏“孔子直一识字之史官”之言，在其构想中，仿佛赴告之辞等于抄录一遍而不审其意，这是过分贬低赴告说的灵活性，不合实际。承认“列国赴告之策”是经文的依据，不等于彻底抹煞孔子对相关文辞有所斟酌或改动的事实。像例［3］对诸侯卒葬的名和日的辨别，就有这方面的考虑。例［5］所述“号从中国，名从主人”的通则，表明外国的人名、地名可改可不改，同样不是单纯的抄录。

梁启超“不过据列国赴告之策以为文”的指责，仿佛《左传》家贬低了孔子，除了据策书实录以外别无思想性可言。这一意见，至少对杜预是极不公平的，因为“赴告”之说仅占杜预解经意见的一小部分。除此以外，杜预还根据《左传》提出了许多不同的观点。按孔疏的归纳，杜注“发传之体有三”：(1)“发凡正例”，就是著名的“五十凡例”，杜预认为《左传》有些观点是来自周礼的旧例；(2)“新意变例”，孔子对《春秋》经文的崭新处理，计有29种变例；〔70〕(3)“归趣非例”，就是经无义例的内容，仅因行事而记载。〔71〕梁启超在提出批判之前，如果认真检视书不书之例的复杂内涵，尤其是对“新意变例”的理解，就会知道杜预也强调孔子有自己的想法撰写经文，绝非把孔子当作“一识字之史官”而已。

7. 记事之史与体例

此外，梁启超在批判“书不书之例”时，举《东华录》为例，强调此书对清史的记载“毫无体例例之”。这样说，无非是要宣称“记事之史”没有体例。把《春秋》看成没有体例的“史”，在梁启超看来，仿佛是批判孔子没有思想智慧的表现。依此，他指责“以史目《春秋》”的做法是把孔子贬为“史官”，进而推出“左

---

〔70〕 方韬：《杜预〈春秋经传集解〉研究》，页201—20。

〔71〕 有关杜预解经这三种做法，参阅拙著：《〈经学通论〉辨证》，页170—71。

丘明贤于孔子远矣”的结论。这是通过一个模拟推论，以图得出读者不能接受的荒唐结论——如何能说左丘明比孔子高明得多？这似乎是所有儒者都不能接受的结论。问题是，以上的模拟推论是否可靠？

史与例，向来便不可分。刘知几讨论修史之法，便大谈史例，《史通·序例》云：“夫史之有例，犹国之有法。国无法，则上下靡定；史无例，则是非莫准。”〔72〕尽管对史例的规定存在不同的认识，但历代史家言例者，不胜枚举。远的不说，《东华录》就不是毫无体例的作品，蒋良骐《自序》云：“谨按馆例，凡私家著述，但考爵里，不采事实，惟以实录、红本及各种官修之书为主，遇阄分列传事迹及朝章国典兵礼大政，与列传有关合者，则以片纸录之，以备遗忘。”〔73〕此“馆例”就是蒋氏修史的纪事原则，梁启超说是“毫无体例例之”，实乃随心所欲，信口开河。《界说》据此检视“史”的性质，显然亦不可信。

由始至终，梁启超把“史”与“义”置于冰炭不相容的对立面；而“史”之无“义”，则缘于他断定“记事之史”毫无“体例”的错误认识。以上对杜注的讨论已经表明，《左传》学者对《春秋》的解读，并非像梁启超所刻划的“史官”那般浅陋。按《集解》所示，除了“归趣非例”外，还有“发凡正例”和“新意变例”两大类。杜预虽然强调孔子据鲁史旧文作《春秋》，但不否定《春秋》有“义”，恰恰相反，早已说得明明白白：“传言夫子作《春秋》，改旧史以明义。”〔74〕《春秋》既来自“史”而又“明义”，在杜预的构想中，“史”和“义”肯定是可以共存的。承认《春

〔72〕 浦起龙：《史通通释》卷4，页81。
〔73〕 蒋良骐：《自序》，载《东华录》，页1。
〔74〕 《左传正义》卷2，页54。

秋》是“记事之史”，也不意味“史”中无“义”。

8. 义与事之界

梁启超再三强调《春秋》不是“记事之史”，表示正确解读《春秋》，就必须辨明“义与事之界”。然而，这个“界”真的存在吗？“义”真的与“事”或“史”截然二分吗？梁启超虽然自信地说“孔子自言之，孟子又言之，董子、太史公又言之”，但上文的讨论已证明，此四人的“言之”皆不足以证明“界”的存在。

按照梁启超的认识，“后儒”之所以读不懂《春秋》，没有辨明“义与事之界”，是因为他们“以史目《春秋》”，而追溯原因，则是由于“《公》《穀》之义不明”。如上所述，《公》《穀》绝非仅是强调“明义”而不讲究“事”的真实性。进一步说，二传与梁启超所指责的“后儒”一样，都是“以史目《春秋》”。且看以下3例：

［1］昭十二年经：“春，齐高偃帅师纳北燕伯于阳。”《公羊》云：“伯于阳者何？公子阳生也。子曰：‘我乃知之矣。’在侧者曰：‘子苟知之，何以不革？’曰：‘如尔所不知何？《春秋》之信史也。其序，则齐桓、晋文；其会，则主会者为之也；其词，则丘有罪焉耳。’”

［2］襄二十九年经：“齐高止出奔北燕。”《穀梁》云：“其曰北燕，从史文也。”

［3］昭三年经：“北燕伯款出奔齐。”《穀梁》云：“其曰北燕，从史文也。”〔75〕

例［1］指出经中的“伯于阳”，实作“公子阳生”，据《公羊》解释，“伯”是“子”之讹，“于”是“子”之讹，“阳”后脱一“生”字。孔子明知这些错误却不改正，仍然墨守史文，是因为他坚持《春秋》是“信史”，不愿任随己意而改之。相关经文的用辞，

〔75〕《公羊注疏》卷22，页493—94。《穀梁注疏》卷16，页272；卷17，页279。

包括“伯于阳”这种沿用旧史的记载，都是由孔子自己负责的。例［2］和［3］的“北燕”，有别于其他经文概称为“燕”，《穀梁》解释这是依从史文的缘故。

审理二传的解经意见，都是把《春秋》视作“史”，不仅孔子所取材的是“史文”，而且经过孔子之手，也是忠于事实的，故曰“《春秋》之信史”。尤其是《公羊》对“其序”“其会”“其词”的并论，与孟子“其事”“其文”“其义”的并论，颇为接近。二者之间的异同，暂不深论，但《公羊》所表达的意思很清楚：孔子是负责《春秋》文辞的主事者，当记载桓、文盟会之事，还是按照原来主会者的安排。由此可见，承认孔子在文辞上寓有他个人的想法，实不要求这些全是孔子所“发明”的“义”。孔子所整理的是“史”，硬要说“以史目《春秋》”是影响正确认识的障碍，至少不是忠于《公》《穀》的说法。

9.“数千年沈霾晦塞”的引证

梁启超尝试向读者展示一部《春秋》的沦亡史，没有什么人真正懂得它的“义”，故曰“数千年沈霾晦塞，无一发明”。他的举证有二：

① 王安石“断烂朝报”之语。究竟王安石是否说过这一句话？北宋时已有异议，《经义考》引林希逸曰：“尹和靖言介甫未尝废《春秋》，废《春秋》以为断烂朝报，皆后来无忌惮者托介甫之言也。”又说：“和靖去介甫未远，其言如此其公，今人皆以断烂朝报之语为荆公之罪，亦冤甚矣。”〔76〕林希逸这一辩解，效果相当有限，因为与王安石交往和结怨的时人，指控王安石诋毁《春秋》，皆以“断烂朝报”为证。苏辙《集解引》云：“近岁王介甫以宰相

〔76〕 朱彝尊：《经义考》卷181，页3337。

解经，行之于世，至《春秋》漫不能通，则诋以为断烂朝报，使天下士不得复学。呜呼！孔子之遗言而凌灭至此！”〔77〕由于《春秋》不在“新学”之列，所以“断烂朝报”之讥，往往成为时人攻击王安石的口实。究竟此语是否真的出自王安石之口，暂不深考。这里的重点是，不论王安石是否这么说过，“断烂朝报”绝不是王安石获得“后儒”支持，或导致“后儒”误解《春秋》的原因。更多的时候，这是作为王安石妨碍《春秋》研究的罪证而被引述。林希逸和苏辙之言论，已足够说明这一点。换言之，“断烂朝报”之论，是一种被唾弃的说法，远多于被拥护的声音。更重要的是，反对“断烂朝报”的，不见得是像梁启超那样摒弃“记事之史”。远的不说，苏辙本人研究《春秋》，即以《左传》为本，肯定杜预解经的进路。是否支持“断烂朝报”，与是否讲究《春秋》的“记事”，二者没有必然的关系。梁启超猛烈批判“《左传》家之说”，却以“断烂朝报”作为其流弊的事例，引证殊非确凿可信。

② 朱熹于《春秋》“无所解”的自言。翻查《语类》，对《春秋》并无“无所解”之说。相仿的记载，是以下两例：

[1]《春秋》煞有不可晓处。

[2] 人道《春秋》难晓，据某理会来，无难晓处。只是据他有这个事在，据他载得恁地。但是看今年有甚么事，明年有甚么事，礼乐征伐不知是自天子出？自诸侯出？自大夫出？只是恁地。而今却要去一字半字上理会褒贬，却要去求圣人之意，你如何知得他肚里事！〔78〕

例［1］的“不可晓”，疑是梁启超“无所解”之所本。“煞有”意谓的确有。全句是说，朱熹觉得《春秋》的确有些地方解不通；这是对

〔77〕 苏辙：《苏氏春秋集解》，页2—3。
〔78〕 黎靖德：《朱子语类》卷83，页2144。

《春秋》局部问题的认识。相反，梁启超说“虽以朱子之贤，亦自言于《春秋》无所解”，属于全称的判断，此“无所解”是就《春秋》整体而言。由于漏了“煞有”不予解说，由“不可晓”到“无所解”，经梁启超的解释，朱熹觉得解不通的地方由局部变为整体，违反朱熹的文本原意，不待多说。例［2］虽提及《春秋》“难晓”，但朱熹更想表明的是“无难晓处”，经文是“恁地”就是“恁地”，不必在“一字半字上理会褒贬”，避免深求太过。显然，朱熹对《春秋》还是有相当的自信，梁启超“无所解”之论，不乏反证可寻。

上述①和②的两项举证，无论是否可以成立，都不过是王安石、朱熹在某一时间中的感言，以此支撑“数千年沈霾晦塞，无一发明”的宏大论断，殊无可信之理。应该说，梁启超这样激进的宣示，乃是晚清趋新的知识分子亟欲与过去决裂的一种心理表现；至于《春秋》研究是否真的如所言因“后儒”以史目之而“沈霾晦塞”，则是另一回事。

界说三　《春秋》本以义为主，然必托事以明义，则[79]义愈切著。

问者曰：孔子之作[80]《春秋》，既已如《明夷待访录》《黄书》[81]《校邠庐抗议》之例矣，则何不条举直书，言某事当如何兴作，某政当如何改革，一如黄、王、冯[82]氏之例，而[83]必比附当时之事，以蛊[84]惑后人乎？答之曰：孔子自言之矣。孔子曰，“我

〔79〕“则”后《文集》多“其”。
〔80〕“作”，《文集》无。
〔81〕“黄书”，《文集》无。
〔82〕“冯”，《文集》无。
〔83〕“而”后《文集》多“何”。
〔84〕“蛊”，《文集》作“眩”。

欲载之空言，不如见诸[85]行事之深切著明[86]也”，故“因其行事，而加吾王心焉。假其位号，以正人伦；因其成败，以明顺逆”。（见《春秋繁露·俞序篇》，又见《史记·太史公自序篇》）。此盖圣人警时忧世之苦心也。如《春秋》有“大居正”[87]，但言“大居正”本已足矣，而必借宋宣之事明[88]之，所以使人知不居正之害，可以召争乱也。《春秋》有讥世卿之义，但言讥世卿已足矣，而必借尹氏之事明[89]之，所以使人知世卿之害，可以篡逆也。盖《春秋》所重者，在“大居正”“讥世卿”，而不在葬宋缪与尹氏卒也。不然，一巡抚之出殡，一京官之死，何足以劳圣人之笔哉？故曰：“因其行事，假其位号。”故读《春秋》，当如读《楚辞》，其辞则美人芳草，其心则灵修也。其辞则齐桓、晋文，其义则素王之[90]制也。如[91]此，则于《春秋》无所阂焉矣。善哉句容陈氏立之言[92]，曰：“《春秋》，记号之书也。”[93]（见陈氏所著《公羊通义》）学勾股者见青出朱入而以为颜色，学代数者见甲乙丙丁而以为干支，不亦陋乎？

〔辨证〕

1.“托事”的原因

梁启超设法抬举“义”的首要性，再三贬抑“事”和“史”的重要性，这一进路碰到的硬壁是《春秋》载有许许多多的历史事

---

〔85〕“诸”，《文集》作“之”。
〔86〕“深切著明”，《文集》作“博深切明”。
〔87〕“正”后《文集》多“之义”。
〔88〕“明”，《文集》作“言”。
〔89〕“明”，《文集》作“言”。
〔90〕“之”，《文集》无。
〔91〕“如”，《文集》作“知”。
〔92〕“言”后《文集》多“也”。
〔93〕《文集》所载至此终结。

件。既然“以义为主”，为何要采用编年史的叙述方式？更棘手的是，由于“改制”的政治追求，“界说一”还把《春秋》比拟于黄宗羲《明夷待访录》、王夫之《黄书》《噩梦》、冯桂芬《校邠庐抗议》等书。这些著作收录了相关思想家一篇又一篇的议论文章，立论明确，指意清晰，容易令读者明白其宗旨所在。为何孔子不这样写作，反而采用相对间接的历史叙事呢？

对这一疑问，梁启超的回答是“托事以明义，其义愈切著”。依此，仿佛是重申“事”的工具性。考虑到其对“事”和“史”的贬抑，读者不免出现以下的疑问：究竟“事”在多大程度上值得探究？假如说，对“事”的认识有助于“明义”，那就应该耐心钻研“事”的底蕴，不宜轻忽视之。但如上所述，梁启超已经指出“事”是可弃的，除了使“义”愈加“切著”而再无其他存在价值，而且“事”与“义”两者是难以兼得，“徇其事而忘其义”是不值得做的风险，所以有理由相信梁启超真正的用意，不是鼓励读者在“事”上花工夫，而是在论述上留有余地，让自己在申张“明义”之余不得不解释“事”的客观存在。

审理“托事以明义”的主张，梁启超不仅规定了“义”的首要性和独创性，还预设“义”的先在性。就历史发生的过程而言，《春秋》所记载的诸多事件，应该是孔子执笔前已存在的，但据梁启超的理解，就孔子作《春秋》的写作过程而言，“义”是孔子独创的，是先在孔子心中浮现而有待阐明的东西，而“事”是否被纪录在《春秋》之中，则看孔子是否“借”。在《界说》中，“借”有二义，可作假托义，亦可作借取义。像“借宋宣之事明之”和“借尹氏之事明之”的“借”，解作假托或借取皆可。无论“借”意谓假托抑或借取，待“明”之“义”必然先于被“借”之“事”。比如“大居正”之义，必先于宋缪之葬；“讥世卿”之义，必先于尹氏之卒。梁启超在概述《春秋》的写作过程时，已经清楚说明这一先后次序：首先是《春秋》有了某一种义，本来即使没有相关的事而“但言”该义也“已足矣”，但为了使人认识问题的严重性，如“不居正之害”“世卿之害”等等，方才“借”用某事“明之”。

“义”先于“事”的发生次序，不仅导致“义”的首要性，更导致“事”的可替换性。在《春秋》的写作过程中，“义”是有待阐明的东西，是不可替换的，是相对不变的，是孔子将要留给后人的“万世之法”。不管孔子碰到的是什么事件，都是要准备解说这些“义”。相对于“义”，“事”完全有可能不是《春秋》的内容——假如孔子不觉得它们有助于“明义”的话。

真正重要的是“明义”与否。究竟哪一件事被用来记载，原则上是不重要的。只要是适合某一“义”的阐明，都有资格被记载在《春秋》之中。例如，宋宣公和尹氏仅因其能阐明“大居正”和“讥世卿”之义而载其卒葬。宋缪之葬，与尹氏之卒，二事自身本不重要，诚如梁启超的反问：“一巡抚之出殡，一京官之死，何足以劳圣人之笔哉?”照理说，使人知道“不居正之害”和“世卿之害”的其他事件，也有“足以劳圣人之笔”的相同条件。由于“事”是否被载决定于“义”，所以换了其他历史时空下的事件，只要能够阐明相同的“义”，其实没有什么不可以，故曰“比附当时之事”。此“比附”是拿“义”为判准，看哪件事可以相比。不难想象，如果有多件事件供孔子选择，《春秋》要阐明“大居正”或“讥世卿”之义，并非非得采用“宋宣之事”或“尹氏之事”不可。“必借宋宣之事明之”和“必借尹氏之事明之”的“必”，只宜理解为有这样的需要，而且是“若有恰当的其他选择作出替换也不妨”的需要，不宜视作一定要如此做。任何在历史时空中发生的

“事”，都不能左右“义”的发明者的选择。

2. 尹氏之卒

以上两点，有没有充足的佐证呢？《春秋》没有自序交代写作心路，就梁启超所尊崇的《公羊》而言，“义”大多专指人的行为或其实践规范，不曾泛论“事”与“义”之间的关系。[94] 至于梁启超所述的“尹氏之事”和“宋宣之事”，是指《公羊》以下两例：

［1］隐三年经：“夏，四月辛卯，尹氏卒。”《公羊》云：“尹氏者何？天子之大夫也。其称尹氏何？贬。曷为贬？讥世卿。世卿，非礼也。外大夫不卒，此何以卒？天王崩，诸侯之主也。”

［2］隐三年经：“癸未，葬宋缪公。”《公羊》云：“葬者曷为或日，或不日？不及时而日，渴葬也。不及时而不日，慢葬也。过时而日，隐之也。过时而不日，谓之不能葬也。当时而不日，正也。当时而日，危不得葬也。此当时，何危尔？宣公谓缪公曰：‘以吾爱与夷，则不若爱女。以为社稷宗庙主，则与夷不若女，盍终为君矣。’宣公死，缪公立。缪公逐其二子庄公冯与左师勃。曰：‘尔为吾子，生毋相见，死毋相哭。’与夷复曰：‘先君之所为不与臣国，而纳国乎君者，以君可以为社稷宗庙主也。今君逐君之二子，而将致国乎与夷，此非先君之意也。且使子而可逐，则先君其逐臣矣。’缪公曰：‘先臣之不尔逐，可知矣。吾立乎此，摄也。’终致国乎与夷。庄公冯弑与夷。故君子大居正。宋之祸，宣公为之也。”[95]

例［1］认为称“尹氏”寓有贬意，而“贬”的原因是“讥世卿”。《公羊》之所以得出这一认识，主要是根据它对相关史事的认知，得悉“尹氏”乃是“天子之大夫”的身份。“尹氏者何”之“者”置于主语“尹氏”之后，是就这一经文用辞而使用，阅读经

［94］有关《公羊》“义”的解读，参阅拙著：《〈经学通论〉辨证》，页96—101。
［95］《公羊注疏》卷2，页37—41。

文的人读到“尹氏”之语而感到不解，故提出疑问。《公羊》凡以“者何”为辞，皆是这一类型的判断问句。如隐元年“及者何”一语，就是专就“公及邾仪父盟于眛”的“及”而问。〔96〕这种判断问句的提出，皆非先悬挂某一个“义”或原则性答案再找什么事件予以“比附”，而是阅读经中某一文辞而提出的特定疑问。同样，在解释“贬”的原因时，《公羊》采用“曷为贬”之问。这种问句也是处理特定经文而产生的疑问。如隐二年“曷为贬”的疑问，是由于“无骇帅师入极”的“无骇”何以“不氏”；又如僖元年“曷为贬”的疑问，是由于“夫人氏之丧至自齐”何以“不称姜氏”。〔97〕无论不氏、不称姜氏抑或尹氏，都是涉及经中的特定用辞。这些用辞都涉及相关历史人物在某一时空中的行为表现，除非对之有所认知，否则很难提出相关的“义”。想想看，在得知哀姜参与弑公之前，《公羊》如何能获知“夫人氏”不称姜氏的缘故？同样道理，若非得悉尹氏是“天子之大夫”，《公羊》又怎么读到“尹氏”就知道其人是“世卿”需要“讥”？

《公羊》对氏与不氏等笔法，并无统一的通例，基本上因应不同的事件各有特解。同样是某“氏”之“卒”，定十五年经：“姒氏卒。”《公羊》云：“姒氏者何？哀公之母也。”〔98〕这就有别于从“尹氏”得出“天子之大夫”的认识。同样被《公羊》认定为“天子之大夫”的，还有“武氏子来求赙”（隐三年）的“武氏子”。这是某氏之子，非某氏。此外，同样是“讥世卿”的批判对象的，还有“齐崔氏出奔卫”（宣十年）的崔氏，〔99〕但此“崔氏”前称

〔96〕《公羊注疏》卷1，页13。
〔97〕《公羊注疏》卷2，页30；卷10，页204。
〔98〕《公羊注疏》卷26，页588。
〔99〕《公羊注疏》卷16，页345。

国，有别于“尹氏”不称国。综上可见，称氏不是确认其人必是世卿的决定性条件，更关键的是说明了《公羊》对相关历史事件的认识。从《公羊》因“尹氏”和“齐崔氏”这两个不尽相同的称谓而言“讥世卿”，可以推定这是一种“以事解经”的进路：由于某种历史认识，得知尹氏和崔氏的身份背景及其事迹，因而判断这两人都是世卿因而可贬。由此可见，《公羊》“讥世卿”之“义”的阐明，与其对尹氏和崔氏的“事”的认识密切相关。此“义”据“事”而发，不能说“义”离开了“事”或将之替换亦可。

阅读《公羊》之说，读者知道“世卿，非礼也”，此“非礼”的判断是否在知道尹氏之卒或崔氏之奔以前便已得出？不知道。孔广森大概倾向于认为这是周礼制度下的惯常认识，《通义》云：“周之命官，或曰人，或曰师，或以掌司典职冠所事，唯世其职者乃曰氏。然三百六十之属，以氏名者财四十有四，而其位贵者不过中大夫，则知卿之义不得世也。”[100] 梁启超是否有可能接纳这一观点呢？不大可能！因为孔广森所援引的正是其师所判定为“伪经”的《周官》，而《通义》对“非礼”的理解，也是立足于既定礼制的继承。若是接受孔说，无形中已把孔子由“义”的发明者降为因袭者，岂合其立言的本愿？无论如何，孔广森的说法即使成立，也不过说明“世卿”的“非礼”在孔子之前已有相近的判断。若就“讥世卿”而言，因“讥”是对尹氏和崔氏而发，离开其“事”就难以明确“讥”的指代对象。无法想象尹氏卒之“事”可被任意替代。是故，很难接受梁启超的论断，即认为先有“讥世卿”之义，然后“比附当时之事”。

例［2］首先概括《春秋》记载下葬日期的规则，指出宋缪公

---

〔100〕 孔广森：《春秋公羊经传通义》卷1，页13。

按期下葬而记载日期，意味着不正常，将有重大危难，故曰“危不得葬”。为了说明“危不得葬”的由来，《公羊》叙述宣公传位予其弟缪公，缪公死前驱逐两个儿子，而传位了宣公之子与夷。后来缪公之子庄公冯杀了与夷，而《公羊》认为这场祸患是由宋宣公造成的。

3.“故君子大居正”

在这里，需要重新审理《公羊》“故君子大居正”之语。“大居正”并非三字连文的专门概念。“大”意谓赞扬，作动词用，犹如“大一统也”（隐元年）之例。[101] 需要注意“大”的主体。“故君子大居正”一语，历来解经者鲜有注意“故君子……”的句式。除本例外，《公羊》还有8例：

[1] 庄二十四年传：“戎将侵曹，曹羁谏曰：‘戎众以无义，君请勿自敌也。’曹伯曰：‘不可。’三谏不从，遂去之。故君子以为得君臣之义也。”

[2] 僖十七年传：“《春秋》为贤者讳，此灭人之国，何贤尔？君子之恶恶也疾始，善善也乐终。桓公尝有继绝存亡之功，故君子为之讳也。”

[3] 僖二十二年传：“宋公与楚人期战于泓之阳。楚人济泓而来。……宋公曰：‘不可。吾闻之也，君子不鼓不成列。’已陈，然后襄公鼓之，宋师大败。故君子大其不鼓不成列，临大事而不忘大礼，有君而无臣。”

[4] 文十四年传：“晋郤缺帅师，革车八百乘，以纳接菑于邾娄，力沛若有余，而纳之。……郤缺曰：‘非吾力不能纳也，义实不尔克也。’引师而去之，故君子大其弗克纳也。”

[101] 《公羊注疏》卷1，页10。有关“大”字的用法，参阅于鬯：《香草校书》卷49，页979。

［5］宣十五年传："庄王围宋，军有七日之粮尔，尽此不胜，将去而归尔。于是使司马子反乘堙而窥宋城，宋华元亦乘堙而出见之。……华元曰：'吾闻之，君子见人之厄则矜之，小人见人之厄则幸之。吾见子之君子也，是以告情于子也。'司马子反曰：'诺。勉之矣！吾军亦有七日之粮尔，尽此不胜，将去而归尔。'揖而去之，反于庄王。……故君子大其平乎己也。"

［6］襄二十九年传："……使专诸刺僚。而致国乎季子，季子不受，曰：'尔弑吾君，吾受尔国，是吾与尔为篡也。尔杀吾兄，吾又杀尔，是父子兄弟相杀，终身无已也。'去之延陵，终身不入吴国。故君子以其不受为义，以其不杀为仁。"

［7］昭元年传："秦无大夫，此何以书？仕诸晋也。曷为仕诸晋？有千乘之国，而不能容其母弟，故君子谓之出奔也。"

［8］昭二十年传："公子喜时见公子负刍之当主也，逡巡而退。贤公子喜时，则曷为为会讳？君子之善善也长，恶恶也短；恶恶止其身，善善及子孙。贤者子孙，故君子为之讳也。"[102]

例［1］交代曹羁三谏不从后离曹伯而去，所以君子认为这是符合"君臣之义"。例［2］指出齐桓公因继绝存亡而贤，故君子讳其灭项之事。例［3］叙述宋襄公在泓之战坚持让楚军列阵偏战，所以君子赞美他的"不鼓不成列"。例［4］说明郤缺虽有实力纳入接菑，但鉴于道义而带着军队离去，使得君子赞美他的"弗克纳"。例［5］回顾司马子反与华元因战争伤亡极大而议和，迫使后来楚庄王退兵，君子肯定他们敢于私下和解的做法。例［6］追溯吴国因季札贤而兄弟让国之事，最后说到阖庐使刺客杀吴王僚而致国季札，季札拒绝接受而逃亡，得到君子"仁"和"义"的好评。例

〔102〕《公羊注疏》卷8，页169；卷11，页236；卷12，页246；卷14，页306—07；卷16，页356—57；卷21，页465—66；卷22，页475；卷23，页511。

［7］说明秦伯之弟鍼逃亡晋国做官，而不容于秦国，君子认为这是《春秋》谓之“出奔”的缘故。例［8］述及公子喜时在曹伯庐死后让国之事，所以君子讳言他的后代公孙会出奔之事。

综观以上8例的“故君子”，均是在某一叙事之后，引起君子的某些观点，以此解释经文的措辞。由此可见，“君子”所述的“义”，都是因某一件“事”而发。以此反观“故君子大居正”，可知推知这同样是因“事”而发的“义”，《公羊》鉴于宋宣公错传位于弟，导致缪公死后，公子冯弑与夷之事发生。君子“大居正”就是专就宋国乱局而言，故徐彦解云：“大其适子居正。”[103] 在君位授受的问题上，《公羊》不是仅认为嫡子正嗣继承方才合法，像各种贤者（包括鲁隐公、子反、叔武、公子喜时、季札、叔术）让国的做法或想法，都是可以得到歌颂的。[104] “居正”以外，也有其他君主继承的正确做法。由此可见，“大居正”是因宋宣公、缪公二人让位之事而发，不是孤立于“事”的“义”。《公羊》全传言“大居正”仅此一例，没有证据显示它的提出是先于宋国乱事的认识，也难以想象有什么事件可以将之替代。宋缪之葬，不宜单纯地理解为“比附当时之事”的结果。

4. 董仲舒两则引文的解读

除了《公羊》两则传文外，梁启超为了说明“托事以明义”的主张，还引用了董仲舒的两则语录：

①《史记·太史公自序》。原文是：“周道衰废，孔子为鲁司寇，诸侯害之，大夫壅之，孔子知言之不用，道之不行也。是非二百四十二年之中，以为天下仪表。贬天子，退诸侯，讨大夫，以达

〔103〕《公羊注疏》卷2，页41。

〔104〕《公羊》对让国者称贤的做法，参阅拙著：《〈穀梁〉政治伦理探微》，页17—134。

王事而已矣。子曰：‘我欲载之空言，不如见之行事之深切著明也。’夫《春秋》上明三王之道，下辨人事之纪，别嫌疑，明是非，定犹豫，善善恶恶，贤贤贱不肖，存亡国，继绝世，补敝起废，王道之大者也。”[105]

以上引文，是《太史公自序》的一部分；董氏全部话语已载于上文，在此再作简单的讨论。“载之空言”与“见之行事”的“之”，作代词用，意谓它。究竟这个“它”是指什么呢？不清楚。《索隐》说孔子之言来自《春秋纬》，[106] 可惜别无其他旁证可资征引，读者难以知道这是在什么语境下说出的，故也无法确定“之”是否指“义”。因此，这也很难视作“事”与“义”截然二分的证据。无疑，“义”是董仲舒所注重的内容，不然就不会说“《春秋》以道义”。但不管如何，《自序》所述之“义”，没有多少是涉及梁启超的“改制”主张，更多的是作为君臣父子该如何行事的做法。故《界说》只节录孔子之言而剔除董仲舒的语脉，是相对片面的。董仲舒所理解的“天下仪表”“王事”“王道之大者”，都不是先于或独立于“事”而存在；而“事”也不是仅处于被“比附”的地位。

②《春秋繁露·俞序》。原文是：“孔子明得失，见成败，疾时世之不仁，失王道之体，故缘人情，赦小过，传又明之曰：‘君子辞也。’孔子曰：‘吾因行事，加吾王心焉，假其位号，以正人伦，因其成败，以明顺逆。’故其所善，则桓、文行之而遂；其所恶，则乱国行之终以败。故始言大恶，杀君亡国，终言赦小过。”[107]

梁启超所引的部分（即划底线的部分），没有述及孔子的语境是什么。梁氏虽未明说，但从“其义则素王之制也”之言，大概他

---

[105] 《史记》卷130，页4003。
[106] 《史记》卷130，页4004。
[107] 苏舆：《春秋繁露义证》卷6，页163。

很有可能把“王心”理解为“素王之制”之“义”。《春秋繁露》仅《俞序》两言“王心”，别无他例，而《俞序》既无“素王”的概念，又无孔子自命为“王”的告白，因此“吾王心”是否已包含孔子作为王的心思，是存在很大疑问的。毕竟，称孔子为“素王”，更多的是后人的推尊，而非个人的自白。〔108〕细读《俞序》全文，“王”有二义：一是统治地位的描述，如“王公”“楚灵王”的“王”等；另一是施政方针的涵义，如“霸王之道”的“王”。“王”与“霸”的根源都是“仁”，故曰“皆本于仁”。据董仲舒的理解，“仁”是“天心”所安排的，故曰“次之以天心”，而“仁”与“王”是密切相关的。“王道”不是要求不犯任何过失，“小过”是可以赦免的，最重要的是避免造成重大痛苦的祸患。这就是《俞序》强调“爱人之大者”的所以然。〔109〕明乎此，可以确定董仲舒并未主张“王道”在于实践王者心中的构想，也不会赞成居于王者地位的人为所欲为。在找到明确依据可以证实孔子有自封为王的意识以前，“王”未必是孔子已自命为王的证据，而“吾王心”理解为“我的王道思想”，比“我作为素王的思想”更为妥当。

确定“王心”与“王道”“仁”“天心”等概念的思想关联，便可以知道行事的得失成败乃是孔子关怀的重点。阅读《俞序》全文，既未表明“义”先于“事”已经存在，也无贬低“事”的倾向，故董仲舒这么概括《春秋》的写作：“引史记，理往事，正是非，见王公，史记十二公之间，皆衰世之事。”〔110〕把二百四十二年的历史事件视为“衰世之事”，可见整个春秋时代都是衰世，有别于近代《公羊》学者所倡导的“三世”说。无论如何，董仲舒所解

〔108〕 参阅拙著：《〈经学通论〉辨证》，页250—68、331—41。

〔109〕 苏舆：《春秋繁露义证》卷6，页158—64。

〔110〕 苏舆：《春秋繁露义证》卷6，页163。

读的《春秋》，不是置过去历史于脑后的直线进化论思维。“史记”是要严肃记述，而“往事”是要认真梳理的。这一点，苏舆看得非常清楚，故在说明“王心”时，特别解释说：“因故事以明王义，事不虚而义则博实。”[111] 历史上的“故事”或“事”不是随意“比附”之物。梁启超借《俞序》证“托事以明义”，实不可信。

5. 读《春秋》=读《楚辞》?

由于梁启超不重视历史叙事的独特性，故“事”仅属服务于“义”的工具，而且是自身没有多少重要性的工具：“好像一个百依百顺的女孩子，可以任人随意打扮。”[112] 因此，他呼吁阅读《春秋》一定不能注重其中的史实性，认为应该像阅读《楚辞》那样。在中国文学史上，《楚辞》以美人芳草为喻辞，以此抒发诗人的思想情怀。这种创作手法广受好评，也激发了后世文人各种创作的灵感。[113] 但《楚辞》在多大程度上与《春秋》相似?

梁启超的举证，实际上只有一条：就是“其辞”与“其心”（或“其义”）的类似性：

	其　辞	其心/其义
楚辞	美人芳草	灵修
春秋	齐桓、晋文	素王之制

在此，暂不追问“其心”与“其义”是否是不同的概念。仅就梁启超对《春秋》“其辞”和“其义”的说明来看，他显然是依据《孟子》而说的。如上所述，《离娄下》的原文是：“其事则齐桓、

[111] 苏舆：《春秋繁露义证》卷6，页163。
[112] 这是借用冯友兰对主观唯心主义的批评意见，参阅《中国哲学史新编》第1册，页8。
[113] 陈友冰：《考盘在涧：中国古典诗词的美感与表达》，页351—88。

晋文，其文则史。孔子曰：‘其义则丘窃取之矣。’”[114] 孟子本无“其辞”之说，梁启超把“其事”和“其文”折合为“其辞”，已嫌曲解；至于“其义”，孔子本未明说是什么，而梁启超则说是“素王之制”，更是过度诠释。

撇除引证差谬的错误，梁启超以上的比拟也没有多大的论证作用。《春秋》与《楚辞》，二书作者不同，取材不同，背景不同，句式、用语不同，凭什么可以拿《楚辞》印证《春秋》的写作手法？像《界说》这样浮泛列举“其辞”与“其心”（或“其义”）的相似性，基本上任何人随意挑两本作品，也可以提出相同或相反的做法。

通常，要说明两个不同作者的作品在写作上有所关联，最有效的办法是寻找相关作者写作心路的证据，例如找到屈原写《离骚》是仿照《春秋》的记载，便是比较有力的证据。退一步，也该举出某些权威说法证成《春秋》与《楚辞》的关系。可是，梁启超不这么做。更准确地说，是“不能”，非“不为”也。自古以来，认真讨论《春秋》或《楚辞》的学者都不会认为两者运用了相同的写作手法，因为这是两部毫无关联的作品。更容易与《离骚》相比拟的作品是《诗经》，而非《春秋》。司马迁说：“《国风》好色而不淫，《小雅》怨诽而不乱。若《离骚》者，可谓兼之矣。”[115] 在梁启超的行文中，并无举出诸如此类的证据。

梁启超以《楚辞》比拟《春秋》，本非严肃之论，但由于他的名气和影响力，不乏读者把他的话当作权威定论，像李宗吾便全盘接受其说，在《厚黑学》中全抄“读《春秋》，当如读《楚辞》……其

---

〔114〕《孟子注疏》卷 8，页 226。
〔115〕《史记》卷 84，页 3010。

义则素王之制也”之语，然后评说：“呜呼，知此者可以读《厚黑学》矣！其词则曹操、刘备，其义则十年沼吴之勾践、八年血战之华盛顿也。师法曹操、刘备者，师法厚黑之技术，至曹、刘之目的为何，不必深问。斯义也，恨不得起任公于九原，而一与讨论之。我著《厚黑学》，纯用《春秋》笔法，善恶不嫌同辞，据事直书，善恶自见。同是一厚黑，用以图谋一己之私利，是极卑劣之行为，用以图谋众人之公利，是至高无上的道德。所以不懂《春秋》笔法者，不可以读《厚黑学》。”[116]《厚黑学》的观点和论证如何，在此不作深论，但他对“《春秋》笔法”的理解完全是盲从梁启超的权威，受其误导而不知所以然。可叹的是，这样相信谬说而视若成论的做法，迄今在《春秋》研究中还不难找到例证。

6. 记号之书

由于写作《界说》的原初蓝本是《几何原理》，所以梁启超的思路是一种模拟数学的形式化构想。在他的设想中，《春秋》的“义”是“天地公理”，而“事”是用以表现这些公理的东西，就像数学演算时所使用的符号那样，重点是透过计算而检视原理，而不是固守那些可有可无的符号。如是说，《春秋》的“事”只是“记号”，其真实性不会比《楚辞》的美人芳草更多。读《春秋》而“徇其事”，在梁启超眼中，实是不知所云，故嘲弄说：“不亦陋乎！”然而，“记号”之说，真的可信么？

梁启超的举证，自言是根据陈立之言。据其介绍，“陈氏所著《公羊通义》”载：“《春秋》，记号之书也。”陈立所著之书为《公羊义疏》，而《公羊通义》则是孔广森的作品。梁启超张冠李戴，典据成疑。粗略翻阅《通义》《义疏》二书，似无“记号”之说，疑为

[116]　李宗吾：《厚黑学》，页34—35。

梁启超误解或误笔。须知道，《界说》谈到勾股、代数的演算，所以篇中的“记号”不是泛指能引起注意、易于记忆辨识的标记，而是具有比较精确的数学涵义。这方面的知识，非注、疏之业所及，故非孔广森、陈立等经师之所长。然则，梁启超根据什么材料而得出“记号之书”的认知？如今难以一一考究。假如推测不错的话，这似乎是拥抱西学的结果，而非《公羊》学者长期积累的见解。

说得更准确一点，“记号之书”极有可能是康有为而非陈立或其他《公羊》学者的主张。康有为《春秋笔削大义微言考》云：“以上皆《春秋》之微言，托笔削数字为记号以传之，专明非常之义，与春秋时事全不相关涉者也。‘元年，春，王正月’，不过如算学四元法之天、地、人、物，代数之甲、乙、子、丑而已，取其简而易代，董子所谓‘微而难知’以此。若得其微言之旨，则此数字者，皆记号代数之字，得鱼而忘筌可也。”〔117〕 以上，是康有为讲解隐元年经的涵义，其中不仅谈及经文笔删为“记号”的做法，连代数等用例也肖似《界说》所言。尽管今本《微言考》定稿于民国之初，晚于《界说》面世，但此书旧稿原为1893—95年在万木草堂及桂林讲学时的讲义，故不妨大胆猜测“记号之书”可能是康有为的主张，后被梁启超转手宣传，只因误记出处或其他缘故，遂把此说归诸陈立之书。

无论谁人倡言《春秋》是“记号之书”，这都是不能成立的观点，因为《春秋》经传（包括《公羊》在内）皆无此说。说到底，《春秋》所载的“事”，是各种各样的历史事件，大多是记载某个或某群人在某时某地做了某一行为。也有少数经文不是以人为主体，例如天灾之类，可以算是非人的能动者。这些行为或事件都是发生

〔117〕 康有为：《春秋笔削大义微言考》卷1，页12—13。

在某个特殊的历史时空之中，对这些历史的行为和事件，是无法进行充足的形式定义的。相反，为自然世界的特征或抽象项目寻求定义，是完全可能和恰当的，而数学中的几何、代数等符号，大多是对这些没有历史的东西，予以形式化的界定，而推衍出某些可操作的普遍性原则。比如说，夏、商、周时期的正方形，与20世纪的正方形，都可以预设四边长度是相同的，不因其在不同时代而有所异变。[118] 但历史上的各种事件，乃是各种政治环境、权力、功能、结构和信念交织而成的可变异的存在，很难先在地规定它的配置，也不可能说是可有可无或相互替换的东西。明乎此，便可知道《春秋》记载的各种事件，与康有为、梁启超所说的"记号"，存在本质上的差别。以"记号"来定性"事"，从根本上就是误导的。

界说四　孔子因避时难，故仅借事为记号，而大义皆传于口说。

问者曰：然则，《春秋》曷为不并举其义与事而两著之，而惟事之是传，何也？曰：孔子作《春秋》，于当时王公大人有所褒讥贬损不可书者，则口授弟子（见《汉书·艺文志》）。故《春秋繁露》曰："用则天下平，不用则安其身。"《中庸》曰："既明且哲，以保其身。"斯又孔子之无可如何者也。故欲观《春秋》者，但求之于口说焉可矣。《繁露》"不能察，蒙若无"，为徒读经文者言之也；曰"能察之，无物不在"，为能传口说言之也。

〔辨证〕

1. "惟事之是传"所引起的问题

说实在的，梁启超阐述"托事以明义"的观点，只能显示"载之空言"不如"见之行事"。而这一主张，充其量只能说明《春秋》

---

〔118〕 Geuss, *History and Illusion in Politics*, pp.6－8.

为何不像《明夷待访录》等书采用“条举直书”的“空言”写作方式，但还是没能消除以下的疑问：《春秋》分明是编年史的写作体例，“事”的外貌远比“义”更为彰明，为何孔子对“义”的解说这么曲折？仅以“托事以明义”并不能充分解答这个问题。说明白了，“托事以明义”就是只述“事”而不言“义”，如果“义”已被“明”了，还需要“托”吗？就“义”的表达的直接性和简明性而言，“托事以明义”肯定是曲折和容易犯难的做法。《春秋》为何要这样写？除了隐晦的叙事方式外，难道没有其他文体可以兼顾“义”与“事”而“两著之”么？

最低限度，梁启超自己就承认《春秋》“惟事之是传”不是惟一的选项。他一生所写的长短不一的史论或政论，都是叙事中夹杂议论，使得“义”与“事”二者“并举”。他个人写作的惯常风格已从侧面说明，作者在“记事”之余同时“明义”，是可以做得到的。于是，问题就来了：为什么《春秋》缕述各种历史叙事？为何有“义”不直接说出来，而采用“托事”这种间接的做法？在其他选项还是可取的时候，孔子为什么要这么做呢？

假如不是把“事”贬低至可有可无之物，梁启超只要放眼观看和参考过去的《春秋》研究，便能找到一条简单的进路：尽管经文记述的是“事”，但只要采用“属辞比事”的做法，用心理解这些经文的句式和措辞，便有可能掌握《春秋》的“义”。易言之，“属辞比事”所指示的方向，将会有效解答梁启超的困惑。然则，什么是“属辞比事”呢？

《礼记·经解》云：“属辞比事，《春秋》教也。”[119] 这是孔子对《诗》《书》《礼》《乐》《易》《春秋》六种“教”的一部分评

---

[119] 《礼记正义》卷50，页1368。

论意见。这些“教”虽非指代孔子所整理的《六经》,[120] 但后来学者普遍将之当作解读《春秋》的操作守则。就字面意思上看,“属辞比事”的“属”意谓连接,如《论衡·说日》“望四边之际与天属,其实不属,远若属矣”。[121] “比事”的“比”,意谓排比,如《乐记》“比终始之序”。[122] 为什么要连接词语和排比事件呢?李廉有一个很好的概述:“此经大概在属词比事,故于例之异同,事之首尾,或辞同而事异,或事异而辞同,皆通经提掇大意,使前后贯通,一事之疑,一字之异,皆发明之,并用先儒议论。”[123]

由于《春秋》是编年史的体例,许多相同性质的事件分散在不同年份的经文之中,所以解读方法相当独特。比如《尚书》,因篇章各自独立,由头至尾通读下来,只要通过文字关,便能知悉其中的内容。《春秋》却不能这样读法。要确定某一句经文的涵义,光是埋首啃噬也不见得可以吃透其中意思,必须谨慎审理经文的句式,把相同、相近或相反的措辞找出来,排比察看其中的事件如何和为何这么记述。例如“杀”某人后以“及”记载另一个遇害的人,这种“A 杀(弑)B 及 C”涵盖不同的情境,如孔父、仇牧、荀息、公子瑕、箕郑父、庆寅六人都是其中的 C,地位高低有别,品性良莠不齐,真要探究他们为何都被载于“及”后,就需要抽取相关的经传,合起来比较观察。[124] 孤立地阅读个别文句,肯定是解不通的,无法达到李廉“前后贯通”的要求。

---

[120] 有关《经解》的解读,我已另文处理,参阅拙文:《“孔子出而有经之名”驳议——皮锡瑞〈经学历史〉的论证问题》。

[121] 黄晖:《论衡校释》卷 11,页 491。

[122] 《礼记正义》卷 38,页 1106。

[123] 李廉:《凡例》,载《春秋会通》,页 165—66。

[124] 此一句式的分析,参阅拙著:《〈穀梁〉政治伦理探微》,页 176—256、351—60。

不难看见，“属辞比事”是一种要求读者细致钻研文句和措辞的读法。之所以要按句式和措辞来比较经文及其事件的异同，无非是要细致地掌握各个细节，务求“一事之疑，一字之异”也不放过。对经文的解读要求，实际上也是对其史事叙述的解读要求。认识经文述“事”的各种用辞，对“事”进行深入的考察，其实也就是理解“义”的不二法门。“义”在经中，在经文之中，在各种述事的经文之中。“徇其事”是必须的（只要“徇”不像梁启超那样负面地理解的话）。如果以为这些经文无关轻重，视同“筌蹄之弃”，实际上就是放弃了《春秋》的“义”。

假设梁启超像李廉一样，都是从“属辞比事”来解读经文，就不必为《春秋》并非“两著之”而提出答问。既然研究述“事”的经文就是研究经文的“义”，还有必要为“义”与“事”不是“并举”而烦恼吗？由于对“事”的极度贬抑，而其理想中的“义”又是“天地原理”这样伟大的事物，在梁启超眼中，经文记载的“事”自然难以承载。因此，他不可能接受“属辞比事”的理念，而《界说》自始至终也没有提过相同或相类似的说法。进一步说，不仅是“属辞比事”，其他钻研经文的做法也不可能得到任何欣赏，因为这是“徒读经文”，并非掌握“义”的终南快捷方式。然则，该如何理解“惟事之是传”的现象呢？

梁启超提供的答案是：全是不得已而为之！因为孔子顾忌当时的“王公大人”，所以“褒讥贬损不可书者”没有记载在经中，而是透过“口授”传给弟子。换个角度看，这是“并举其义与事而两著之”的一种表现方式，只是“事”与“义”之所“著”的场所有所不同：“事”在经文之中，而“义”都在“口说”之中。

这一答案，见证了梁启超（以及其他同调的《公羊》学者）与所有笃守经义的《春秋》学者的基本分歧。这个分歧，在于以下的不同认识：究竟最重要的是经文，抑或口说？按常理说，只要研究对象设定是《春秋》而非其他，就没有理由认为还有其他东西可以凌驾在《春秋》之上。“属辞比事”就是把分析的焦点汇聚在特定的经文之上，而非经外的东西；而梁启超的“口授”或“口说”，不管什么内容，都是经外之物。简而言之，前者认为“义”在经中，后者则认为“义”在经外。

当然，这不意味只重经文而摒弃其他文献。《春秋》难读，必假道于传、注、疏等说法，通诸群书以求得其解。尤其是收录和解读经文的《左》《公》《穀》三传，更是无法摒弃的凭借。然而，解经就是以经为首。经文是被诠释的对象，也是判断哪些观点可以接受的准绳。其他传记或注疏的解经意见，充其量仅是“先儒议论”，或许具有重要的参考价值，但没有理由越俎代庖，说这些见解就是《春秋》的内容。比如说，《公羊》倡言“大一统”，是《公羊》重要的解经意见，但不意味阅读《春秋》必须主张这一观点，因为从《左》《穀》的视角出发，完全可以得出不同的说法，各自言之成理。反之，《左》《穀》的解经意见亦非不证自明地正确。未经论证即以任何一种“议论”代言《春秋》，很难说是恰当的。梁启超所谓“口授”或“口说”，同样也是一种“先儒议论”，在多大程度上是正确解读《春秋》的观点呢？尚待论证。但《界说》声言这些都是孔子留下来的“口说”，就是在论证前已预定这些议论必是《春秋》之“义”。这个主张，可以接受吗？

2.“不可书”的三项举证

梁启超“口授”之说，有何佐证呢？以下，是他提及或引录的三项证据：

①《汉书·艺文志》。原文是：“（孔子）以鲁周公之国，礼文备物，史官有法，故与左丘明观其史记，据行事，仍人道，因兴以

立功，就败以成罚，假日月以定历数，借朝聘以正礼乐。有所褒讳贬损，不可书见，口授弟子，弟子退而异言。丘明恐弟子各安其意，以失其真，故论本事而作传，明夫子不以空言说经也。《春秋》所贬损大人当世君臣，有威权势力，其事实皆形于传，是以隐其书而不宣，所以免时难也。及末世口说流行，故有《公羊》《穀梁》《邹》《夹》之《传》。"[125]

上述引文概述班固对《春秋》写作的理解，梁启超仅提及《艺文志》之名，不曾明确引录片言只字。"有所褒讳贬损"的"所"，犹如《左》僖四年"虽众，无所用之"[126] 的"所"，皆作地方义。班固以"有所"言"褒讳贬损"，就是说《春秋》有些地方"褒讳贬损"。换言之，"褒讳贬损"不是遍及《春秋》所有内容，而是特指某些地方。"不可书见"的"见"，是显现义，意谓一些"褒讳贬损"的地方不可写得很清楚。"不可书见"不等于"不可书"。[127]《春秋》对这些应该"褒讳贬损"而并非"不可书"，班固已说"《春秋》所贬损大人当世君臣"，分明认为孔子有所书，只是用了曲笔。其言"隐其书而不宣"，正是"不可书见"的补充说明。梁启超剔除"见"字，改"不可书见"为"不可书"，仿佛孔子什么思想也不透露，完全不写在《春秋》那些述事的经文之中，歪曲班氏原意，莫过于此。

综观《艺文志》之意，是说孔子作《春秋》，有些地方批评了政治人物，所以经中使用了隐晦的曲笔，而把"不可书见"的部分"口授弟子"。然则，这些"口说"是否可靠呢？据班固所述，"口

[125] 《汉书》卷30，页1715。
[126] 《左传正义》卷12，页333。
[127] 《十二诸侯年表》亦作"为有所刺讥褒讳挹损之文辞，不可以书见也"，并非"不可以书"。参阅《史记》卷14，页648。

说”先后有两个阶段：先是弟子接受和整理，然后是“流行”，传至汉代，形成《公羊》《穀梁》《邹》《夹》四家传。早在弟子整理的阶段时，“口说”已有严重的分歧，故曰“异言”。是故，左丘明撰写《左传》申明“本事”。这些“本事”不是妨碍“明义”的绊脚石，而是避免“失其真”的重要保障。相比之下，“口说”早在弟子“异言”时已不尽可靠，更不要说在汉代“流行”的诸传了。观此，班固绝不会主张“但求之于口说”乃是学习《春秋》的稳当办法，难怪《界说》不引录其言而径以己意说之。

附带一提，《艺文志》不是有关“口说”的惟一叙事。在此之前，《史记·十二诸侯年表》亦有类似的记载：“鲁君子左丘明惧弟子人人异端，各安其意，失其真，故因孔子史记具论其语，成《左氏春秋》。”[128] 这里同样强调弟子“失其真”的危险，纵使没有提及“本事”，但因强调《左传》所“具论”的是“其语”，故对梁启超的主张同样不利。“其语”即孔子的话语。不独弟子能知道孔子说了什么，左丘明也能。依司马迁之言，《左传》应该也是孔子“口说”的产品，哪能像梁启超那样排斥敌视？不管如何，《界说》未提及《年表》之言，估计梁启超也不会支持其说。

②《春秋繁露·楚庄王》。原文是：“义不讪上，智不危身，故远者以义讳，近者以智畏，畏与义兼，则世逾近，而言逾谨矣，此定、哀之所以微其辞。以故用则天下平，不用则安其身，《春秋》之道也。”[129]

以上，是概述《春秋》十二公“有见”“有闻”“有传闻”的三个时期，说明全经按照远近亲疏来排列而又有不同的措辞。董仲舒不是说孔子一味顾忌而对各种错误不予批判；反之，他更强调的

---

〔128〕《史记》卷14，页648。

〔129〕苏舆：《春秋繁露义证》卷1，页13。

是“义”与“畏”两者如何兼顾，从而解释有些经文为何用辞谨慎。在他看来，令孔子顾忌的，主要是定、哀二公的“有见”之世，当时是孔子身处的时代，故“言逾谨”。《公羊》定元年传：“定、哀多微辞。”[130] 董仲舒据此阐述“用则天下平，不用则安其身”的道理，而梁启超则引录这两句，而不触及上下文的语脉，以此强调“无可如何”，仿佛孔子“因避时难”而不把“义”载于经中。然而，《繁露》实无这样的观点。董仲舒是要说明，经文“言逾谨”的现象，很大程度上需要从“有见”“有闻”“有传闻”三者之分来把握，不然董氏之言“远”和“近”，即无从著落。如梁启超的理解，《春秋》把“义”传给“口说”，就不是董氏所说的“畏与义兼”，而是因“畏”弃“义”。借用《艺文志》上述的讨论，董仲舒所谈的是“不可书见”而非“不可书”。“言逾谨”相当于“不可书见”，不等于“不可书”。

③《礼记・中庸》。原文是：“是故居上不骄，为下不倍。国有道，其言足以兴；国无道，其默足以容。《诗》曰：‘既明且哲，以保其身。’其此之谓与！”[131]

划线部分，为《大雅・烝民》中的诗句，[132] 本意是歌颂周宣王任用仲山甫，能够明智任事、保全己身，后来衍生为“明哲保身”的成语，往往意谓聪明地退让避险，以求保全不损伤自己。在《中庸》的语境中，实以国是否有“道”，作为“言”与“默”的基本判准。考虑到仲山甫的典故，《中庸》引《烝民》为证，绝非像后世成语那样歌颂退避的做法；而宣王之世，亦非“无道”以致臣下必须“默”的时候。《中庸》从“居上”和“为下”的做法谈

[130] 《公羊注疏》卷 25，页 545。
[131] 《礼记正义》卷 53，页 1456。
[132] 《毛诗注疏》卷 18，页 1787。

起，都是对担任职事之人而言。这不是鼓吹“无道”而“默”的做法。相反，梁启超描述孔子“因避时难”而不把“义”载于经中，其言“无可如何”，显然采用后世成语的涵义。这既异于《烝民》之本意，也有别于《中庸》的用法。《中庸》无涉于《春秋》的写作，故在《春秋》研究上，基本上不能用作证据。梁启超之所以引用它，大概是以为“其默足以容”一语，可以佐证“不可书”的论断。但如上所言，《春秋》没有梁启超所说的“记号”，经中的各种曲笔，只宜视作“不可书见”而非“不可书”。用《中庸》的措词来说，《中庸》是“言”而非“默”的产品。梁启超举《中庸》为证，只有修辞的效果，不能加强论证的力量。

归纳以上三项举证，都不能支持“不可书”的论断。“不可书”与“不可书见”存在明显的差距。《春秋》有些曲笔，是“不可书见”的表现；而梁启超“不可书”之说，则是服务于“记号”的主张。前者意味“义”在经文之中，后者则是“义”在经文之外，二者不可同日而语。

3. 但求之于口说焉可矣

梁启超必须说明的，不是有没有“口授”，而是确认惟有“口授”方是“义”的根据。由于“不可书”之说缺乏凭据，所以“大义皆传于口说”实乃沙上的建筑，攻之即塌。基于此，当梁启超进一步宣称“但求之于口说焉可矣”时，同样也很难避免质疑。

梁启超的举证只有一处，即《春秋繁露·精华》的两句话。其原文是：“古之人有言曰：‘不知来，视诸往。’今《春秋》之为学也，道往而明来者也，然而其辞体天之微，故难知也。<u>弗能察，寂若无；能察之，无物不在。</u>是故为《春秋》者，得一端而多连之，见一空而博贯之，则天下尽矣。鲁僖公以乱即位，而知亲任季子，季子无恙之时，内无臣下之乱，外无诸侯之患，行之二十年，国家安宁；季子卒之后，鲁不支邻国之患，直乞师楚耳。僖公之情，非辄不肖，而国衰益危者，何也？以无季子也。以鲁人之若是也，亦知他国之皆若是也，以他国之皆若是，亦知天下之皆若是也，此之谓连而贯之。故天下虽大，古今虽久，以是定矣。以所任贤，谓之主尊国安，所任非其人，谓之主卑国危，万世必然，无所疑也。"[133]

"弗能察，寂若无"的"弗"和"寂"，梁启超引录时改作"不"和"蒙"。以上引文，是说明《春秋》的重要性，在于它对历史的深刻认识，"道往而明来者"就是要读者从历史中学习，从各种迹象看到事情发展的走向。为此，董仲舒引述的典故是季友得到任用，如何影响鲁国盛衰的往事，据此说明任贤的重要性。尽管这不是《公羊》的固有主张，[134] 但董仲舒希望借此说明的是，读者学习《春秋》需要注意见微知著。这不是讨论《春秋》的写作方法。"弗能察，寂若无"，是说《春秋》用辞像天象那么微妙，其效验难以知悉，故不会观察的人完全看不见，这不是"为徒读经文者言之"。"能察之，无物不在"，是说对《春秋》用辞能有真正认识，就可以看到和联系相关的事物，这也不是"为能传口说言之"。《精华》不是要说明读者对待"经文"和"口说"的态度，梁启超完全解错了。"得一端而多连之，见一空而博贯之"，是一种从分散的迹象加以联想和思考的能力。应用在《春秋》研究之上，就是需要耐心考究文辞。在这里，"属辞比事"就是其中一种值得使用的办法。董仲舒不是只重"口说"，也没有贬低"徒读经文"的想法。

界说五　既明第二至第三、第四条之理，则可以知《春秋》有三书，一曰未修之《春秋》，二曰记号之《春秋》，三曰口说之

---

〔133〕 苏舆：《春秋繁露义证》卷3，页96—97。

〔134〕 有关季友称贤的问题，参阅拙著：《〈穀梁〉政治伦理探微》下册，页707—81。

《春秋》。

未修之《春秋》者何？孟子以与晋《乘》、楚《梼杌》并举者也。记号之书者何？今本是也。口说之《春秋》者何？《公羊》《穀梁》《春秋繁露》、《公羊》何注、先秦两汉诸儒所引《春秋》之义皆是也。未修《春秋》久佚矣，从何见之？可以传注文中求得之。今试举其一例。如开卷第一句“元年，春，王正月”，据何注云：“变一为元，元者气也。”则知原文必为“一”年；据传云“曷为先言王”，则知原文必无“王”字；据传云“公何以不言即位”，可知原文有“公即位”。用此法以求之，虽不能尽见，亦十得八九矣。自孔子修之，则为今本之《春秋》。改“一”为“元”，以明以元统天之义。加一“王”字，以明师文王大一统之义。去“公即位”，以明让国为贤之义。斯大义出焉矣，变“元”也，加“王”也，去“公即位”也，所谓记号也，所谓文也。统天、师文、让国，所谓口说也，所谓义也。孟子所著之《春秋》，乃口说之《春秋》也。汉人凡引《春秋》者，皆引口说之义，而直指谓《春秋》云云（此汉儒引《春秋》通例，两汉书中多不胜举）。盖口说者，经之精华也。董子曰：“今夫天子踰年即位，诸侯于封内三年称子，皆不在经也，而操之与在经无以异，非无其辨也，有所见而经安受其赘也。”故凡先师言《春秋》之义，皆不在经，而操之与在经无以异。学《春秋》者不可不察也。《易》曰：“书不尽言。”言者，即口说之谓也。而刘歆移书太常博士，乃诋其信口说而背传记。此所以歆学盛而口说晦，卒使二千年无解《春秋》者，悲夫！

〔辨证〕

1.《春秋》有三书？

梁启超宣称《春秋》其实有三本：（1）未修之《春秋》；（2）记号之《春秋》；（3）口说之《春秋》。他认为只要了解“界说二”

“界说三”“界说四”，就可以得出“三书”的结论。仔细分析，“界说二”的“《春秋》为明义之书，非记事之书”，只能说明一书衍为二书。这一观点，纵使不讲“明义”与“记事”之别，也可以轻易获得。因此，它对论证帮助不大。真正起作用的是“界说三”的“托事以明义”和“界说四”的“仅借事为记号，而大义皆传于口说”，因梁启超认定孔子把“记号”和“口说”放在不同的地方中，由此衍生出“三书”之说。

《春秋》有“三书”？此说极其异常。历代学者的主流认识，基本上只有两本《春秋》。《公羊》庄七年传：“不修春秋曰‘雨星不及地尺而复’，君子修之曰‘星霣如雨’。”〔135〕又《史记·孔子世家》云：“乃因史记作《春秋》”，〔136〕此“史记”就是《公羊》的“不修春秋”，即孔子尚未加工的历史文献，相当于梁氏“未修之《春秋》”；而“春秋”则是经过孔子编定的定本，即《公羊》所说的“君子”所修之产品。当然，对于孔子所取材的史文究竟是什么，论者之间存在不同的认识。杜预说是“鲁史策书”，〔137〕《公羊》徐疏说是“百二十国宝书”。〔138〕撇开这些分歧，一般咸以为《春秋》由未修到修定，是由一书变为二书的过程。如梁启超之言，这就是由一书变为三书。然则，孔子真的制作了两本《春秋》吗？

核心的问题是，孔子所修的《春秋》是否可以拆分为“记号之《春秋》”和“口说之《春秋》”？前已述及，《春秋》的文辞不是“记号”（至少就康有为、梁启超所理解的意义而言），认为“义”不可书于经文而传于“口说”也是错误的判断。但因为“界说五”

〔135〕《公羊注疏》卷6，页131。
〔136〕《史记》卷47，页2352。
〔137〕《左传正义》卷1，页27。范宁也有相同的观点，参阅《穀梁注疏》，页6。
〔138〕《公羊注疏》卷1，页1—2。

对“记号”和“口说”另有补充佐证，故需要另作剖析，审视究竟。

2. 恢复“未修之《春秋》”的原文

为了说明《春秋》是把经文当作“记号”，梁启超声称自己知悉《春秋》如何写作。这是一个长期无法得到解决的难题。《春秋》所据史文久佚，“未修之《春秋》”究竟是什么模样？《史记·孔子世家》说《春秋》“笔则笔，削则削”，[139] 但“笔”的是哪一部分？“削”的是哪一部分？因无具体的手稿和写作纪录传世，谁也说不清楚。然而，梁启超却断言孔子把“未修之《春秋》”改为“记号之《春秋》”，并且说“未修之《春秋》”可以从传注“求得之”，真的吗？

“求得之”的方法，在《界说》并无充分阐说。但这应该不是梁启超的独创，康有为后来出版的《春秋笔削大义微言考》就是尝试恢复“未修之《春秋》”的成果。其操作方法是依据《公羊》《穀梁》《繁露》《解诂》诸书，审视其中“书不书”“曷以书”“曷以日月不日月”“名不名”等见解，据以反向推论。例如《穀梁》隐元年传：“不日，其盟渝也。”[140] 康有为便说：“孔子恶渝盟，欲发戒渝盟之义，故削日于此，记此义焉。穀梁子亲见‘不修春秋’，故知之。”[141] 这是认定《穀梁》比较旧史和孔子所改定本而有“不日”的结论。康有为深信类似的推论可以应用在全部经文之上，最终全面修复《春秋》原貌：“遂如见孔子笔削原本，乃条条字字推之，于是二千年后，焕然如亲读孔子笔削原文真迹，光明一旦发露，岂非古今绝异之大幸事哉！”[142]

自信归自信，究竟康有为这一进路是否可靠呢？《穀梁》从来

---

[139] 《史记》卷47，页2353。
[140] 《穀梁注疏》卷1，页3。
[141] 康有为：《春秋笔削大义微言考》卷1，页13。
[142] 康有为：《春秋笔削大义微言考》，页8。

没有说过每一则经文都经过孔子的改动。“不日”究竟是鲁史原文所有，抑或孔子削除的结果？《穀梁》没有说清楚。“不日，其盟渝也”，除隐元年经外，亦应用于庄九年“公及齐大夫盟于暨”的解释。可以说，这是《穀梁》概括全经涉及结盟而又没有日期记载的通则，但没有证据说明这是参照旧史而知悉孔子“削日”的结果。[143] 以一概全，康有为据后来的解经意见来断定“不修春秋”的原文，是极其武断的做法。同样，梁启超依此修复“未修之《春秋》”，自然也有问题。

3. 对隐元年经的修复

隐元年经：“元年，春，王正月。”《公羊》云：“元年者何？君之始年也。春者何？岁之始也。王者孰谓？谓文王也。曷为先言王而后言正月？王正月也。何言乎王正月？大一统也。公何以不言即位？成公意也。”何诂：“以常录即位，知君之始年。君，鲁侯隐公也。年者，十二月之总号，《春秋》书十二月称年是也。变一为元，元者，气也，无形以起，有形以分，造起天地，天地之始也，故上无所系，而使春系之也。不言公，言君之始年者，王者诸侯皆称君，所以通其义于王者，惟王者然后改元立号。《春秋》托新王受命于鲁，故因以录即位，明王者当继天奉元，养成万物。”[144]

根据以上划有底线的部分，梁启超指出经文有三点改动：

① 由“一年”变为“元年”。

②“王”由无而有。

③ 删除“公即位”。

以上三点的论证，皆有可议之处。①全采《解诂》的观点，似不足取。何休作为东汉人，已把一人专制的政治格局视作常态，故

---

〔143〕 参阅拙著：《〈穀梁〉政治伦理探微》下册，页454—55。

〔144〕《公羊注疏》卷1，页6—10。

认定只有王者方能“改元立号”。“变一为元”之说，是基于以下的政治想象：鲁隐公作为诸侯，不宜像王者那样以“元年”为在位之始。但春秋之世，诸国君主各有纪年，实乃常态。“元年”是天子和诸侯皆可使用的。不用迟至《竹书纪年》的出土，《史记·十二诸侯年表》早已展示了这一点。何休在毫无文献佐证的情况下，断定《春秋》把“一”改为“元”，进而推论鲁隐公为王者，皆是时代错乱（anachronism）的判断。鉴于《公羊》仅以“君之始年”解“元年”，不曾提及“元”的涵义，故何休的观点实非忠于《公羊》文本。[145] 梁启超据之断定“未修之《春秋》”原作“一年”而非“元年”，难以服人。

②和③的立足点都是《公羊》之问。在梁启超看来，《公羊》对经文“言”或“不言”某辞，反映了该辞为孔子所加或所删。这一观点，对证成②和③皆有可疑之处。就②而言，“曷为先言王”意谓为什么先说“王”，这是对“王”先“正月”后的措辞表示疑惑，毫无“原文必无‘王’字”之意。梁启超以为，经文对文辞有什么疑问便能反向推敲“未修之《春秋》”的内容。按此推论，《公羊》既有“春者何？岁之始也”的答问，便该推出“原文必无‘春’字”的结论。不过，这是说不通的。《公羊》隐六年传：“《春秋》编年，四时具，然后为年。”[146] 读此可知，《春秋》采用编年史，必须记载季节，不能想象旧史本无“春”字。[147] 就“春”而言，《公羊》隐元年传的解释是“岁之始”，不曾表示“春”字可去。以“春”例“王”，可以显示《公羊》解释经文对某某字词之“言”，重在解释其

〔145〕 有关何休《解诂》这方面的问题，参阅拙著：《〈经学通论〉辨证》，页384—88。
〔146〕 《公羊注疏》卷3，页54。
〔147〕 《春秋》具载四时的写法，参阅拙著：《〈穀梁〉政治伦理探微》上册，页20—21。

涵义，由此推不出相关字词本属孔子新增。梁启超据《公羊》而断定“未修之《春秋》”没有“王”字，是自我发挥而非忠于传义。

就③而言，“公何以不言即位”意谓鲁隐公为什么没有“即位”的记载；梁启超据“不言”之问，推断“未修之《春秋》”载有“公即位”。这一判断，需要分为两个层面来评估：它的整个论证是有漏洞的，但其结论是比较可信的。

为什么说梁启超对③的论证有漏洞呢？因为他与康有为一样，都是相信《公羊》对经文记载什么或不记载什么，已反映孔子用辞的加减。然而，通观《公羊》解经的原则，其“言”某辞，不涵蕴某辞必为孔子所加；其“不言”某辞，不涵蕴某辞必被孔子所削。以上言“春”和“王”之例，便是《公羊》谈“言”却不意味孔子加文。以下再看看“不言”的2个反例：

[1] 隐元年经：“秋，七月，天王使宰咺来归惠公仲子之赗。”《公羊》云：“何以不言及仲子？仲子，微也。”

[2] 桓十五年经：“秋，九月，郑伯突入于栎。”《公羊》云：“栎者何？郑之邑。曷为不言入于郑？末言尔。曷为末言尔？祭仲亡矣。然则曷为不言忽之出奔？言忽为君之微也。祭仲存则存矣，祭仲亡则亡矣。”[148]

例[1]解释经文“惠公仲子”之称，据《公羊》理解，“惠公”是鲁隐公之父，而“仲子”则是鲁桓公之母。由于“惠公”和“仲子”是两个不同的人，故二者之间可以采用“及”字连之。然则，经文为什么不采用“惠公及仲子”的措辞呢？《公羊》的答案是仲子地位卑微。康有为进一步解说：“削去‘及’字，以明嫡妾之分。”[149]先不说这一见解是否可以接受，可以肯定的是，《公羊》的答问是鉴

〔148〕《公羊注疏》卷1，页22；卷5，页106。
〔149〕康有为：《春秋笔削大义微言考》卷1，页15。

于经文没有“及”字而提出的。然而，当读到“惠公仲子”四字时，假如没有“惠公”和“仲子”是两人的事实认知，不见得必须提出为何没有“及”字的疑问。与《公羊》形成鲜明对比的是《穀梁》的解经意见。因“母以子氏”的观点，《穀梁》指出“惠公仲子”是一个人，认为“仲子”是惠公之母，孝公之妾。接受《穀梁》的说法，根本不需要解释为何没有“及”字。[150] 像康有为那样因“不言及仲子”的答问，而认为“及”字为旧史原有，于《穀梁》而言，是毫不必要的。更成问题的是，康有为从未解释为何弃《穀》取《公》。由“不言”之问，据之断言“及”原为“口说之《春秋》”所有而后被削，是一个存在反例（或者可能是无法驳倒的反例）的猜测。

例［2］解释经文“入于栎”，《公羊》认定厉公突成功回国夺位，故有“不言入于郑”之问。其传的解答是祭仲已死，昭公忽不得不流亡，故厉公突再次夺位之事也用不着说了。据此，康有为认定旧史原作“郑伯突入于郑”，但他没有更多的说明。[151] 不过，照字面意思理解，“入于栎”就是指相关人物侵占了栎，栎是郑国的一个城邑，不是国都，故言地名而非国名。由“入于栎”是不可能联想到郑国君位更动的发展的。《左》桓十五年传：“郑伯因栎人杀檀伯，而遂居栎。”[152] 这一叙事，既符合经义，与《穀梁》对祭仲和相关史事的判断也相当吻合。相比之下，《公羊》有关厉公突回国夺位和祭仲已亡的说法，仅属一家之言，别无旁证，不符合历史事实，主要是为了辩护祭仲行权的贤者形象而发，不足凭信，所以清代治《公羊》的学者对之也有所避忌，不敢正面辩护。[153] 总之，

[150] 有关“惠公仲子”的解释，参阅拙著：《〈穀梁〉政治伦理探微》，页32—41。
[151] 康有为：《春秋笔削大义微言考》卷2，页52。
[152] 《左传正义》卷7，页207。
[153] 有关祭仲的问题，参阅拙著：《〈穀梁〉政治伦理探微》，页300—51；以及本书第5章，页237—61。

厉公突在昭十五年并未重新执政，“未修之《春秋》”大概不可能出现“入于郑”这种毫无根据的记载。康有为因“不言”之问，认定旧史原作“入于郑”而非“入于栎”，完全不可信。

在经文的解释上，“言”是特指《春秋》中的某些文字，而“不言”则涉及经文以外的其他用辞，因此“不言”所允许的可能性，比“言”更大得多。对解经者来说，除非出现足够的旁证，否则要确定“不言”究竟是什么，是非常困难的任务。因此，对《公羊》如何讨论“不言”的内容，必须慎重对待，不宜有过度的解读。例［1］和［2］说明《公羊》对“不言”的解释，可能还有其他说法。如果承认不同的说法是来自经师的不同理解，一切都容易理解。“不言”云云，不过是经师因觉得经文可能还有一些貌似有理的笔法却又不被《春秋》使用，对之进行诘问和辩驳，故有各种意见出现。假如像康、梁师徒那样试图据“不言”而还原某些被孔子削去的措辞，那就很难避免质疑：凭什么按照《公羊》的解释就能重现“不言”背后隐藏的措辞？在字面意思上，“不言”仅是意谓《春秋》不说什么，不等于《春秋》废弃了旧史所说的内容。睹见“不言”即以为其所指代的必属孔子所删的旧文，是说不通的。

话说回头，《公羊》对“不言”的讨论，虽非有效恢复旧史的依据，但遇有足够旁证的情况，也不能否定“不言”所述的措辞有可能是旧史原有的。③所根据的“公何以不言即位”，就是在《春秋》中具有较多旁证的例子。《春秋》记载12个鲁国君主的事迹，皆从“元年”说起，其中8人（桓、文、宣、成、襄、昭、定、哀）有“公即位”之文，其余4人（隐、庄、闵、僖）没有。由于“公即位”在经中频繁出现，故有理由相信这是记载鲁国君主的惯有措辞。以此例彼，不言“公即位”自然可能是有人不这么纪录所致。其中一个可能性，就是“原文有‘公即位’”而被孔子所删，而梁启超这一判断，应该可以视为比较可信的推测。

这里说“比较可信”，主要是相对于其他欠缺旁证的“不言”而言。比较可信不等于绝对可信。问题回到原点：迄今为止，还找不到证据可以说明《公羊》经师阅读了孔子所依据的旧史。〔154〕即使承认“公即位”是鲁史常用之语而被人所删，但还是不能彻底否定以下的可能性：在孔子笔削之前已有其他人这样做了，或者是以其他措辞来交代鲁隐公的即位。说实在的，“公即位”的有或无，在经中是一个罕见地容易处理的特例。八位鲁公的“即位”映衬其余四公的“不言”，其他经文没有多少例子对比得如此鲜明。这一特例之所以容易处理，是因为透过经文的比读可以检视同类情况下的不同记载，借用《春秋》研究的惯常说法，就是“属辞比事”。这一点，恰好是康、梁基本忽略的做法（如果不是有意拒绝的话）。〔155〕

归纳以上，《界说》的主张，是依照康有为的教导，把《公》《穀》或何诂的意见当成孔子笔削的权威指引，径以己见推定“未修之《春秋》”的内容。这样的做法，如无足够的旁证，其实与任意猜测没有多大差别。梁启超对“公即位”的判断，似乎并非注意到它有什么旁证，故其结论纵使相对可信，也不代表《界说》主张

〔154〕 如果相信历史记载的话，可以说，左丘明阅读了孔子所依据的旧史。如上所述，《史记·十二诸侯年表》记载左丘明“因孔子史记具论其语”，但《左传》不可能是梁启超所认可的作品。

〔155〕 孙钦善《中国古文献学史简编》（页582）这么评价康有为《春秋笔削大义微言考》：“此书不仅通过《公》《穀》、董、何、刘向之说，而且通过无传无说处的经文遍考《春秋》中的微言大义，把《春秋》义例之说附会到无以复加的程度，并且为我所用，比附现实世界，倡言变法改良。”这里的劣评，固然大体不错，但其中述及“义例之说”的“附会”，却嫌不准，因为《界说》下文已表明，康、梁一脉最是反对传例，没有采用“属辞比事”的做法。

的对确。相反，隐元年经不称“即位”的异常性，反而见证了修复“未修之《春秋》”的极端艰难。例［1］和［2］已说明，光凭《公羊》的“不言”，难以可靠地确定旧史究竟写了什么。像这样的例子，在《春秋》中不胜枚举。然而《界说》却没有正视其中的难度，反而声称按照其中的方法，如①、②、③般处理，就能大致恢复“未修之《春秋》”至“十得八九”的地步，立言似嫌过于轻率。事实证明，《界说》这一主张没有多少成功的指望。远的不说，康有为《春秋笔削大义微言考》以专著的篇幅努力修复旧史全文，但严肃的《春秋》研究者都不会觉得这是一项有价值的学术成果。纵然是努力回护康有为的学者，也不得不予以退让，承认这些推测“仅仅具有或然性，没有坚实可靠的文献依据，在某种程度上只能算是一厢情愿的‘拟义’”。[156] 孙钦善在回顾《微言考》和康氏几种新注时，评说“它们虽有一定的思想意义，但没有学术价值”，[157] 可谓真知灼见，言之锵铿。

4.“记号”与“文”vs.“义”与“口说”

无论“未修之《春秋》”是否可以修复，梁启超更关心的是“记号之《春秋》”的形成。他相信《春秋》由“未修”到“记号”，不是把“义”放在经文之中，而是经文之外。用以说明的事例，是上述隐元年之例。①由“一年”改为“元年”，是阐明“以

---

[156] 常超：《“托古改制”与“三世进化”：康有为公羊学思想研究》，页 277。此书对康氏的批评主要是“从古文献学的角度来讲”，但同书（页 277）又说：“从哲学角度来看，这种在诠释经典方面创造性的探索是今文经学在近代的发展，并为公羊学的释经理论拓展出一个新层面；应该说，康有为关于《春秋》的哲学诠释使得我们阅读《春秋》有了一个全新的视角。”这是尝试以“哲学角度”而非“古文献学的角度”来辩护《微言考》的贡献。但要注意，康有为《微言考》全书从未说过这两个角度，也没有说过自己真的为公羊学的释经理论“拓展”什么“新层面”。反之，尽量还原“孔子笔削原本”肯定是康有为写作的重要目的。常超以上辩护究竟是否说得通，恐怕还有商榷余地。

[157] 孙钦善：《中国古文献学史简编》，页 585。

元统天”的说法。②添加“王”字，是彰显“文王大一统”的道理，③删除“公即位”，是解释“让国为贤”的主张。

①自何休《解诂》而来，②和③则参照《公羊》。在梁启超看来，“元年”“王”的记载，以及“公即位”之删除，都是揭示“义”的“记号”而已。在《界说》的用法中，“记号”肯定不是重要的。如上所述，“记号”如“筌”与“蹄”，皆是可弃之工具。梁启超还特别强调“所谓记号也，所谓文也”，此“文”是相对“口说”而言。[158]“口说之《春秋》”则是“义”之所在。相较之下，作为“记号”而非“义”的经文，还是首要的东西吗？

5.《公》《穀》＝口说之《春秋》？

梁启超说《公羊》《穀梁》《春秋繁露》、《公羊》何注、“先秦两汉诸儒所引《春秋》之义”都是“口说之《春秋》”，乃是大胆臆测，很有问题。先看《公》《穀》。据梁启超的界定，“口说之《春秋》”因“记号之《春秋》”而起，由于孔子害怕“义”之犯忌，故在作为“记号”的经文之外，把“义”透过“口说”传授给弟子。是故，要确证《公》《穀》是“口说之《春秋》”，仅说二传曾经口耳相传，还不足够。先秦古书经口耳相传，事例甚多，无法据此证成《界说》的主张。要衡量《公》《穀》是否“口说之《春秋》”，究竟需要什么条件呢？以下指出三点：

① 经文仅是“记号”，其中无“义”可寻；

② 一部被指为“口说之《春秋》”的作品（无论《公》《穀》还是其他）记述的都是孔子的“义”，不是其他东西；

③ 这一作品与其他“口说”凑合起来，便应该可以还原孔子因顾忌而未记载在经中的“义”。

---

〔158〕 康有为也是这么强调“文”与“口说”之别，参阅《春秋笔削大义微言考》，页9。

接着，将逐一说明这三点的问题。

上文的讨论假如基本成立的话，①已经土崩瓦解，不待攻而自破。《春秋》记载“事”，观察述“事”的文句而玩其“义”，是最合理和最得到认可的做法。

②是基于以下的认识：“口说之《春秋》”是以孔子为作者，故《公》《穀》的作者所做的不是解读经文，或发挥自己对经义的理解，而是忠实记载孔子的“义”，没有其他，包括自己的东西。梁启超对“口说之《春秋》”的讨论，都是采用全称的措辞，所以落实到其所指代的作品，自当将相关作品或作者的言论理解为源自孔子的观点。事实上，梁启超所说的“口说”已被界定为“经之精华”，而“经”自是孔子的“经”，不是其他人。当他把《公》《穀》列为“口说之《春秋》”，不曾述及《公》《穀》有什么内容是经师私人的所有物，其实已预设二传的各种观点皆是源自孔子，相关经师只是扮演纪录者和传播者的角色。

不过，②的设想是错误的。《公》《穀》的内容不是只有孔子的“义”；至少就梁启超对“事”与“义”的区分而言，二传载有大量的“事”。更重要的是，即使就“义”的归属而言，《公》《穀》肯定不是简单地转录孔子的“义”，有许许多多内容都是记载后儒对经文的理解，以下试举3例：

[1]《公羊》桓六年传：“子同生者孰谓？谓庄公也。何言乎子同生？喜有正也。未有言喜有正者，此其言喜有正何？久无正也。子公羊子曰：‘其诸以病桓与？’”

[2]《穀梁》隐五年传：“初，始也。穀梁子曰：‘舞《夏》，天子八佾，诸公六佾，诸侯四佾。初献六羽，始僭乐矣。’尸子曰：‘舞《夏》，自天子至诸侯皆用八佾。初献六羽，始厉乐矣。’”

[3]《穀梁》庄元年传：“纪，国也。郱、鄑、郚，国也。或曰：

迁纪于郱、鄑、郚。"[159]

例［1］的"子同"是鲁庄公。因其母文姜与兄通奸，故他的生父一直存在疑问。《公羊》尝试解读经文"子同生"的记载；到最后，公羊子现身说法，提出"其诸"的设问，猜测经中寓有诟病鲁桓公之意。试想，假如公羊子每一句话都是源自孔子的"口授"，还需要使用这种测度的语气吗？例［2］是谈论"初献六羽"的问题，《穀梁》对佾数究竟多少，没有明确的答案，只是并列穀梁子、尸子两种不同的说法，供读者比照酌量其中异同。假如真是"口说之《春秋》"，自当一槌定音，何必述及异己之说？例［3］涉及"迁"与"迁者"两种不同的措辞。因为《穀梁》对经文的解释没有把握，故此不肯把话说死，并列二说，先是指出郱、鄑、郚三地有可能是与纪一样的"国"，然后指出郱、鄑、郚也有可能是被齐师所迁之地。[160] 尤其值得注意的是，此传申述"国也"的观点，前无"或曰"或某人之"曰"，谈的却是对"迁"的理解。这说明，《穀梁》解经，不一定需要以"曰"言之。有没有说明出处，不是辨析其言归属的可靠标准。因此，读者很难因为传文没有言"曰"而断定这是"口说"。对郱、鄑、郚的性质之所以存在两种不同的理解，与其说是来自孔子自古流传下来的"口授"，倒不如说是不同学者各自的解经心得积累的结果。

类似的例子还有许多，不烦赘述。仅凭以上3例已可以窥见，《公》《穀》载录的解经意见，无论是引录他人，抑或发挥己见，都是相关经师所认可的一些观点，不可能都是源自孔子的"口说"。即使退一步说，承认"口说"以外还有其他经师的见解，问题还是

[159] 《公羊注疏》卷4，页87。《穀梁注疏》卷2，页20—21；卷5，页64。

[160] 有关《穀梁》对庄元年经的解释，参阅拙著：《〈穀梁〉政治伦理探微》，页372—80。

存在的。因为，梁启超从未提出任何操作性条件，解释什么内容是属于“口说”，什么内容不是。当然，换了其他人，也不见得做得到。由于现存文献没有明确的记载，究竟孔子把什么观点“口授”给弟子？这是一个无法说清楚的难题，至少像上述《汉书·艺文志》等文献便没有具体说明。既然说不清楚，为什么还要说《公》《穀》是“口说之《春秋》”呢？

别的不说，研治《公》《穀》的学者也不认为二传等同或相当于《春秋》。范宁这么概括说：“《春秋》之传有三，而为经之旨一，臧否不同，褒贬殊致。”〔161〕读此可知，《左》《公》《穀》三传，同为解经之作，传之于经，二者绝非相同之物。不仅《穀梁》学者如是，《公羊》学者亦然。徐疏：“《左氏传》者，丘明亲自执笔为之，以说经意，其后学者题曰《左氏》矣。且《公羊》者，子夏口授公羊高，高五世相授，至汉景帝时，公羊寿共弟子胡毋生乃著竹帛，胡毋生题亲师，故曰《公羊》，不说卜氏矣。《穀梁》者，亦是著竹帛者题其亲师，故曰《穀梁》也。”〔162〕这里说明《公》《穀》二传因其为“亲师”而得名，不像《左传》从最初传经者而得名。以上的答问，已预设三传都是说经之“传”方有比较可言。徐疏绝非把《公》《穀》当成《春秋》，无论怎么看，它也不是因其载孔子的“义”而将之视为“口说之《春秋》”。

除了①和②外，③也不可信。假设《公》《穀》所述的真是孔子留下来的“口说”，那么二传凑合起来，便应该可以还原孔子因顾忌而未记载在经中的“义”。但是，事情并不这么简单。《春秋》既是一部“明义之书”，合乎常理的推论结果，自当期盼此“义”圆融一贯，不应该包含扞格不入的元素。然则，《公羊》《穀梁》二

〔161〕《穀梁注疏》，页8。
〔162〕《公羊注疏》卷1，页4—5。

书，是否彼此兼容，毫无隔阂呢？据称同样是来自子夏的“口授”，它们是否水乳交融？显然，二传在许多观点上各持所见。比如说，《公羊》歌颂复九世之仇的齐襄公，《穀梁》不那样认为，反而直斥齐襄公为“小人”，认为灭纪是小人欺凌君子。又比如，《公羊》贤祭仲废立行权，但《穀梁》却批评他不能“死君难”。又比如，《公羊》因鲁隐公、司马子反、叔武、子臧、季札、叔术六人让国而贤其人，但《穀梁》对这六人的评价完全不同。[163]

按照一般常识，两部作品观点不同，该是作者不同的缘故。不同的人对同一文本有不同的理解和诠释，原非奇事。可是，当梁启超认定这些作品所言之“义”都是“口说之《春秋》”，无形中已预定这些“义”出自同一主体，即孔子本人。孔子，一人而已；《春秋》，一书而已。为何同一个人，同一本书，有这些不同乃至矛盾的观点？假如孔子不是圣人，也还罢了；但因为他是梁启超所认可的圣人，而且是创造“万世之法”的“教主”，那就要追问：为何孔子错乱至此？为何“万世之法”自相矛盾？由此反向推理，把《公》《穀》同样称为“口说之《春秋》”实无可信之理。

整个问题的关键在于，当梁启超把“义”视为孔子的“口说”，必然无视《公》《穀》出自不同作者的内在差异性。把不同文本归诸单一主体，是彻底错误的进路；而导致这一错误，是因为梁启超没有正视二传的内容不必是源自孔子的可能性。简单地说，就是②的不可信导致③的不可信。

6.《繁露》《解诂》、先秦两汉诸儒之义＝口说之《春秋》？

除《公》《穀》以外，“口说之《春秋》”还包括《繁露》《解诂》、“先秦两汉诸儒所引《春秋》之义”。在此，不妨回顾上一节

---

[163] 有关《公》《穀》的不同观点，参阅拙著：《〈穀梁〉政治伦理探微》，页17—62、81—134、300—51、371—418。

①、②、③三个条件。可以判断，①仍是说不通的。经文不是“记号”，没有理由相信“义”都在“口说”之中。至于②和③，无论是《繁露》《解诂》抑或先秦两汉诸儒，他们的思想主张都很难视同孔子留下的“口说”。

先看《春秋繁露》。此书历来争议不少：究竟其书真伪如何？是否全出董仲舒之手？有没有后人依托？[164] 由于史料所限，现在比较谨慎的研究者倾向认为《繁露》的底本应是由董仲舒的弟子后学编纂的，不能排除它的内容与“儒学的主流化”进展同步形成的可能性。[165] 不管《繁露》在多大程度上属于董仲舒本人，它是西汉而非春秋时期的作品。阅读它，就是为了理解西汉知识分子的思想观点。没有多少人把它视同《春秋》，至少《繁露》的作者没有。书中没有“口说”的概念，也不曾自视为“口说之《春秋》”。凡是提及《春秋》，都是孔子著作的性质，是客体的存在，而非自主的所有物。例如《玉杯》云：“《春秋》赴问数百，应问数千，同留经中，缁援比类，以发其端，卒无妄言，而得应于传者。”[166] 这是交代经与传之间的解释关系，未尝自言其为“口说”，或以孔子代言人进行解说。《繁露》与《公》《穀》有合有不合。与《公羊》一样，可以说《繁露》在努力解说经义，但不能说它是“口说之《春秋》”。[167]

再看何休《解诂》。由于这是汉儒治《公羊》保留得最完整的作品，所以历来关注《春秋》经传的学者皆不能视若无睹。但就著

---

[164] 有关《繁露》的不同见解，参阅徐复观：《先秦儒家思想的转折及天的哲学的完成：董仲舒〈春秋繁露〉的研究》，载《两汉思想史》卷2，页306—16。

[165] 深川真树：《影响中国命运的答卷：董仲舒〈贤良对策〉与儒学的兴盛》，页15。

[166] 苏舆：《春秋繁露义证》卷1，页40。

[167] 有关董仲舒的观点，参阅吕绍纲：《董仲舒与春秋公羊学》，载《庚辰存稿》，页311—19。

作的性质而言，《解诂》记载的是何休解读经传的心得。何休是东汉的经师，他从未说过书中内容是来自孔子的“口授”，也不曾自视为“口述之《春秋》”的代言人。在《解诂序》中，他明确表示因为不甘心《公羊》被《左传》压制的弱势，故采用胡毋生《条例》通解《公羊》：“往者略依胡毋生《条例》，多得其正，故遂隐括使就绳墨焉。”徐疏：“虽取以通传意，犹谦未敢言已尽得胡毋之旨，故言‘略依’而已。”〔168〕胡毋生之于何休，虽然同样宗尚《公羊》，但二人不是灯火相传的学派关系。何休不是聆听师门口授而传承胡毋生及其更早的前辈的解经观点，而是阅读胡氏《条例》来提取自己的见解。这与清中叶以后那些尝试恢复《公羊》旧说的学者（如刘逢禄、陈立等人）一样，都是透过前人之书而自行发挥。也就是说，何休是有自己想法的诠释者，不能以“口说”概括《解诂》的内容。他与许多解经者一样，对前人旧说保留谦逊和谨慎，自知其说有可能不合旧说，故言“略依”。只要比较的话，便可看见《解诂》有不少观点与《公羊》《繁露》有别，更不要说《穀梁》了。〔169〕

不仅《繁露》《解诂》不符合②和③的要求，“先秦两汉诸儒所引《春秋》之义”亦然。“先秦两汉诸儒”是谁？不清楚。照字面意思来看，凡先秦两汉生活和立言的儒者，皆是其外延。人数繁多，无从细论。但就梁启超所述的例子来看，还是有问题的。首先，“孟子所著之《春秋》”，疑有笔误或刊误。就《界说》全文而言，梁启超应该是要谈《孟子》中所提及的《春秋》，据他的理解，就是指孔子所作的《春秋》。但他说此“乃口说之《春秋》也”，却

〔168〕《公羊注疏》，页7。

〔169〕有关何休的问题，参阅吕绍纲：《何休公羊“三科九旨”浅议》，载《庚辰存稿》，页320—31。

是不能成立的。如上所述，从《离娄下》对“其事”“其文”“其义”三者的区分，孟子笔下的《春秋》是孔子“取”了《春秋》的“义”。这可以理解为《春秋》由一书变为二书，不能是一书变为三书的发展。阅读“其义则丘窃取之矣”之语，不可能得出孔子在经文外另有“口说”的书写，《孟子》书中对《春秋》的讨论，都是孟子个人的思想心得。无论如何，他从未说过自己得自“口说”而有这方面的观点。

此外，梁启超还断言汉儒有一个“通例”，就是“凡引《春秋》者，皆引口说之义”，而在措辞上，则是“直指谓《春秋》云云”。此话言过其实，不可相信。在梁启超的设想中，“口说”大概是有关“素王之制”，但不是所有汉儒谈论《春秋》皆引他所指的“口说之义”。例如《汉书·高帝纪·赞》曰：“《春秋》晋史蔡墨有言：‘陶唐氏既衰，其后有刘累，学扰龙，事孔甲，范氏其后也。’”〔170〕这是援引《左传》对士匄祖宗的叙事，据此印证汉家尧后的政治合法性。〔171〕依梁启超的判断，《左传》自非《春秋》，引《左传》当然不是“引口说之义”。以此管窥，汉儒“皆引口说之义”的论断，太容易找到反证了。

即使不谈反例，也没有证据显示汉儒真的把自己所引述的《春秋》观点（哪怕是《公羊》抑或其他梁启超拥护的作品）视作“口说之《春秋》”。以上的讨论已足够证明，董仲舒、何休不是如此。立言时引述《春秋》，不等于其典据乃是“口说之《春秋》”。这一点，何休比谁都明白，他在《解诂序》猛烈批判《公羊》经师的无能：“是以讲诵师言至于百万犹有不解，时加让嘲辞，援引他

---

〔170〕《汉书》卷1，页81。
〔171〕《左传正义》卷35，页1001—02；卷53，页1504—05。有关《左传》相关内容的讨论，参阅拙著：《〈经学通论〉辨证》，页107—17。

经失其句读，以无为有，甚可闵笑者，不可胜记也。”[172] 同样研治《公羊》，何休不觉得那些“讲诵师言”的做法真正理解经传之意。限于其所批判的观点并未传世，如今无法判断以上观察是否符合实际，但可以确定的是，即使是《公羊》学者内部，也不是铁板一块的，彼此之间还有不同的理解和认识，若将之概述为“口说之《春秋》”，恐怕何休自己也不相信。

总而言之，《公羊》《穀梁》《繁露》《解诂》乃至“先秦两汉诸儒所引《春秋》之义”五者，相互之间存在分歧，而这是源自认识主体的多样性和差异性。对同一文本有不同的理解和诠释，在中国学术史上，事例不胜枚举。短短一篇《齐物论》，“因为解释者采取的解释语言，也有各自的学术或价值背景，如郭象、王夫之或章太炎对同一文本的理解就大相径庭。”[173] 同样的道理，解读《春秋》也是如此。像梁启超这样把不同文献统称为“口说之《春秋》”，怎么说也是不通的。

7.《春秋》之义“皆不在经”

为了说明《春秋》之“义”不在经中，梁启超另外还引用以下二证：

①《春秋繁露·玉杯》。其文云：“今夫天子踰年即位，诸侯于封内三年称子，皆不在经也，而操之与在经无以异。非无其辨也，有所见而经安受其赘也，故能以比贯类，以辨付赘者，大得之矣。”[174]

梁启超在引录上述划有底线的引文后，说：“故凡先师言《春秋》之义，皆不在经，而操之与在经无以异。”由“皆不”至“以

---

[172] 《公羊注疏》，页5。
[173] 陈少明：《〈齐物论〉及其影响》，页3。
[174] 苏舆：《春秋繁露义证》卷1，页33。

异”，是抄录《玉杯》原文，差别在于“皆不在经”所指的对象，由“今夫天子踰年即位，诸侯于封内三年称子”变为“先师言《春秋》之义”。由特指变为泛指，外延大幅增加。这是恰当的诠释吗？

回看《玉杯》。它开篇便讨论《春秋》讥文公服丧期间娶妻的做法，又说：“孝子之心，三年不当，而踰年即位者，与天数俱终始也。”[175] 基本上，董仲舒关心的是继任者在先君逝世后该如何做法。即位时间的问题，也是为此而发。文九年经：“春，毛伯来求金。”毛伯是天子大夫，《公羊》认为经文没有遣使的记载，是因为周王“当丧未君”：“逾年矣，何以谓之未君？即位矣，而未称王也。未称王，何以知其即位？以诸侯之逾年即位，亦知天子之逾年即位也。以天子三年然后称王，亦知诸侯于其封内三年称子也。逾年称公矣，则曷为于其封内三年称子？缘民臣之心，不可一日无君；缘终始之义，一年不二君，不可旷年无君；缘孝子之心，则三年不忍当也。”[176]

对读可知，“天子踰年即位，诸侯于封内三年称子”，就是出自以上传文。《公羊》的解释基本上紧扣经义。之所以得出“即位”而“未称王”的判断，依靠的还是经文的叙事。文八年经：“秋，八月戊申，天王崩。”天子之崩，距毛伯求金，计有五个月，但因过了新年，属于“踰年”的情况，而《公羊》认为周王踰年即位。为免读者误解，《公羊》认真交代了三年称王的做法。《春秋》没有周王踰年即位的记载，但《公羊》以上所交代的内容虽不直接属于经文的叙事，但有助于经义的说明，把经文不透彻的地方说透了。对此，孔广森解释甚当：“此传者善言《春秋》，能因其所见达之于所不见。”[177] 《公羊》对天子、诸侯在丧期的做法的说明，不是在

〔175〕 苏舆：《春秋繁露义证》卷1，页31。
〔176〕 《公羊注疏》卷13，页291—92。
〔177〕 孔广森：《春秋公羊经传通义》卷5，页146。

经文以外另行述义。除了天子即位的安排，《公羊》文九年传对诸侯三年称子的说法，亦有经文的依据。陈立《义疏》云："《春秋》书宋子、卫子，是即诸侯称子之证。"[178]《公羊》和《左》《穀》二传一样，解说经义时不乏补充说明，虽然其言或有超出经文的范围以外，但这些补充说明是为了说透经义而发，并非建立在《春秋》之"义"不在经文的预设之上。

由始至终，董仲舒没有说过《春秋》之义"皆不在经"，在申述天子即位、诸侯称子的时间问题前，他重申解读《春秋》之法："《春秋》论十二世之事，人道浃而王道备，法布二百四十二年之中，相为左右，以成文采，其居参错，非袭古也。是故论《春秋》者，合而通之，缘而求之，五其比，偶其类，览其绪，屠其赘，是以人道浃而王法立。"[179] 以上"合而通之，缘而求之"，实际上就是"属辞比事"的另一种说明。《王杯》通篇，不是主张经义"皆不在经"，而其他文献可以"操之"而与《春秋》"无以异"。董仲舒的重点是为《公羊》辩解，《公羊》对天子即位、诸侯称子的说明，显然超出经文之外，但说明的目的是要了解"毛伯来求金"的涵义。尽管这些补充说明"不在经"，但与"在经"的文辞一样，都是了解《春秋》所需要参考的。

总而言之，"无以异"的关键在于相关言说是否有助于经义的澄清，像《公羊》的一些补充说明，董仲舒觉得是有帮助的，不是多余的赘述。相反，那些经外的个人发挥，则是不必要的附会。这一点，苏舆已有深刻的解释："天地万物之事蕃矣，圣人不能一一辨之，有能代圣人辨之，足见圣心者，视之与真正经同，而经不遗憾于赘矣，但不可贸然无见而以臆说之。班氏咎后苍以士礼推于天

[178] 陈立：《公羊义疏》卷41，页1515。
[179] 苏舆：《春秋繁露义证》卷1，页32—33。

子，汉季学者改经传以附会新说，则治经之蠹耳。”[180] 不清楚苏氏此言是否有针对梁启超的意图，但可以估计，《界说》把《春秋》划分为“记号之《春秋》”和“口说之《春秋》”的做法，很有可能属于“治经之蠹”的例子。

②《周易·系辞上》。其文云：“子曰：‘书不尽言，言不尽意。’然则圣人之意，其不可见乎？”[181]

梁启超引述“书不尽言”后，随即说：“言者，即口说之谓也。”这是断章取义且穿凿附会的说法。谓之断章取义，是因为《系辞》引述“书不尽言，言不尽意”，目的是说明“言”和“书”都不能传达圣人之“意”的限制性，以此印证立象设卦的必要性。按梁启超的设想，《春秋》经文大概相当于“书”，而“口说”大概相当于“言”，但二者都不能彻底传达圣人的思想。这与他抬举“口说”的重要性，无疑是矛盾的。是故，《界说》只引“书不尽言”而略过“言不尽意”，引证片面，不待烦言。谓之穿凿附会，是因为《系辞》对“书”“言”“意”的梳理，与《春秋》毫无关系。《春秋》既无《周易》内容核心的卦爻，《界说》以《春秋》经文和“口说”充当《系辞》的“书”和“言”，把不相干的道理硬扯在一起进行解释，自然是牵强附会的做法了。

综合①和②的观察，梁启超的两项举证都不能证明《春秋》之“义”皆不在经中。只要不带偏见的话，就没有理由相信“《春秋》有三书”的说法。

8.《春秋》之义“皆不在经”

最后，梁启超把矛头指向刘歆，说刘歆移书太常博士，提及

[180] 苏舆：《春秋繁露义证》卷1，页33。
[181] 《周易正义》卷7，页291。

“信口说而背传记”，导致“歆学盛而口说晦”。这一说法，其实过度夸大刘歆的影响。《汉书·刘歆传》已明确记载，当时刘歆对太常博士的攻击，因为“其言甚切，诸儒皆怨恨”，结果，连执政大臣也群起反对，最终被贬到涿郡等地历任郡守。〔182〕一点也看不出刘歆移书之举，可以导致“歆学盛而口说晦”。当然，梁启超对刘歆的攻击，都是因袭康有为《新学伪经考》的主张。《界说》对相关论证既无展开，于此也不必深究，仅指出一个简单的事实：现在除了少数固守《公羊》门户的人外，已很少有严肃的学者还相信古文经全是刘歆伪造的指控。〔183〕

把现实政治的失败归诸某一学术的“流毒”，是传统知识分子的惯性思维，也是甲午战败后流行的共同话题。〔184〕梁启超认为“歆学盛”导致“二千年无解《春秋》”，其实是一个转移攻击目标的言说策略。如其说，《春秋》没能发挥救世的效用，是因为认识错误所致。只要把导致错误的祸根铲除就好了！但现实上，什么算是“歆学”呢？真有传承“歆学”的人和作品吗？谁来界定？谁说了算？

界说六　先师所传口说与经别行，故著之竹帛之时，间有遗漏错置。

问者曰：既已谓《公羊传》《穀梁传》《春秋繁露》及先秦两汉诸儒所引《春秋》之义，皆同为口说矣。然每有一经，而《公羊》与《穀梁》不同义者，或《公羊》与《繁露》不同义者，或《繁

〔182〕《汉书》卷36，页1970。

〔183〕指责刘歆一党伪造古文经，这种主张所存在的错谬，参阅钱穆：《两汉经学今古文平议》，页1—163。王汎森：《古史辨运动的兴起》，页61—208。梁韦弦：《古史辨伪学者的古史观与史学方法》，页31—44。

〔184〕朱维铮：《神州长夜谁之咎？——析夏曾佑与宋恕的通信》，载《音调未定的传统》，页146—57。

露》与何注不同义者，或诸书与秦汉儒者所引皆不同义者，则又何说也？答之曰：此奚足疑也！先师传《春秋》，经文自经文，口说自口说，不相比附，太史公所谓“文成数万，其指数千”，即指先师师弟相传默记。此数千条之义理，当其初受之于孔子也，必详言某义属某经，及历数传展转相授，以至著竹帛之时，则容有失记，或有其义尚能记，而不能记其属于何经者，此亦极寻常之理，求之于传文中，亦有实据焉。隐二年“纪子伯、莒子盟于密”，传：“纪子伯者何？无闻焉耳。”（隐二年何注云：“《春秋》有改周受命之制，孔子畏时远害，又知秦将燔《诗》《书》，其说口授相传，至汉公羊氏及弟子胡毋生等，乃始记于竹帛，故有所失也。”）此等有经而无义者，是先师失其义也。桓九年“冬，曹伯使其世子射姑来朝”，传：“《春秋》有讥父老子代从政者，则未知其在齐与？曹与？”是先师能记及口说中有此义，而经文之中有两经与此义相属者，不能确记其属于何经也。凡《公》《穀》同经异义之故，皆可以此求之。即如开卷之“元年，春，王正月”一条，《公羊》则极褒隐公，《穀梁》则微不足于隐公，似不知何所适从矣，不知无足怪也。《春秋》有贤让国一义，又有大居正一义，《公》《穀》两家传口说时皆受之，及著之竹帛时，《穀梁》则以“大居正”之义解隐公之事，《公羊》则以贤让国之义解隐公之事，而别以大居正之义解宋宣公之事。要之，其同为《春秋》之义，孔子之传，一也。援传例言之，亦当云“《春秋》有言大居正者，则未知在鲁与在宋与”云尔。故必举异经而同义者，遍举以比较之，则其同经而异义者，可以无疑矣。太史公所谓“其指数千”者，今苟取群书之义而一一列出之，编为一书，不必与经文相比附，则益皭然无挂碍、无争辨矣。此董子作《繁露》之法也。观于此，益知先师所重者在口说，其事与文皆可作筌蹄之弃，故偏有错置之处，而不为意，但求其义之传于后世而已。后世之治《春秋》者，于此中斤斤争之，抑惑矣！

〔辨证〕

1.“失记”之说

回顾上一节第5、6点。“口说之《春秋》”的说法之所以不能接受，是因为任何一部被列为“口说之《春秋》”的作品，按照梁启超的理解，都只能是孔子的“义”。故此，其内容不允许有其他东西，而且需要它的内容具有一致性，不能相互矛盾（即②和③）。然而，《公羊》《穀梁》《繁露》《解诂》和“先秦两汉诸儒所引《春秋》之义”不是单一源头的统一整体，而是拥有不同作者，各具诠释意见，难以化约为一。

梁启超很清楚，“口说之《春秋》”包含不同的作者和作品，相互之间存在“不同义”的问题。他的回应是这样的：不用奇怪，一切都是因为“经文”与“口说”各有流传，传述者因为“不相比附”而导致“失记”或“有其义尚能记，而不能记其属于何经”的错误。以下先谈“失记”的问题。

有关“失记”，梁启超的举证只有一则。隐二年经：“纪子伯、莒子盟于密。”《公羊》云：“纪子伯者何？无闻焉尔。”何诂：“言无闻者，《春秋》有改周受命之制，孔子畏时远害，又知秦将燔《诗》《书》，其说口授相传，至汉公羊氏及弟子胡毋生等，乃始记于竹帛，故有所失也。”〔185〕

《公羊》这里的问题，是围绕着纪子伯是谁。这是一个活生生的人，其与莒子在密结盟，则是一件历史事件。按照《界说》“事”与“义”的区分，这显然是属于“事”的答问。《论语·为政》云：“多闻阙疑，慎言其余，则寡尤。”〔186〕《公羊》答以“无闻焉耳”，

〔185〕《公羊注疏》卷2，页34。
〔186〕《论语注疏》卷2，页22。

正是“慎言其余”的表现，没有舍己以徇之，削足以适履。

何休以“口授相传”解释“无闻”的原因，却非“阙疑”，而是自行发挥。其言孔子预知秦将焚书而口授《春秋》，有违常识，不宜盲从——假如读者还不致把孔子当成一个预见未来的超能力者。[187] 考虑到秦二世之时，博士诸生尚以“人臣无将，将即反”为由进言发兵击陈涉，足见《公羊》之义在秦廷的流通程度。[188] 把《春秋》与秦政摆在对立面，乃是汉人的主观想象，多于历史实际的还原。究竟“无闻”是否真的由于何休所说的政治压力，恐怕还有商榷的余地。梁启超在《界说》引述经、传、注，不厌其烦，目的是证明“失记”之“奚足疑”，但何休有关“口授相传”的主张，实属难以确证的信念。最低限度，《公羊》就不是这么主张的，不按照《解诂》的说法来理解“无闻”，不是不可以的。何休的说法除非找到更可信的旁证，否则疑惑仍然挥之不去。

事实上，梁启超对“失记”的论述，也是不通的。究竟“失记”了什么呢？依《公羊》之说，搞不清楚纪子伯何许人也，故“无闻”的是“事”而非“义”。相反，梁启超说是“有经而无义”，并解释说“先师失其义”，显然把“失记”的东西理解为“义”而非“事”。事实上，何休解释“无闻”的原因虽不尽可信，但其言“有所失”而未确指“失”的是什么，亦未尝表明“失记”的是“义”。梁启超“无义”之说，其实是建立在以下的推论上：

①《春秋》是“明义”而非“记事”之书；

② 口说之《春秋》是“经之精华”；

---

〔187〕 何休这种神圣构想，导致《解诂》信任且援引纬书的各种叙事，参阅拙著：《〈经学通论〉辨证》，页101—07。

〔188〕 有关秦代博士援引《公羊》之事，参阅李若晖：《久旷大仪：汉代儒学政制研究》，页94。

③《公羊》属于“口说之《春秋》”；

④ 故《公羊》是“明义”而非“记事”之书。

①②③出自“界说二”和“界说五”的观点，故④必是梁启超所认可的结论。由于《公羊》必是“明义”而非“记事”，故《公羊》纵有“记事”的内容，也不可能得到应有的正视。从《公羊》所述，读者只知道有一个人的身份不能确知，而“无闻”就是不了解相关事情的来龙去脉。《公羊》未尝说过这是“义”之丧失，梁启超视之为“失其义”，违背传文，岂是达解？

说实在的，“失记”的部分究竟有多少？在《公羊》经师诵习的文献重见天日之前，是无法准确回答的。现在可资依据的惟一线索，是“无闻焉尔”的答辞。稽查《公羊》全传，除纪子伯之问外，采用这一句式的还有 2 则经传：

［1］桓十四年经：“夏五，郑伯使其弟御来盟。”《公羊》云：“夏五者何？无闻焉尔。”

［2］文十四年经：“宋子哀来奔。”《公羊》云：“宋子哀者何？无闻焉尔。”[189]

例［1］的“夏五”和例［2］的“宋子哀”，一是时间记载之辞，一是人名，二者都属于“事”而非“义”。它们和“纪子伯”一样，都是经文罕见的措辞，前所未见，后亦无闻。解释对象的罕见性，导致经师找不到任何头绪足以说明相关事情，所以不得不坦承有疑费解。显然，不是所有经文都是如此罕见。《公羊》能言其详，甚至叙述相关事迹，所见多有。“无闻焉尔”仅有 3 例，已可说明这不是经中常见的棘手难题。它的寥寥无几，与《公羊》《穀梁》《繁露》《解诂》乃至“先秦两汉诸儒所引

〔189〕《公羊注疏》卷 5，页 103；卷 14，页 308。

《春秋》之义”屡见不鲜的“不同义”相比（参阅上一节第5、6点），众寡悬殊。梁启超以前者解后者，似乎没有考虑到二者之间的比例如何。

梁启超“无义”之说之所以不能接受，不仅仅因为“无闻”与“不同义”之间的比例问题，不仅仅因为“失记”所指的是“事”而非“义”，也不仅仅因为以“口授相传”解释“无闻”还有难以释疑之处，更在于没有证据显示“失记”导致“不同义”的产生。即使《春秋》的内容（先不问是“义”抑或“事”）在传述过程中有所遗漏，也不见得不同作品由此各有不同的“义”。为了说明这一点，不妨对比一下《穀梁》对《公羊》评以“无闻焉尔”的经文有何见解，且看以下3例：

［3］《穀梁》隐二年传：“或曰：纪子伯莒子而与之盟。或曰：年同爵同，故纪子以伯先也。”

［4］《穀梁》桓十四年传：“夏五，传疑也。”

［5］《穀梁》文十四年传：“其曰子哀，失之也。”〔190〕

例［3］两言“或曰”，列举两种对“纪子伯”的不同解释，足见《穀梁》经师对这个问题没有定见，此与“无闻焉尔”虽不相同，却不无可通。例［4］言“传疑”，与例［1］观点接近。例［5］的“失之”，不清楚是失其氏族或不知其名，〔191〕但《穀梁》对“子哀”的解释，由于不知他是什么人，与例［2］观点接近。综合这三例可见，《穀梁》持论与《公羊》大同小异，二传的观点产生差异，不是“先师失其义”所致。

2.“有其义尚能记，而不能记其属于何经”之说

除了“失记”外，梁启超认为“口说之《春秋》”还有“有

---

〔190〕《穀梁注疏》卷1，页11；卷4，页53；卷11，页180。

〔191〕周何：《新译春秋穀梁传》上册，页566。

其义尚能记，而不能记其属于何经”的问题。他的立论依据主要是以下一则经传。桓九年经：“冬，曹伯使其世子射姑来朝。”《公羊》云：“诸侯来曰朝，此世子也，其言朝何？《春秋》有讥父老子代从政者，则未知其在齐与？曹与？”〔192〕

结合没有划底线的部分一起阅读，可以知道《公羊》解经的重点，是说明“来朝”的异常性。正常情况下，“朝”只能是诸侯朝见之辞，《公羊》隐十一年传：“诸侯来曰朝，大夫来曰聘。”〔193〕射姑既是曹国世子，只相当于大夫，他到鲁国来，宜曰“聘”。经文用“朝”而非“聘”，已涵蕴世子到鲁国来，是比照曹伯的规格。《穀梁》桓九年传：“使世子伉诸侯之礼而来朝，曹伯失正矣。”〔194〕这是认为射姑以世子而采用诸侯之礼，由此断定曹伯“失正”。

相比之下，《公羊》却有些迟疑，表示这有可能是属于“讥父老子代从政”的观点，但不知道是发生在齐国抑或曹国。这是出于比较慎重的考虑。桓十年经：“春，王正月庚申，曹伯终生卒。”曹伯之死，上距射姑之朝，不过一季。可以合乎情理地想象，射姑朝鲁之时，曹伯年迈患病，不宜出行，故以射姑代为从政。然而《公羊》没有因此断定射姑朝鲁必属“父老子代从政”的事例。“《春秋》有讥父老子代从政者”，此“《春秋》”不是指孔子所修的《春秋》，经中没有指代“父老子代从政”的文辞，故宜理解为“旧说孔子《春秋》者之语”。有关这一点，于鬯已有剖白：“若以桓九年传之《春秋》亦为指孔子之《春秋》，则其言成何义乎？”〔195〕对于“父老子代从政”的“旧说”，《公羊》没有简单地接受或否定，

---

〔192〕《公羊注疏》卷5，页94。
〔193〕《公羊注疏》卷3，页64。
〔194〕《穀梁注疏》卷4，页47。
〔195〕于鬯：《香草校书》卷49，页991。

而是继续“阙疑”，不作强解，故表示不知“其在齐与？曹与？”。这是明知曹伯随后逝世，仍觉得相关经文仍非充足的证据，所以射姑来朝未必属于“父老子代从政”。“齐与？曹与？”之问，就是努力保持开放性，认为除了曹世子以外，齐国也有可能出现“父老子代从政”之事，故依违二说，不把话说死。

必须指出，《公羊》以“A与？B与？”的句式表示己之“未知”，都是特指某一疑问。在此，不妨多举2例：

[1]《公羊》襄二年传：“齐姜者何？齐姜与缪姜，则未知其为宣夫人与？成夫人与？”

[2]《公羊》昭三十一年传：“当邾娄颜之时，邾娄女有为鲁夫人者，则未知其为武公与？懿公与？”[196]

例［1］问到齐姜是谁，而《公羊》表示不知道她是宣公夫人抑或成公夫人。例［2］涉及邾娄公主成为鲁国夫人，但不清楚是武公抑或懿公的夫人。这里的“未知”都是专指相关事情的认识。例［1］和［2］的疑问，都是涉及特定时期的鲁国夫人，不能据此二例推说周代其他诸侯的配偶也有如此疑问。

同样的道理，“齐与？曹与？”之问也是专指而非泛指。《公羊》桓九年传“《春秋》有讥父老子代从政者”，其句式为“《春秋》有X者”，全传惟此一例。也就是说，令《公羊》没有把握、不知归属何在的“旧说”也是惟此一例，没有其他。“未知”所涉及的“A与？B与？”都是针对具体问题而言，不能说《公》《穀》二传的其他内容皆是如此。除了“讥父老子代从政”外，其他《春秋》经师所述的观点，《公羊》皆无“不能记其属于何经”的情况。因此，梁启超主张引而申之，推广“A与？B与？”的疑问应用到其

---

〔196〕《公羊注疏》卷19，页415；卷24，页538。

他经传之上，就是把“未知”所指代的东西，由某一特定的对象化为各种各样的思想主张。

由于“未知”的东西还有许多，所以在梁启超看来，“口说之《春秋》”乍看来“不同义”的地方，都是像“齐与？曹与？”的疑问那样，仅是经师口授相传之时忘了该系于哪里的缘故所致。他相信，只要明白这一点，就能理解“《公》《穀》同经异义”的缘故。用作范例的是对隐元年“元年，春，王正月”的理解。《公羊》贤隐公让国，《穀梁》则批判隐公“不正”，梁启超认为这里的分歧，原因是经师不知“大居正”的主张归属哪一则经文，导致《公羊》以“大居正”之义批判宋宣公让国之事，而《穀梁》以“大居正”之义指责隐公的错误。据此，梁启超解释二传“同经异义”的原因。然而，他对《穀梁》存在严重的误解。为了方便说明，以下引录3则经传：

[3] 隐元年经：“元年，春，王正月。”《穀梁》云：“虽无事，必举正月，谨始也。公何以不言即位？成公志也。焉成之？言君之不取为公也。君之不取为公，何也？将以让桓也。让桓正乎？曰：不正。《春秋》成人之美，不成人之恶。隐不正而成之，何也？将以恶桓也。其恶桓，何也？隐将让而桓弑之，则桓恶矣。桓弑而隐让，则隐善矣。善则其不正焉，何也？《春秋》贵义而不贵惠，信道而不信邪，孝子扬父之美，不扬父之恶。先君之欲与桓，非正也，邪也。虽然，既胜其邪心以与隐矣，已探先君之邪志，而遂以与桓，则是成父之恶也。兄弟，天伦也。为子受之父，为诸侯受之君，已废天伦，而忘君父，以行小惠，曰：小道也。若隐者，可谓轻千乘之国，蹈道则未也。”

[4] 隐三年经：“八月庚辰，宋公和卒。”《穀梁》云：“诸侯日卒，正也。”

[5] 隐三年经："癸未，葬宋缪公。"《穀梁》云："日葬，故也，危不得葬也。"[197]

例 [3] 是对经文不载"公即位"作出解释，认为鲁隐公表明将来让位于弟弟鲁桓公，是"不正"。这里的重点，是区分"善"与"正"两个概念；而《穀梁》刻划鲁隐公虽"善"却"成父之恶"的吊诡性。传中的"正""非正"和"不正"，都是形容词，是对相关行为的评价，而"大居正"的"正"因以"居"言之，故必是名词，大概相当于正统之位。无论如何，《穀梁》没有"大居正"的说法，也从未颂扬不符合正常继嗣方式的让国行为，也没有因让国而贤其人。[198] 梁启超说《穀梁》以"大居正"之义解隐公之事"，已反映这是以《公羊》为本位的思考结果。《穀梁》批判鲁隐公的观点，与《公羊》批判宋宣公的观点，本来是两套不同的想法，梁启超硬要说这是采用"大居正"之义，完全不顾《穀梁》的内在思路，削足适履，莫过于此。

前已论及，《公羊》"大居正"的观点，是根据宋国内乱的叙事而发，"故君子"的用辞已反映后来政局影响了《公羊》对宣公传位的评价。[199] 换言之，结果之良窳，与宋国君位继承的合法性判断息息相关。相反，《穀梁》却非如此看待。例 [4] 指出经文记载宋缪公的死亡日期，意味他是合法的君主。这是《穀梁》说明诸侯的政治合法性的传例，而《公羊》绝非如此判断。大概是因为知道宋国君位传承方式不同，宋宣公纵有传弟不传子的做法，但没有令《穀梁》质疑宋缪公的合法性。例 [5] 有关"危不得葬"的判断，

---

[197] 《穀梁注疏》卷 1，页 2—3、15。

[198] 《穀梁》对让国问题的讨论，参阅拙著：《〈穀梁〉政治伦理探微》，页 17—175。

[199] 参阅本文"界说三"的讨论，页 117—19。

说明《穀梁》像《左》《公》一样，也知道后来内乱的发生，但这并不影响对宋宣传位的良好评价。[200] 在政治合法性的判断上，《公》《穀》的进路迥然不同，如何能说它们说的是同一套“大居正”之义？可是，梁启超无视二传之异，反而生搬硬套，模拟《公羊》之辞，声言“《春秋》有言大居正者，则未知在鲁与在宋与”，强《穀梁》以就《公羊》，以此解释“同经异义之故”，殊无可信之理。

当梁启超追问《公》《穀》二传之义“属于何经”时，目的是要证明“不同义”仅是表面的，只要像他的建议那样做，那些“异义”便能消融于无形，犹如对鲁隐公的评价那样，乍看来《公》《穀》矛盾，实际上是同一理论的不同应用而已。因此，他宣称只要列举和比较“异经而同义”，就可以理解“同经而异义”的缘故。但从他对“大居正”的讨论可知，这是一个过分乐观的论断。除此以外，《公》《穀》有许多不同的观点，是无法相互兼容的。比如说，在贤者的评论上，《穀梁》认为“得众”“通恩”“尊君”“使贤”四者皆是称贤的条件，但《公羊》绝无这些观点，哪里可以像梁启超所说的“遍举以比较之”便能得到圆满解释？又比如，《穀梁》解读具有“P杀Q及R”的经文，其中的R遍及孔父、仇牧、荀息、公子瑕、箕郑父、庆寅六例，先三人是因君弑而死，后三人是与臣子被杀而一同遇害。相反，《公羊》解读“P杀Q及R”的“杀”为“弑”，故只谈孔父、仇牧、荀息而不理会公子瑕、箕郑父、庆寅，思路与《穀梁》完全不同。[201] 要言之，二传观点有同有异，其异者之大，绝非所系之经不同所致。因此，梁启超

---

〔200〕《公》《穀》对宣缪二公的不同评价，参阅拙著：《〈穀梁〉政治伦理探微》，页63—70。

〔201〕有关称贤和死难的问题，参阅拙著：《〈穀梁〉政治伦理探微》，页176—256、595—866。

的建议完全经不起推敲，以此化解二传之异，必是缘木求鱼，徒劳无功。

“不同义”乃是自造的心障，无中生有。梁启超只要承认《公羊》《穀梁》《繁露》《解诂》和“先秦两汉诸儒所引《春秋》之义”是来自诸多不同的作者和作品，那么“不同义”就不成疑问。但问题在于，他始终不这么认为，反而努力希望读者相信真有“口说之《春秋》”一书，哪怕它们内部“不同义”也不管了。结果必然是左支右绌，愈辩愈牵强。

3. 取义编书的想法

必须明确指出，梁启超提出“《春秋》有三书”的说法，其实违反了解经的基本原则：把原来不属于经的东西当作经，把解读《春秋》或其传的作品（或言说）都视为《春秋》。他的编书计划已经充分说明这一点。由于相信“不同义”是可以清理和化解的，所以梁启超建议从“口说之《春秋》”的群书中摘取其“义”，一一列举，就可以得出一部纯以“义”为内容的专书。

在这一过程中，已被定性为“记号之《春秋》”的经文，原则上是不重要的，弃之亦不碍事，故曰“不必与经文相比附”。相反，因为剔除了经文的牵绊，“义”应该可以更清楚地阐明，故曰“益皭然无挂碍、无争辨”。可以窥见，《春秋》经文的地位已经大幅下降。相对于“义”的首要性，经文只是“文”，尤其是述事之“文”，殊不足贵。无论是“文”或“事”，“皆可作筌蹄之弃”。完全可以想象，至少在新编的“义”的作品中，有没有经文也无所谓。相反，原来解读《春秋》（或其传）的作品，因“口说之《春秋》”的定性，其言已属“经之精华”，享有不逊于（准确地说，是高于）经文的地位。

正常的学术研究，应该首先明确研究对象，例如要说明“A 没有说谎”，就应该充分地占有各种有关A的证据，诚实地审视和判断这些证据，以A的实际情况裁断不同证据是否可信。不看A而盲从B对A的介绍，是可疑的做法。这个简单的道理，以梁启超的聪明才智，哪有不懂之理？后来，他在《清代学术概论》比较惠派与戴派，便觉得惠派不如戴派的原因，在于盲从B而不知援A以正B的进路：“戴、段、二王之学，其所以特异于惠派者：惠派之治经也，如不通欧语之人读欧书，视译人为神圣，汉儒则其译人也，故信凭之不敢有所出入；戴派不然，对于译人不轻信焉，必求原文之正确然后即安。惠派所得，则断章零句，援古正后而已。戴派每发明一义例，则通诸群书而皆得其读。”[202]

很可惜，梁启超写作《界说》之时，没有把这一想法内化为自己的治学信念。上文的讨论已指出，《公羊》《穀梁》《繁露》《解诂》和“先秦两汉诸儒所引《春秋》之义”都是后于《春秋》、诠释《春秋》的作品，借用《清代学术概论》的说法，这些都是相当于“译人”，不等于也不能取代“原文”。可是，《界说》对“口说之《春秋》”的各种辩护，反映了梁启超正是相信“译人”而非“原文”，“昔日之我”正被“今日之我”所驳难，[203]尽管他自己没有意识到这一点。[204]

像梁启超这样的主张，在康有为师门和同道以外，大概没有多少《春秋》学者与之契合。专治《公羊》的学者不见得只重“口说”和“义”而不讲“文”和“事”。董仲舒不是这样思考，其对司马迁言及“其指数千”，无非是表示《春秋》记载和指示了很

---

[202] 梁启超：《清代学术概论》，页43。

[203] 这里借用了梁启超“不惜以今日之我难昔日之我”的名言，参阅《清代学术概论》，页86。

[204] 梁启超晚年反思今文学派及其限制，笔者另有专文处理，即《梁启超的双重标准》，于此不赘。

多东西，哪里是列举“义”而不讲经文？《繁露》申论经传内容，论义而不略其事，绝非如《界说》所言的取义然后“一一列出之”的做法。梁启超声称他建议所编的书，是董仲舒“作《繁露》之法”，实是无根之谈。由于他没有进一步展开讨论，在此不再深究其失。

界说七　《春秋》既借记号以明义，有时据事直书，恐其义不显明，故常变其词、变其实，以著其义。

《春秋繁露》云：“《春秋》之书事，时诡其实，以有避也；其书人，时易其名，以有讳也。”又曰：“说《春秋》者，入则诡辞，随其委曲，而后得之。”（俱《玉英篇》）或者疑焉，谓孔子作《春秋》以教万世，安有用诡之理？不知董子所谓诡者，乃诡变之诡，非诡诈之诡。篇中所述晋文、莒子、庆父、纪季诸条，语意甚明，皆谓变其文而已。故南海先生作《春秋变辞变实考》，以下发明董子之意，盖《春秋》之变文明义者，实多不胜举也。试举数例，如“元年，春，王正月”，本当书“公即位”也，孔子必变其辞而去之者，盖如是而后隐公让国之意始见也。“尹氏卒”本当如“刘卷卒”之例书其名，盖氏人所同也，卒人所独也。若不书名，知是何人。此实不可通晓。孔子必变其辞言尹氏者，盖如是而后其世世为卿之实始见也。似此之类，不可枚举。实则《春秋》一书之变文，十居七八，所以取其别异记号而已。世之瞀儒，辄以《左氏》之记载详博而疑《公羊》之简略错误。然则直疑《春秋》可耳，何必《公羊》哉？有人见演代数者，谓以甲加乙则为天，以乙减甲为地，乃大诧异，谓天地之为物，岂甲乙相加所能造成，因指演数者为诬辞也。吾见瞀儒之测《春秋》者，有类于是矣。

〔辨证〕

1.《繁露》"诡辞"之说

把《春秋》由两本变为三本，是欠缺依据的论断。梁启超也知道自己的主张不易取信于人，所以继续举证。为了说明《春秋》是"借记号以明义"，他又援引《春秋繁露》的观点。《玉英篇》云："难纪季曰：《春秋》之法，大夫不得用地。又曰：公子无去国之义。又曰：君子不避外难。纪季犯此三者，何以为贤？贤臣故盗地以下敌，弃君以避难乎？曰：贤者不为是。是故托贤于纪季，以见季之弗为也；纪季弗为，而纪侯使之可知矣。《春秋》之书事，时诡其实，以有避也；其书人，时易其名，以有讳也。故诡晋文得志之实以代讳，避致王也；诡莒子号，谓之人，避隐公也；易庆父之名，谓之仲孙；变盛谓之成，讳大恶也。然则说《春秋》者，入则诡辞，随其委曲，而后得之。今纪季受命乎君，而经书专，无善一名，而文见贤，此皆诡辞，不可不察。"〔205〕

梁启超引录的，仅是划有底线的部分，而他的结论是《春秋》"变文明义"的部分"实多不胜举"。此"变文明义"之说，按照梁启超的理解，是相当于"借记号以明义"。经文既是"记号之《春秋》"，"变文"就是制造"记号"。把"记号"与"义"划分为二物，是出自"《春秋》有三书"的构想。没有这一构想，是不能由"变文明义"推出"借记号以明义"的。就论证而言，梁启超仅说"变文明义"，是远远不够的。除非董仲舒所述，都带有梁启超所说的"记号"意识，或像《界说》所主张的把"事"与"义"对立起来，否则仅谈"变其词"或"变其实"等等，并不足以证明"借记号以明义"。

---

〔205〕 苏舆：《春秋繁露义证》卷3，页82—83。

回看《玉英篇》的语脉，篇中的答问主要是围绕着纪季因何为贤的疑问而发，涉及《公羊》一些解经意见。且看以下5例：

[1]《公羊》庄三年传："纪季者何？纪侯之弟也。何以不名？贤也。何贤乎纪季？服罪也。其服罪奈何？鲁子曰：'请后五庙以存姑妹。'"

[2]《公羊》僖十年传："然则曷为不言惠公之入？晋之不言出入者，踊为文公讳也。齐小白入于齐，则曷为不为桓公讳？桓公之享国也长，美见乎天下，故不为之讳本恶也。文公之享国也短，美未见乎天下，故为之讳本恶也。"

[3]隐八年经："九月辛卯，公及莒人盟于包来。"《公羊》云："公曷为与微者盟？称人则从不疑也。"何诂："从者，随从也，实莒子也。"

[4]闵元年经："冬，齐仲孙来。"《公羊》云："齐仲孙者何？公子庆父也。公子庆父，则曷为谓之齐仲孙？系之齐也。曷为系之齐？外之也。曷为外之？《春秋》为尊者讳，为亲者讳，为贤者讳。子女子曰：'以"春秋"为《春秋》，齐无仲孙，其诸吾仲孙与？'"

[5]庄八年经："夏，师及齐师围成，成降于齐师。"《公羊》云："成者何？盛也。盛，则曷为谓之成？讳灭同姓也。曷为不言降吾师？辟之也。"[206]

例[1]解释纪季在纪国灭亡前献地投齐之事，《公羊》认为纪季是贤者服罪，但董仲舒显然不满足于这一说法，故另觅解释，认为纪季本来不会这么做，完全是受命于纪侯而为之。为了证明《公羊》所言仅是"诡辞"，《玉英篇》指出《春秋》记人述事，屡有"诡其实"和"易其名"的做法，而[2]、[3]、[4]、[5]四例就

[206] 《公羊注疏》卷3，页60；卷6，页120；卷7，页135—36；卷9，页192；卷11，页226—27。

是“诡辞”的解说，其中涉及事件细节的梳理。

例［2］解释《春秋》为何没有记载回国夺位的晋惠公的“人”，而《公羊》解释是要预先为晋文公隐讳，并且指出晋文公享国比齐桓公更短，是导致经文讳前者而不讳后者的原因。在这里，董仲舒的解释与《公羊》不同。僖二十八年经：“公朝于王所。”《公羊》云：“天子在是，则曷为不言天子在是？不与致天子也。”[207] 晋文公在城濮战役后召周襄王，是不臣之举，而《公羊》对之本无“代讳”之意，故不以“人”记载晋文公的夺位，并非因其“得志”之故。

例［3］探究经中的“莒人”的身份，何休说这个“人”是莒公，其解与《繁露》相同，但二者与传略有不同。《公羊》仅说经文以“人”称之，意味他在跟从，但“从”的是什么，倒未具体说明。依传所述，即使“人”是莒公，鲁隐公也仅是被“从”的对象，而非需要隐讳的人。董仲舒说经文“莒人”之称，是“避隐公”，亦非传意。

例［4］指出“仲孙”实为鲁国弑君逆贼公子庆父，立论与《穀梁》大同小异。[208] 《公羊》交代“齐仲孙”这一称呼的由来，并以子女子之言兼备异说。董仲舒易名之说，信守传文，没有自己的发挥。

例［5］提醒读者，《春秋》之“成”为“盛”之讳辞，是为了隐讳鲁隐公灭同姓的罪恶。董仲舒“讳大恶”之论，亦是因袭传义，不烦冗述。

综观［2］、［3］、［4］、［5］四例，都是说经文有些用辞，寓

---

〔207〕《公羊注疏》卷 12，页 258。

〔208〕有关《穀梁》对“齐仲孙来”的解读，参阅拙著：《〈穀梁〉政治伦理探微》，页 748—59。

有一定的深意，董仲舒的《玉英篇》其中有些观点显然与《公羊》不合。但无论董仲舒的引证在多大程度上忠于《公羊》的原意，可以肯定的是，他所言的“诡辞”，不过是指经文有些异常的措辞，仅按字面意思解释，并不足以掌握经文深意之所在。这四例与例［1］一样，都是对经中的人和事作出说明：纪季服罪献地是纪侯指使；晋文公为何不言“人”；结盟的莒公称“莒人”；公子庆父回到鲁国称“齐仲孙”；被灭的“盛”易之为“成”。这些都涉及历史人物的身份及其所参与的事件，属于“事”的范围。董仲舒强调“不可不察”的，是这些“诡辞”及其所载的人和事件究竟是怎么回事，透过历史实情与经文用辞之间的对比，领略其中有何寓意。应该说，他之所以需要罗列“诡辞”，是因为他极端在乎“事”的史实性和可靠性。假如“事”并不重要，不妨以“筌蹄之弃”视之，那么董仲舒又何必计较纪季是否被纪侯差遣？说到底，《玉英》的“诡辞”不过是以相对曲折的用辞记录相关事件，并非一种抽象至极、像数学符号那样的东西，距离梁启超心中所设想的“记号”，其实还有无可逾越的隙缝。于此可知，由《玉英》推出“变其文”的发现，若是宽泛地用来形容“托贤于纪季”的思路，固无不可，但以此证明《春秋》“借记号以明义”，甚至进而支撑“记号之《春秋》”与“口说之《春秋》”的二分构想，却是万万不宜。

2.“变文明义”的举证

梁启超提及康有为《春秋变辞变实考》，因无文本传世，难以具体讨论。假如此书的内容大旨与《春秋笔削大义微言考》相同，估计其论证也未必有太大的说服力，因为前已述及，康有为修复旧史的工作效果极差，没有理由在弄清楚他的具体论点之前便相信此书能支持“借记号以明义”的论断。

在康书以外，梁启超引用了2个例子：

［1］隐元年经：“元年，春，王正月。”

梁启超认为孔子为了说明鲁隐公“让国之意”而剔除“公即位”三字，前文已有讨论。[209] 这里仅补充一句：说孔子“变其辞而去之”，只能证明“变文明义”而非“借记号以明义”。

［2］隐三年经：“夏，四月辛卯，尹氏卒。”

梁启超认为“尹氏”应该书名，如“刘卷卒”（定四年）之例，而“尹氏”的变辞是要透露“世世为卿之实”。对此，上文已有解读。《公羊》对氏与不氏等笔法，没有统一的通例；而“尹氏卒”为何不书名，亦非传义所在。[210]《公羊》对“尹氏”的解释是“讥世卿”，而非揭露“世世为卿之实”。《春秋》变文的深意，实乃反映历史事实，是“事”而非“义”。由于《公羊》被梁启超界定为“口说之《春秋》”，是“明义”而非“记事”的作品，此以“实”解经传之义，显然自我违戾。无论如何，梁启超对“尹氏卒”的解读，仅限于“变文明义”，还不能由此确证“借记号以明义”。

根据康有为《春秋变辞变实考》的书名，以及梁启超的两个例证，只能说明《春秋》有些“变文”，与“十居七八，所以取其别异记号而已”的目标，尚有遥远的距离。

3. 对“瞀儒”的批判

“瞀儒”一词，出自《荀子·非十二子篇》，内云：“世俗之沟犹瞀儒，嚾嚾然不知其所非也，遂受而传之。”[211] 这是指责子思、孟轲等儒者愚昧无知，没有自己的判断力而盲目传述。后世文人往往以“瞀儒”描述那些妄解经义而不知自己有误的儒生，例如龚自珍《古史钩沉论二》云：“瞀儒序《诗》，以断章为初指，以讽谏为

〔209〕 参阅“界说五”的讨论，页139—45。
〔210〕 参阅“界说三”的讨论，页114—16。
〔211〕 王先谦：《荀子集解》卷3，页94—95。

本义，以歌者为作者。”[212] 梁启超以“瞀儒”斥责“测《春秋》”的人，也是认定这些人对经义理解有误。然而，这些“瞀儒”指的是什么人呢？梁启超没有具体说明是谁，仅说他们“辄以《左氏》之记载详博而疑《公羊》之简略错误”。尽管外延对象不明，但在敌我界限的划分上已很清晰，就是坚守《公羊》，拒斥《左传》。

有关晚清知识分子的派性矛盾，于此暂不深究，但在此仅强调一点：不喜康学的人，不见得是因为《左传》的叙事。坚守《公》《穀》文本的学者，拒绝《界说》的观点，不是不可以的。像清代研治《穀梁》成就卓越的钟文烝，就说：“夫鲁史记之为信史也，其体严，其事重也。修之若无可修也，以义断之又甚难言也。”[213] 他和绝大多数《春秋》研究者一样，只看见未修与修后的二本《春秋》，哪有“记号”与“口说”之划分？他肯定不会接受“《春秋》有三书”的说法，而他立足于《穀梁》的观点，也不觉得《春秋》会主张改制之说，故说：“以三王循环之道说《春秋》，妄矣。”[214] 不支持康、梁对《春秋》的理解，不见得都是来自对《左传》的拥护。把问题化约为《左》《公》之争，在很大程度上掩盖了康、梁之说迥异于其他《春秋》学者的事实。

界说八 《春秋》之例，乃借以明义。义既明，则例不必泥。

《公羊》传注中，每以时、日、月为例，以书不书为例，以崩、薨、卒、葬为例。所以有例者何？取易于标识也。盖既借事以明义，惟事之种类有限，而义之差别无穷，恐其记号之易混也。故立为标识以表之，然后就此标识以为比例，则耳目较清焉耳。譬之算者，

---

[212] 龚自珍：《龚自珍全集》，页 23。
[213] 钟文烝：《论经》，载《春秋穀梁经传补注》上册，页 17。
[214] 钟文烝：《论经》，载《春秋穀梁经传补注》上册，页 17。

于未知之数命天元一以代之，然后一切数因其所命之天元一，以递加递减焉。《春秋》之各例，犹天元一也。命天元一，所以待加减；设各例，所以待变。例者，无不变者也。使其不变，则无所用其例矣。故董子曰："《春秋》无达例也。"算者之立法，所以求数。既得其数，则法为筌蹄矣。《春秋》之立例，所以求义也。既得其义，则例为筌蹄矣。故《左传》家之蔽于事，《公羊》家之蔽于例，一也。吾今教学者，以检对数表之法教学者，以用算尺之法，但一开卷、一展尺而诸数毕具焉。虽不明法者，亦能得其数矣。将《春秋》之大义一一条而列出之，虽不明例者，亦能得其义矣。然后以余力推求圣人所以立此义之故，而据而施之实用。此乃真孔子作《春秋》之意也，以视拘于文、局于事、滞于例者，其所得何如矣！

〔辨证〕

1. 如何理解"《春秋》无达例"?

接下来，梁启超把批判的矛头转过来，指向过去《公羊》学者受"例"妨碍的错误，认为这与《左传》学者只注意"事"一样，皆非正确认识《春秋》的做法，故曰"《左传》家之蔽于事，《公羊》家之蔽于例，一也"。前文已指出，诸如杜预等《左传》学者也有看重"义"的各种观点，仅以"蔽于事"来概括《左传》学者，乃是派性立场作祟，不必再辩。以下，将会集中讨论梁启超如何批评"蔽于例"。

为了证明"例"是可弃之物，梁启超主要是诉诸董仲舒"《春秋》无达例"之说。首先需要指出的是，这在不同的文献来源上，容有不同的措辞。苏舆注本《春秋繁露·精华》云："难晋事者曰：'《春秋》之法，未踰年之君称子，盖人心之正也，至里克杀奚齐，避此正辞，而称君之子，何也?'曰：'所闻《诗》无达诂，《易》无达占，《春秋》无达辞。从变从义，而一以奉人。仁人录其同姓之祸，固宜异操。晋，《春秋》之同姓也，骊姬一谋，而三君死之，天下之所共痛也，本其所为为之者，蔽于所欲得位，而不见其难也。《春秋》疾其所蔽，故去其正辞，徒言君之子而已。若谓奚齐曰："嘻嘻！为大国君之子，富贵足矣，何必以兄之位为欲居之，以至此乎云尔！"录所痛之辞也。故痛之中有痛，无罪而受其死者，申生、奚齐、卓子是也；恶之中有恶者，己立之，己杀之，不得如他臣之弑君，齐公子商人是也。故晋祸痛而齐祸重，《春秋》伤痛而敦重，是以夺晋子继位之辞，与齐子成君之号，详见之也。'"〔215〕

"《诗》无达诂，《易》无达占，《春秋》无达辞"是董仲舒所习闻的成说，而《困学纪闻》作"《易》无达吉，《诗》无达诂，《春秋》无达例"，〔216〕而《说苑·奉使》则云："传曰：'《诗》无通诂，《易》无通吉，《春秋》无通义。'此之谓也。"〔217〕此"传"未知确指何书，与《繁露》所语有何内在关系，在更多的证据面世前，也不好轻率判断。"达辞""通义""通例"三者，在字面意思上看，似乎不像是同一措辞。但就《精华篇》中的答问来看，谈论的对象还是足够清晰的。"难晋事者"主要是对奚齐的称谓提出疑问。《春秋》记载继位之君，在先君逝世的那一年间，一般的称谓是"子"，迄至过年以后，方才采用"公"的称谓。《公羊》庄三十二年传："君存称世子，君薨称子某，既葬称子，逾年称公。"〔218〕这是《公羊》概括经中嗣君的通则。然而僖九年经："冬，晋里克弑其君之子奚齐。"以"其君之子"称未逾年之君，全经仅此一例。《公羊》解释说："此未逾年之君，其言弑其君之子奚齐何？杀未逾

〔215〕 苏舆：《春秋繁露义证》卷 3，页 94—96。
〔216〕 王应麟：《困学纪闻（全校本）》卷 6，页 757。
〔217〕 向宗鲁：《说苑校证》卷 12，页 293。
〔218〕《公羊注疏》卷 9，页 188—89。

年君之号也。"[219] 由于"其君之子"是经中孤例，而《公羊》又没有直面"其君之子"的句式作出详尽解释，所以此传仅言"杀未逾年君之号"，乍看来，似乎与"既葬称子"扞格不入。[220] 究竟《公羊》出于什么考虑而有此主张，不得而知。显而易见的是，董仲舒自己感到这是一个需要详加说明的难点。而他的解释，基本上是在《公羊》以外另作发挥：先是强调这是"同姓之祸"，又批判骊姬的阴谋"蔽于所欲得位"，认为奚齐居兄位的不是，情形与其他臣下弑君不同，所以不用"子"而言"其君之子"。

从上述的答问可知，董仲舒之所以援引"《春秋》无达例（辞）"作为论说的依据，主要是要化解"既葬称子"与"其君之子"之间的矛盾。"既葬称子"是《公羊》规定的通则，而"其君之子"则是这一通则以外的特例。董仲舒没有否弃"既葬称子"作为通则的有效性，他的整个论说都在解释"其君之子"作为特例出现在经中的缘故。梁启超所说的"例"，相当于《精华》所谈的"正辞"，主要指《公羊》所规定的解经通则。"《春秋》无达例（辞）"的提出，是兼顾和解释通则以外（或曰貌似与通则矛盾）的特殊用辞，并不涵蕴"例"作为概括经义的通则已经失效，或予以放弃亦无不可。在此，陆佃的理解颇为到位，他在谈论《春秋》写作的时候，这么说："其设方立例，不可以一方求，亦不可以多方得。譬如天文森布，一衡一缩，各有条理，久视而益明。《易》曰：'化而裁之存乎变，推而行之存乎通，神而明之存乎其人。'岂独《易》也哉？故曰：'《诗》无达诂，《易》无达吉，《春秋》无达例。'要在变而通之焉耳。"[221]

---

[219] 《公羊注疏》卷11，页224。
[220] 有关"其君之子"的解读，参阅拙著：《〈穀梁〉政治伦理探微》，页225—31。
[221] 陆佃：《陶山集》卷12，页154。

“变而通之”，是在判断层面上保留灵活性，承认有些特殊情况不能囊括在通则之内，像董仲舒释“其君之子”就是“变而通之”的表现。在这一点上，陆粲具有精到的发挥：“昔之君子有言：‘《春秋》无达例。’如以例言，则有时而穷矣。惟其有时而穷也，是故求其说而不可得，从而为之辞。”〔222〕意思很清楚，“例”在某些特定的情况下，不能解释经中措辞的所以然。像《公羊》对“其君之子”的解读，仅是指出奚齐是未逾年之君，而为什么不称子的疑问还未消除。陆粲“从而为之辞”一语，已点明董仲舒不得不作出补充说明的必要性。

要注意的是，《春秋》用辞的变化，也许超出“例”的樊篱，但这不等于“例”可被扬弃，也不意味“例”怎么变都可以。但自唐宋以降，因为逆反过去三传经师的心态，认定《春秋》没有“例”的意见开始浮现。赵汸在检讨经文用辞异同的书例时，说：“其知者以为文理密察，足以有别也。其不知者，谓之无达例而已。”〔223〕读此可知，董仲舒“《春秋》无达例”之语，在不知不觉间已被人用作否定通则的依据。有趣的是，梁启超的思路近于赵汸所批评的“不知者”。“例”不再是概括经文的通则，而是等待变化的东西：“例者，无不变者也。使其不变，则无所用其例矣。”在他眼中，“例”的变化是必然的。如果不变，就用不上这些“例”。

这与董仲舒乃至许多《春秋》学者所理解的“例”，存在莫大的差距。无论是“达辞”“通义”抑或“通例”，基本上都是围绕经文措辞而言，大概是对经文的某些用辞习惯作出一定程度的归纳。这一归纳在既定的范围内，既有足够数目为其例证，又是相对确定的，很难说它们都要等待变化的来临才能用上。为了说明这一点，

---

〔222〕 陆粲：《春秋胡氏传辨疑》卷上，页765。
〔223〕 赵汸：《春秋属辞》卷10，页667。

以下姑举2例：

[1] 隐六年经："秋，七月。"《公羊》云："此无事，何以书？《春秋》虽无事，首时过，则书。首时过，则何以书？《春秋》编年，四时具，然后为年。"

[2] 桓二年经："春，王正月戊申，宋督弑其君与夷及其大夫孔父。"《公羊》云："及者何？累也。"[224]

例［1］指出当时无事发生，解释经文记载的原因。其中"编年，四时具，然后为年"，就是展示《春秋》作为编年史的体例，必须纪录四季。这一叙事通则，具有高度的概括性，很难说有什么等待变化的必然性。例［2］是解释"P弑Q及R"，《公羊》认定其中的"及"字带有"累"义，这是概括弑君言及的通则。此一传例，同样可以适用于其他因弑君而被杀的臣子，包括仇牧（庄十二年）、荀息（僖十年）二人。[225] 就《公羊》所解读的经文而言，因"弑""杀"已分为二字，故传中只谈及这三例，没有其他。[226] 因此，《公羊》以"累"解"及"，已穷尽所有在弑君时受到连累的臣子，再无别的变例。

上述2个例子已经表明，不是所有"例"都"无不变"。根据《公羊》的解经意见，也可以轻易找出没有"变"的"例"。因此，对"《春秋》无达例（辞）"的合理解读，是承认《春秋》有些文辞可依其用法而被归括为若干通则，但这些通则的适用性是否遍及全经，需要具体问题具体分析。有些通则存在特例，有些不存在。像梁启超那样断言"例"之必有变化，其实是未认真审度《公羊》

[224] 《公羊注疏》卷3，页54；卷4，页70。

[225] 《公羊注疏》卷7，页147—48；卷11，页225。

[226] 假如没有"弑""杀"之分，只有"P杀Q及R"的句式，除孔父、仇牧、荀息外，还得谈及公子瑕、箕郑父、庆寅三人。有关这个问题，参阅拙著：《〈穀梁〉政治伦理探微》，页176—256、351—60。

全传而妄下的结论。

2. 例≠天元一

无论如何理解“《春秋》无达例（辞）”之意，希望在经文中寻找其用辞的通则，一直是《春秋》研究的重要进路。远的不说，仅以清中叶为限，就有刘逢禄《春秋公羊经何氏释例》、许桂林《春秋穀梁传时月日书法释例》、张应昌《春秋属辞辨例编》诸书面世。为什么这些学者都在积极探讨《春秋》的“例”？说实在的，“例”的觅得、归纳、辨析，乃是对不同经文进行比较和分类，属于“属辞比事”的工作。把握传例，是理解三传如何解读经义的重要窍门。须知道，三传的覆盖范围不及全经，其解经意见却不仅限于已发传的部分，往往适用于同类措辞的其他经文。以下姑举3例：

[1] 宣四年经：“夏，六月乙酉，郑公子归生弑其君夷。”《左传》云：“凡弑君，称君，君无道也；称臣，臣之罪也。”杜注：“称君，谓唯书君名而称国以弑，言众所共绝也。称臣者，谓书弑者之名以示来世，终为不义。”

[2] 僖五年经：“公及齐侯、宋公、陈侯、卫侯、郑伯、许男、曹伯会王世子于首戴。秋，八月，诸侯盟于首戴。”《公羊》云：“诸侯何以不序？一事而再见者，前目而后凡也。”

[3]《穀梁》隐元年传：“大夫日卒，正也；不日卒，恶也。”钟文烝《补注》云：“此传发通例也。”[227]

例［1］指出凡是臣弑君的经文，仅是记载君主之名，往往是显示君主无道，而当经文提及臣子之名，就是要揭露臣子的罪过。此说在经中不乏旁证，如成十八年“庚申，晋弑其君州蒲”，就是批判滥杀臣下的晋厉公；又如庄八年“冬，十有一月癸未，齐无知

[227] 《左传正义》卷21，页606—07。《公羊注疏》卷10，页217。《穀梁注疏》卷1，页8。钟文烝：《春秋穀梁经传补注》卷1，页17。

弑其君诸儿”，就是揭露无知弑君夺位之罪。例［2］记载八月首戴之盟，仅言“诸侯”，据《公羊》解释，这是因为记载首戴之会时，已列举齐侯、宋公、陈侯、卫侯、郑伯、许男、曹伯、王世子之名，故不一一再书。这一传例也可以适用于没有发传的其他经文，仅以僖公期间为限，便有7则经文记载“诸侯”前列举了相关君主之名（僖六年、僖九年、僖十五年、僖二十一年、僖二十七年、僖二十八年2例），符合“前目而后凡”的通则。例［3］指出经文是否记载大夫死亡的日期，反映他是“正”抑或“恶”的不同评价。《春秋》记载鲁国公族之卒共27例，基本上都可以透过《穀梁》这一传例得出合理的结论。〔228〕

以上3例所触及的内容，远多于发传之处。诸如此类的传例，在三传中还可以找到不少。没有这些传例，许多经文就没有相关的指引，其辞所指代的对象或所寄寓的意思也变得无所理解。例如庄三十二年经：“秋，七月癸巳，公子牙卒。”《穀梁》没有发传，如果按照例［3］“大夫日卒，正也”的传例，就可以知道真正符合《穀梁》的解释，是认为公子牙是“正”，援引《左》《公》有关公子牙谋反的叙事，并不符合《穀梁》的意旨。〔229〕传例可以使读者更透彻地掌握传文所持的解读原则，推敲一些没有传文讲解的经文该作如何理解。可是，梁启超对“例”只有攻击，完全漠视传例在指引经义上的作用。

之所以如此，原因相当明显，在于梁启超一直以数学公式的演算来拟想《春秋》的解读。这样比附数学的心态，使他相信《春秋》的“例”犹如数学符号一样，都是供人们容易“标识”之用。

〔228〕 有关这一传例的理解，参阅拙著：《〈穀梁〉政治伦理探微》，页774—81。
〔229〕 有关公子牙死亡书日的问题，参阅拙著：《〈穀梁〉政治伦理探微》，页716—26。

如上所述，梁启超所企慕的“义”是特指“天地公理”，而非经文的意思。是故他相信，《春秋》之所以有“例”，不过是因为“事之种类有限，而义之差别无穷”，有了记号就不易混淆，像数学符号一样，用作“比例”之用，可以使人看得明白，“耳目较清焉耳”。于是，解读《春秋》的“义”，活像是一种根据已知条件列出方程的过程。在这种数学化的构想中，“例”相当于未知数 x，即“天元一”。梁启超说“命天元一，所以待加减”，就是设某某为未知数 x，然后透过四则运算得出答案。

然而研究《春秋》的经义，也是类似的做法么？真的是“设各例，所以待变”？肯定不是。言其性质，三传学者所述的“例”不是未知数 x，而是对经文用辞的某些属性加以概括。这不是根据某种一般原理而作出的演绎，而是对已知事物的归纳。比如说，《公羊》以“累”解“及”的传例，仅是针对其所解读的 3 则弑文，不能解释经中其他措辞，更遑论其他文献了。传中所指示的通则，与不能包括在通则中的特例，涉及《春秋》中不同的文辞，都在经师眼前的文本中，有目共睹，不是需要推算方知答案的未知数。把“例”拟想为“天元一”，是说不通的。如上所述，对“《春秋》无达例”的恰当理解，该是正视一些“例”以外，还有例外情况，需要另作解说，并非“例”是有待变化的东西。由于梁启超想象“例”的使用相当于数学公式的演算，因此他所理解的“变”更像是经过演算后的答案。然而，《春秋》中“其君之子”肯定不是由“子”或其他措辞的演算而得出的。

3. 天元一≠法

据梁启超之意，“蔽于例”与“蔽于事”同样是不可取的。“例”是对经文用辞的归纳，而“事”是经文记述的内容。对“例”和“事”的轻视，其实也是对经文的轻视，因为自始至终，他也不认为《春秋》文本是真正重要的东西。只有“义”才是最重要的，而“事”与“例”都是可弃的“筌蹄”。为了说明这一点，他表示数学家为了“求数”而设立“法”，只要求得其数，就可以扬弃相关的“法”。同样的情况，是《春秋》的“例”。他认为“例”仅是为“求义”而设立的工具，只要求得其义，就可以扬弃相关的“例”。以“例”比况“法”，不知不觉间，已出现了语意飘移的毛病。当梁启超以“天元一”比拟“例”时，因“天元一”相当于未知数x，故他是把“例”当作未知数。但他又以“法”比拟“例”，而“法”相当于数学公式，故他是把“例”当作公式。可是，梁启超不曾注意“天元一”与“法”实为不同内涵的二物。

仅就“天元一”与“法”二者而言，“法”在某程度上更接近“例”的本义，因为无论谈的什么内容，“例”所讲的都是某一措辞指代某物，或涵蕴某一道理，涉及多个变项之间的关系。至于“天元一”，意谓单一的未知数，大概不触及数学公式也可以有未知数的出现。故梁启超以“天元一”解“例”，多多少少见证了他的认识谬误。以“记号”来理解《春秋》经文，其实制造了不必要的认识障碍。

4. 检对数表的教学法

为了证明“蔽于例”的不必要，梁启超建议采用检查“对数表”的方法来求取《春秋》的“义”。不清楚他心中所想的“对数表”是哪一类型，但常用对数表是指通过计算得出从1开始各个整数的常用对数，所编排成的表格。查表所得数值，不一定精确，而是具有一定误差。不过，梁启超觉得这是一个不用懂得公式亦能得出答案的快捷办法，值得《春秋》学者研习。按照他的建议，只要先将《春秋》的“大义”一条一条地列出来，读者据之检索，就能迅速掌握“义”是什么东西，不懂“例”也无关系。

说穿了，对数表与梁启超建议编写的书一样，都是速成的快捷方式：前者使得“虽不明法者，亦能得其数矣”；后者使得“虽不明例者，亦能得其义矣”。有了这样一部方便检查的书，学者要掌握《春秋》之“义”，研治“例”的工作已变得费时和多余。既然对“义”的认识已不成问题，那就要设法将之应用，尤其考虑到晚清危亡急迫的局势。因此，梁启超认为学者应该“以余力推求圣人所以立此义之故，而据而施之实用”。

然则，如何才能做到这一步呢？肯定不是回到经传之中，因为那就会重走“拘于文、局于事、滞于例”的旧路。就梁启超当时的教学实践而言，实际上是个人的自由发挥。后来，他回顾在时务学堂讲授《公羊》《孟子》时，就这么说：“所言皆当时一派之民权论，又多言清代故实，胪举失政，盛倡革命。其论学术，则自荀卿以下汉、唐、宋、明、清学者，掊击无完肤。”〔230〕读之推想，当知梁启超教学时，并非紧扣经文，而是任随己意，自由发挥。这种立言作风，他相信比起那些囿于“文”“事”“例”的人更高明，也更符合圣人之意，自负地道：“此乃真孔子作《春秋》之意也。”

当时陈庆年对康有为嘱梁启超所作的《读书分月课程》有以下的观察：“专以速化诱新学，谓六个月即可成通儒。”〔231〕这是囊括经、史、子、理学、西学五部分的教学纲领，而《春秋》大概仅是“经”的一部分内容，自然容不得拖拉，也不必细读经传。明乎此，就很容易了解为什么采用“对数表”的教学法。反正是对“义”的自由发挥，说的是否高深且勿论，最重要的就是快！

---

〔230〕 梁启超：《清代学术概论》，页85。

〔231〕 茅海建：《戊戌变法的另面：“张之洞档案”阅读笔记》，页28。

界说九　《春秋》立三世之义，以明往古来今天地万物之递进之理，为孔子范围万世之精意。

《春秋》分十二公为三等，有见、有闻、有传闻。隐、桓、庄、闵、僖为所传闻世，亦谓之据乱世；文、宣、成、襄为所闻世，亦谓之升平世；昭、定、哀为所见世，亦谓之太平世。读者疑焉，以为自隐迄哀，鲁滋削，天下滋乱，而谓之升平焉、太平焉，甚矣《春秋》之言诬而悖也。呜呼！《春秋》而果为记事之史，为当世之纪载也，则吾谓《春秋》真病狂之言可也。《春秋》者，所以治万世之天下也。凡天下万物之不能不变也，天理也，而日进于善也，天理而加之以人事也，由莓苔之世界变而进为海绒螺蛤之世界，由海绒螺蛤之世界变而进为大草大木之世界、飞鱼飞鼍之世界，由彼世界变而进为骨节脊袋动物之世界，由彼此界变而进为禽兽之世界，彼世界变而进为人类之世界。此其中有三世之理焉。以莓苔为据乱，则海绒其升平，草木其太平也；以草木为据乱，则禽兽其升平，人类其太平也。如是演之，不可纪极，由石刀期之世界变而进为铜刀期之世界，又变而进为铁刀期之世界。由打牲之世界变而进为游牧之世界，又变而进为种植之世界，又变而进为工商之世界，由不火食、不粒食之世界变而进为苗犁红番黑蛮之世界，又变而进为埃及、印度之世界。初辟时，中国洪水初平时之世界，又变而进为中国三代汉唐、西班牙、希腊、波斯、罗马之世界，又变而进为今日欧美各国之世界，此其中有三世之理焉。打牲为据乱世，则游牧其升平，种植其太平也。游牧为据乱世，则种植其升平，工商其太平也。而打牲以前，有不如打牲之世界，则打牲已为太平，工商以后更有进于工商之世界，则工商亦为据乱世。如是演之，亦不可纪极。要之，天地万物之情状，虽繁虽赜，而惟三世可以驭之，有大三世，有小三世，有前三世，有今三世，有后三世。佛经所谓“一多无碍”

“相入无碍”“相是无碍”，孔子所谓“万物并育而不相害，道并行而不相悖”者，其义皆在于三世。今且勿广论，至《春秋》所以分十二公为三世者，其意以为行《春秋》之制，则行之若干年可以拨乱，更行之若干年则可以进升平，更行之若干年则可以致太平云尔，岂谓当时果升平、果太平哉？夫董子之言曰：“鲁愈微，而《春秋》之化愈广，而《春秋》之文愈治。”盖升平、太平者，皆《春秋》之治效，而于鲁之国及当时之局，举无与也。故必知《春秋》托事明义之旨，然后于大义不致疑矣。问者曰：如子所言，世界日进于善，既为自然不易之理。然则，听其流转，必有致太平之一日。今必归《春秋》之治效，何也？曰：吾固言不能不变者，天理也。变而日进于善者，天理而加以人事也。积世积年，积人积智，凡天下事之成就，必经数百千年、数百千万人之智慧能力而始成也。积众生之智慧能力，久之而圣人出焉。圣人出而众人之智慧能力又增长焉。如是迭进以致文明，此教之所以足贵也。《春秋》致治之效，盖以此也。

〔辨证〕

1.“所传闻世、所闻世、所见世”与“据乱世、升平世、太平世”

梁启超认为《春秋》十二公划分了“三等”，或曰三个具有两种不同称呼的“世”：

① 所传闻世，亦谓之“据乱世”，包括隐、桓、庄、闵、僖五公；

② 所闻世，亦谓之“升平世”，包括文、宣、成、襄四公；

③ 所见世，亦谓之“太平世”，包括昭、定、哀三公。

以上分期，并非过去《公羊》经师皆如是观。隐元年经：“公子益师卒。”《公羊》云：“何以不日？远也。所见异辞，所闻异辞，所传闻异辞。”[232] 究竟哪些人、哪些时期属于“所见”“所闻”“所传闻”，容有不同诠释。《春秋繁露》有两种分期，[233] 其中一种载于《楚庄王》：“《春秋》分十二世以为三等，有见，有闻，有传闻。有见三世，有闻四世，有传闻五世。故哀、定、昭，君子之所见也；襄、成、宣、文，君子之所闻也；僖、闵、庄、桓、隐，君子之所传闻也。所见六十一年，所闻八十五年，所传闻九十六年。”[234]

梁启超所言主要根据上文划有底线的部分，但比较可知，《楚庄王》仅言“所见”“所闻”“所传闻”而非“所见世”“所闻世”“所传闻世”。审视原文，“世”是指鲁国君主的执政时间。凡是鲁公，不论在位时间多寡，长如僖公的33年，短如闵公的2年，各有一世。以“世”言“所见”“所闻”“所传闻”，非《繁露》本意。“所见”“所闻”“所传闻”的“所”字，是个指示代词，它与“见”“闻”“传闻”组成了三个名词性词组。由于这三个词组皆以“君子之……”发端，故在句式上已决定了这是说明君子“传闻”“闻”“见”的对象，而答案就是十二公。十二公就是十二公，不等于十二公的三个“世”。《楚庄王》之所以谈论“所见”“所闻”“所传闻”，目的本是辨析经文记事的详略：“于所见，微其辞；于所闻，痛其祸；于传闻，杀其恩，与情俱也。”[235] 这里的意思是时间愈近，用辞愈隐晦；时间愈远，恩情也愈消散淡薄。离开了记事的叙述原则，是无法理解“三等”为何如此区分的。而尽量贬低记事的重要性，则是《界说》的宗旨所在。

应该指出，以“世”称“所见”“所闻”“所传闻”，何休已经

---

〔232〕《公羊注疏》卷1，页25。
〔233〕有关《春秋繁露》的解读，参阅拙著：《〈经学通论〉辨证》，页271—74。
〔234〕苏舆：《春秋繁露义证》卷1，页9—10。
〔235〕苏舆：《春秋繁露义证》卷1，页10。

这么做了。当解释《公羊》隐元年传时，《解诂》这么说："所见者，谓昭、定、哀，已与父时事也。所闻者，谓文、宣、成、襄，王父时事也。所传闻者，谓隐、桓、庄、闵、僖，高祖、曾祖时事也……于所传闻之世，见治起于衰乱之中……于所闻之世，见治升平……至所见之世，著治大平。"[236] 虽然何休在"所传闻""所闻""所见"之后皆加以"之世"二字，但以上引文与《界说》有两个明显的差别：

(1)"据乱世"一词，于《解诂》本无典据。梁启超墨守康氏之说，致有此误。

(2)何休仅言"所见""所闻""所传闻"三者"之世"，而"治起于衰乱之中""治升平""治大平"讲的是"治"在三个不同时期的发展状况。换言之，"衰乱""升平""大平"都在形容"治"，而非"世"。[237] 梁启超说"据乱世""升平世""太平世"是"所传闻世""所闻世""所见世"的另一名称，故曰"亦谓之"。然而，何休实非如此论述。

就董、何以上两种说法而言，显然董比何更合《公羊》原意，而梁则更接近何多于董，尽管其引录之语出于《繁露》者较多。这里说梁、何的思想更接近，不意味梁墨守何。不管何休对"所传闻""所闻""所见"有何理解，但他始终是在着力解释这三者"异辞"的缘由。尽管论者可以质疑"分裂年岁，参差不同"[238] 的做法是否符合经义，但"异辞"确是《公羊》解经的重点所在，故何休仍在坚守《公羊》的进路。相反，梁启超仅言"三世"而不谈"异辞"，既不合《公羊》原意，亦违离董、何的思路。

---

[236] 《公羊注疏》卷1，页25—26。

[237] 有关何休《解诂》的解读，参阅拙著：《〈经学通论〉辨证》，页420—25。

[238] 此语是借用刘敞的批评意见，参阅《春秋权衡》卷8，页255。

2. 涉及“病狂之言”的论证

《繁露》和《解诂》之所以能够吸引康、梁师徒，主要是因为他们都想在传统文献中寻找类似进化论的思想资源，而董、何的观点乍看来可以用作中国文化也有相关主张的凭证。如上所论，照董、何的理解，“三等”或“三世”之说本是划分经文用辞习性的一种观点，但何休由“衰乱”而“升平”“大平”的进程，经过梁启超的理解，却变成指引历史发展的必然铁则。

这是近代世变下的一个思想缩影。求索新文明，却对本国传统丧失自信，因此不顾文本之间的差别，把本国典籍的内容拿来比拟和附会新潮，进而借题发挥。然而，说《春秋》载有进化论般的三世说，并不容易取信于学者。吕绍纲就说明了这方面的疑难：“其实，《春秋》根本没有什么据乱、升平、太平三世的意思。在孔子的心目中，整个春秋都是衰乱的时代，而且世道每况愈下，由礼乐征伐自诸侯出发展到自大夫出，乃至陪臣执国命。孔子对这‘天下无道’的景况明明是深恶痛绝的，怎么会把它视作升平、太平之世？纵然《春秋》有三世之分，何以将春秋最乱的昭、定、哀阶段目之为最理想的太平之世?”〔239〕

面对以上的质疑，近代以来《公羊》学者普遍采用“借事明义”的策略，皮锡瑞《经学通论》就是如此。〔240〕梁启超也不例外。在“界说八”中，他已说过“借事以明义”，而在这里则把问题化约为论证《春秋》是否“记事之史”。为了方便说明，以下先参看“换质位”的论证形式：

如果 P，那么 Q；

既然并非 Q，

〔239〕 吕绍纲：《何休公羊“三科九旨”浅议》，载《庚辰存稿》，页 329。

〔240〕 皮锡瑞“借事明义”的谬误，参阅拙著：《〈经学通论〉辨证》，页 323—430。

那么并非 P。

梁启超的推理，可以按照“换质位”的论证形式表述如下：

如果《春秋》是记事之史，是当世之纪载，那么《春秋》可说是病狂之言；

既然《春秋》不是病狂之言，

那么《春秋》就不是记事之史，不是当世之纪载。

假如不追查反证，以上论证似乎是对确的。在许多尊孔崇圣的儒者看来，自然不会认为《春秋》所述乃是“病狂之言”。但进一步推敲的话，便可发现以上论证是错误的，因为它的大前提毫不可信。为什么说《春秋》是“记事之史”和“当世之记载”，就会推出《春秋》是“病狂之言”？之所以引起这样的疑虑，无非是因为何休“衰乱”→“升平”→“大平”的叙述与春秋时期政治发展不能吻合。在这种论述中，何休的观点已经凌驾在《春秋》经文之上。借用《界说》的措辞来说，就是“口说之《春秋》”已被梁启超当作是真正的《春秋》——至少在梁启超提出“果为记事之史，为当世之纪载也”的诘问时，原来记述“事”、但仅属“记号”性质的经文无形中已丧失了应有的地位，仿佛不再是《春秋》似的。倘若不是把“记事”与“明义”对立起来，或不是按照“《春秋》有三书”的构想，把《春秋》分裂为“记号”与“口说”二者，其实完全可以得出不一样的认识：何休《解诂》的观点，只是后儒解经的个人心得。它不等同于《春秋》，也不是《春秋》的代言。诸如何休“三世”之类的说法，当遇到不符合历史实际的情况而遭到质疑时，对之进行辩护的最佳策略是寻找其论证的合理性，而不是把“三世”的主张当作《春秋》的内容。《春秋》就是《春秋》，《解诂》就是《解诂》，把自己诠释《解诂》的观点当作《春秋》的内容，是指鹿为马的做法。当梁启超声称反对“三世”的意见都是指责“《春秋》之言诬而悖”时，其实就是以他所谓“口说之《春秋》”偷换了原本的《春秋》，对成熟、有理智的人来说，不是可接受的。由此归纳，认为《春秋》是记事之史，与批判何休之言“诬而悖”，是可以兼容的。由后者推不出前者，不接受后者也得不出否证前者的结果。

尽管“病狂之言”的论证经不起推敲，但梁启超还是在驳斥“记事之史”的同时，有效地申张了改制之说。他说《春秋》之所以分为“三世”，是要展示“行《春秋》之制”的概况，让读者知道“行之若干年可以拨乱，更行之若干年则可以进升平，攻行之若干年则可以致太平云尔”。言下之意，就是把《春秋》当作实行改制的政治指引。这个说法，再次显示其与董、何的差距：“三等”或“三世”之说，原是区分经文“异辞”的一种视角。董、何二人皆未说过这是“行《春秋》之制”后若干时间将会到达什么地步。上述《楚庄王》已引述，“所见”计有 61 年，“所闻”85 年，“所传闻”96 年。[241] 这是按照十二公在位时间得出的统计数字，数字明确，毫不含糊，哪像梁启超所说的“若干年”那么笼统？《界说》之所以说得暧昧，就是因为不把“三等”或“三世”理解为具体时段所致。

3. 如何“范围万世”？

再次强调，梁启超“借事以明义”的“义”绝非经文之义，与经文是什么意思没有太大关系。他已说得非常清楚，这是“往古来今天地万物之递进之理”，外延所及，几近无所不包，自非经文内容所限。在他看来，“三世”之说，实乃“孔子范围万世之精意”。此“范围”是动词义，意谓限制、规管，如《易·系辞上》云：

[241] 比读“界说九”及《楚庄王》原文（载本章，页 190），梁启超显然没有引用“所见六十一年，所闻八十五年，所传闻九十六年”之语，不清楚这是故意抑或无心。

“范围天地之化而不过。”[242] 故“范围万世”与“治万世之天下”一样，此“治”与“范围”意义相通，都是要规管、约束世上万物。

为了印证“三世”之义能够“范围万世”，梁启超罗列了他所知道的一些生物进化和社会变迁的简单知识，并将不同的“世界”塞在“三世”的框架内：

据　乱	**升　平**	**太　平**
莓苔	海绒	草木
草木	禽兽	人类
?	?	打牲
打牲	游牧	种植
游牧	种植	工商
工商	?	?

简单浏览一下，以上表格所列的项目，屡有重复出现之处，如草木已在“太平”之中，也在“据乱”之中，又如打牲、工商亦是如此。按照他的理解，三世的划分是相对的，故打牲相对于“不如打牲之世界”已算是“太平”，而工商相对于“进于工商之世界”不过是“据乱”。然则，“不如打牲之世界”和“进于工商之世界”是什么呢？梁启超也没说清楚。还有，以下三个变迁的例子，该如何放在“三世”的框架中，他也没有相应的说明：

① 不火食、不粒食→苗犁红番黑蛮→埃及、印度；

② 中国洪水初平→三代汉唐；

③ 西班牙、希腊、波斯、罗马→今日欧美各国。

---

〔242〕《周易正义》卷7，页267。

究竟这三例如何体现“三世之理”？梁启超同样语焉不详。

不难感受，梁启超对“三世”的解说，并非扼要易明，对不同“世界”的界定相当随意，殊无严谨的操作性。虽然他认为“天地万物之情状”可以透过“三世”来“驭之”和“演之”，但究竟如何“驭”和“演”？却不得而知。而且，他对“三世”作出了进一步的区分，说是“有大三世，有小三世，有前三世，有今三世，有后三世”。到底“大三世”与“小三世”的界线何在？什么算“大”？什么算“小”？“前三世”“今三世”“后三世”的时限如何计算？没有说明。前已述及，梁启超对“三世”仅言“行之若干年”，究竟“若干年”是多长的时间？又是一个含糊至极的说法。

之所以论述模糊，是因为《春秋》经传本来就不是谈论“往古来今天地万物之递进之理”的。而梁启超对文献的“口说”或“记号”式理解，也不足以让他得到任何有用的线索，予以更具体和更细致的说明。这是援《公羊》以阐“递进之理”的必然困境。在此之前，康有为也是采用各种笼统的言说来阐述改制之理。在“三世”的理解上，同样是泛泛而谈。汪荣祖对此颇有识见：“康氏既亦受西方进化论之影响，自不以三世为特定之时间，每一阶段皆可分作无数之小阶段。整个而言，康亦以历史为一‘日进无疆’之过程。”[243]《界说》的“三世”主张，也可如此理解。

尽管论证粗略且漏洞重重，但《界说》所传递的思想信息是足够清晰的：不能不变！无论什么时间、什么地方，世界都在变化，都是往“善”的方向变化，这就是“天理”，而人们要做的事情，当然不是违反“天理”，而是推动“天理”的实现，“积世积年，积人积智”，务求世界“日进于善”。尽管清末中国危难重重，但梁启

---

〔243〕 汪荣祖：《晚清变法思想论丛》，页18—19。

超声言“三世”已确保未来将有“善”的结果，“必有致太平之一日”。以上观点，大概是他在湖南时务学堂向学生讲课的重点所在，故有学生郑宝坤问他，提及“读《界说》中意谓此三种世界，日变于善也”等语。〔244〕当时梁启超心目中的“太平”和“善”，其所指代的是西方文明的各种事物，实非《春秋》经传原有的内容。

4. “三世”的三项举证

为了支持“三世”之说，梁启超还有以下3则举例：

①《宗镜录》。梁启超所述的，涉及以下引文：“三、一多无碍。即此华叶，具无边德，不可言一。融无二相，不可言多。四、相入无碍。此一华叶舒已，遍入一切差别法中，复能摄取彼一切法，令入已内，是故即舒恒摄，同时无碍。五、相即无碍。此一华叶，必废己同他，举体全是彼一切法，而恒摄他同己，令彼一切，即是己体。是故己即是他，己不立。他即是己，他不存。他己存亡，同时显现。”〔245〕

《宗镜录》在诠释“一心”的过程中，大量引用《华严经》。“一多无碍”“相入无碍”“相是无碍”是华严宗“十无碍”的其中三种。其立说的重点，是讲述“一心”的妙用。经中明言：“若约教唯依一心而说，则何教而非心？何心非教？诸经通辩，皆以一心真法界为体。”〔246〕这是禅师援引华严宗义的思路，与《春秋》毫无关系。梁启超说“其义皆在于三世”，莫名其妙。

②《中庸》。原文是：“仲尼祖述尧舜，宪章文武，上律天时，下袭水土。辟如天地之无不持载，无不覆帱，辟如四时之错行，如日月之代明。万物并育而不相害，道并行而不相悖，小德川流，大

〔244〕徐涤珊编：《湖南时务学堂学生日记类钞》，页15、26。
〔245〕释延寿：《宗镜录》卷28，页326—27。
〔246〕释延寿：《宗镜录》卷35，页498。

德敦化，此天地之所以为大也。”〔247〕

《中庸》所述的观点，与“三世”毫无关系。以上引文，是在讲述孔子学习和跟随的对象，既包括尧、舜、文、武这些圣王，也包括天时、水土这些自然现象。朱熹解释说：“祖述者，远宗其道。宪章者，近守其法。律天时，法其自然之道。袭水土者，因其一定之理。”〔248〕显然，《中庸》对孔子的理解，并非康、梁所说的教主，谈的也不是“改制”之说。自两“辟如”以后，《中庸》所谈论的“天地之无不持载，无不覆帱”“四时之错行”“日月之代明”，都是以比喻的方式谈论“天时”和“水土”。“万物并育而不相害，道并行而不相悖”系于其后，亦复如此。整体而言，这段引文自“辟如”以后，都是概述《中庸》所理解的自然世界。既无“三世”的时间划分，亦无“世界日进于善”的说法。梁启超认为“万物并育而不相害，道并行而不相悖”的“义”在于“三世”，是毫无根据的论断。

③ 刘逢禄《公羊何氏释例》。其《张三世例》云：“鲁愈微，而《春秋》之化益广，内诸夏，不言鄙疆是也。世愈乱，而《春秋》之文益治，讥二名、西狩获麟是也。”〔249〕

在此，梁启超引文再次搞错了出处，以上划底线的部分是出自刘氏《释例》，不是他所说的“董子之言”。刘逢禄这一说法，是尝试调解经传与《解诂》之间的矛盾，努力证明“张三世”是符合经义的主张。然而，《公羊》没有“化益广”或“文愈治”之类的观点，而《释例》回护何诂的主张，在多大程度上可以接受，用作支持“托事明义之旨”的依据，亦是值得商酌的。〔250〕梁启超认为

〔247〕《礼记正义》卷53，页1459—60。
〔248〕朱熹：《四书章句集注》，页37。
〔249〕刘逢禄：《春秋公羊经何氏释例》卷1，页8—9。
〔250〕刘逢禄这方面的主张，参阅拙著：《〈经学通论〉辨证》，页406—15。

"升平"和"太平"都是"《春秋》之治效"，既不符合经传之意，刘逢禄也没有这么说。事实上，《公羊释例》还没有拥抱进化论的迹象。刘逢禄讲"张三世"，主要是强调循环性的变化，而没有"迭进以致文明"的终极目标："《春秋》起衰乱以近升平，由升平以极太平，尊亲至于凡有血气，而推原终始之运，正其端曰'元年，春，王正月，公即位'，著其成曰'西狩获麟'，故曰治不可恃。"[251] 也许，刘逢禄对治世不以为然，故有"治不可恃"的感怀。借用梁启超的语言来说，他的说法只不过是"不能不变"，但还没有"世界日进于善"的信心。《界说》不予辩说，以此证成"《春秋》之治效"，自无说服力可言。

界说十 《春秋》既为改制之书，故必托王以行天子之事。

《春秋》为孔子改制之书，第一条既言之矣。虽然，改制者天子之事也。"非天子，不议礼，不制度，不考文。"孔子布衣，何改制之云？孔子既思世乱之不可不救，公理之不可不明也，又思不尊不信，不信民弗从，虽言之无益也。故必有所假借以张治平，因行事而加王心，夫而后博深切明。托王者，冒天下之不韪，以救世乱而明公理，非大仁莫肯为也，故曰："罪我者，其惟《春秋》乎！"世之陋儒，范、杜之徒，乃谓从《公羊》之说，是孔子乃僭妄之尤，而导后世非分之冀也。岂知教主之盛德大业，岂屑与人主争尺寸之土？使我孔子而欲得天下也，则以摩哈默德之道行之，何求而不得？何欲而不成？其行一不义，杀一不辜而不为也。故垂空文以为教，犹复避制作之僭，记鲁史之文，此《中庸》所谓"为下不倍"也，曾何僭妄之可言？且教主之事，非流俗所可妄学也久矣，

〔251〕 刘逢禄：《春秋公羊经何氏释例》卷1，页9。

又何导后世觊觎之有焉？

〔辨证〕

1.“改制”的条件

虽然“界说一”已辩说孔子不是“僭妄”，但梁启超还是觉得有必要继续澄清“改制”没有危险性。令人觉得危险的，不在于变法，也不在于康、梁等人借用了孔子的权威，而在于“改制”必以“新王”行之。甲午战败以后，“变法”的声音在中国知识界高唱入云，这不是忌讳之事。张之洞从“中体西用”的进路出发，已指出当前法制可变的方向，故曰：“夫不可变者，伦纪也，非法制也；圣道也，非器械也；心术也，非工艺也。”〔252〕把法制与器械、工艺并举，就是强调允许法制改变的政治方针。

变法不涵蕴改制。不能因为康、梁推动法制改革而认定“改制”是惟一可取的选择。因此，梁启超必须解释“改制”何以成为他的变法工具。他显然知道没有统治地位的臣民，是没有“改制”的条件的。从他对《中庸》的片面引录，可见其思路之一斑。《中庸》的原文是：“非天子，不议礼，不制度，不考文。今天下车同轨，书同文，行同伦。虽有其位，苟无其德，不敢作礼乐焉；虽有其德，苟无其位，亦不敢作礼乐焉。”〔253〕

然而，梁启超只录头四句，说明改制是“天子之事”，然后反问身为“布衣”的孔子，为何还要“改制”呢？从下文的叙述可知，梁启超拿孔子作为挡箭牌，认为孔子“大仁”，故“托王以行天子之事”也是可以的。从文献的处理上，这一观点与《中庸》的原意相去甚远，因为《中庸》已明言“位”和“德”同属“作礼

〔252〕 张之洞：《劝学篇》，页179。有关《劝学篇》针对康、梁的背景介绍，参阅石文玉：《儒学道统与晚清社会制度变革》，页47—50。

〔253〕 《礼记正义》卷53，页1457。

乐”不可或缺的充要条件，不能偏废。孔子“大仁”而为“布衣”，属于“虽有其德，苟无其位”，岂有“作礼乐”的资格？依此类推，孔子作《春秋》也不宜视同“改制”之举。是故，梁启超引文避重就轻，任意切割文献，但若真正尊重《中庸》的语脉，其实没有理由接受他的推论。

2.“托王”的理由

将自己所企慕的理想（或改变现实的做法）说成经典固有之义，本是历代儒者常有之事，但以孔子作《春秋》为“托王以行天子之事”，却不符合一般儒者的惯常认知。不是要求变法，或凭恃孔子权威，便需要托王或改制。同样是要求变革，同样是孔子的信徒，也可以提出其他思想主张，为什么要“托王”呢？

梁启超尝试正面回答。他列举以下四个原因：

① 救世乱、明公理的思想关怀。在梁启超看来，《春秋》的写作是为了救世，不仅是救春秋时期的“世乱”，也是以后的“世乱”。按照他对“张三世”的理解，“据乱世”是相对于“升平世”和“太平世”、发生在它们以前的时期。“公理”就是“天地公理”，不是特指经义。“思世乱之不可不救，公理之不可不明”，若从梁启超所接受的进化论和康有为的教义出发，完全可以得出极有争议性的结论，因为《界说》以孔子为教主的一神论构想，未必是其他《春秋》学者可以接受的。但就字面上浮泛地看，说孔子作《春秋》是为了“救世乱”和“明公理”，放在当时“公理”泛滥而又缺乏共通标准的言说环境中，更像是一种人人都会讲而又懒于深究的流行习语。[254]

无论如何，仅是①不足以推出“托王”或“改制”的结论。想

---

〔254〕 有关晚清时期知识分子对“公理”缺乏理性审思，以致“公理”成了一个权威性象征符号，参阅马永康《清末社会政治中的“公理”言说》的结论部分。

“救世乱”和“明公理”，可以采用其他做法。原则上，①并非强有力的论证，因为它不是相关的要点（relevant point），说了也仅是多点行文修辞的作用，不能加强推论的逻辑性。梁启超说“托王”是“冒天下之不韪，以救世乱而明公理”，是拿一个大家不太在乎的背景，与一个有待经验佐证的判断扣上关系，亦是修辞意义大于论证意义，因为当“冒天下之不韪”欠缺足够证据时，“救世乱”和“明公理”的高论讲得再多也是徒然。

② 以尊信使民从的必要性。《春秋》之所以需要“托王”与“改制”，梁启超强调这是内在需要所致：“不尊不信，不信民弗从，虽言之无益也。”依此规定，“尊”是导致“信”的必要条件，而“信”是导致民“从”的必要条件。对此，梁启超没有举证说明，不知他是出于什么依据有此判断。但在孔子言行和著述条件两方面，却有明显的反例。

以下，先谈孔子的言行。在现行文献中似乎找不到任何可靠的记载说明孔子在写作《春秋》时怀有以“尊”致“信”，以“信”使民“从”的设想。仅以《论语》而言，对“尊”“信”和“民”的理解，实非如此。试看以下4例：

[1]《为政》：“子贡问君子。子曰：‘先行其言而后从之。’”

[2]《为政》：“哀公问曰：‘何为则民服？’孔子对曰：‘举直错诸枉，则民服；举枉错诸直，则民不服。’”

[3]《颜渊》：“子贡问政，子曰：‘足食，足兵，民信之矣。’子贡曰：‘必不得已而去，于斯三者何先？’曰：‘去兵。’子贡曰：‘必不得已而去，于斯二者何先？’曰：‘去食。自古皆有死，民无信不立。’”

[4]《子路》：“樊迟请学稼，子曰：‘吾不如老农。’请学为圃，曰：‘吾不如老圃。’樊迟出，子曰：‘小人哉，樊须也！上好礼，

则民莫敢不敬；上好义，则民莫敢不服；上好信，则民莫敢不用情。夫如是，则四方之民襁负其子而至矣，焉用稼？’ ”[255]

例［1］讲述如何成为君子，孔子认为要先对自己所说的话实行了，这不是自己先说了让人跟从。例［2］指出要做什么事使人民服从，重点是提拔的是正直的人抑或邪曲的人。民究竟是否服从，不是因为说的人有“尊”。例［3］是权衡食、兵、信的重要性，重点是维持人民的“信”，其中不涉及“不尊不信”的考虑。例［4］透过反驳樊迟学稼而剖析“上”与“民”的关系，孔子强调“上”如果“好礼”“好义”“好信”，“民”就不敢“不敬”“不服”“不用情”。“礼”“义”“信”三者绝不化约为“尊”。综合以上 4 例，不难发现《论语》对“尊”“信”和“民”的讨论，都是强调行为是否端正，而“尊”和“信”不是用以获得人民跟从的手段。

在著述条件上，梁氏“不尊不信，不信民弗从”的想法，已预设作家要取得受众的支持，其自身需要具有“尊”的条件；而在《界说》中，这也是孔子“托王”的所以然。如梁氏议，没有“尊”就没有“信”，也没有人民“从”的结果。不过，一部成功的政治作品，是否都需要先得到“尊”的首要条件呢？显然不是。别的不说，就拿“界说一”引为模范的著作为例，黄宗羲《明夷待访录》、王夫之《黄书》《噩梦》、冯桂芬《校邠庐抗议》都是梁启超视同“改制”的著作。然而，黄、王、冯三人是不是“尊”？如所周知，黄、王二人皆是清初遗民，终身不仕新朝。[256] 而冯桂芬

---

〔255〕《论语注疏》卷 2，页 20、23；卷 12，页 186；卷 13，页 201。

〔256〕这是从政治经历而言，若是就心理上的认同对象而言，像许多遗民一样，黄、王二人的态度还有进一步探究的空间，像黄宗羲屡有公然采用清帝年号之举，其对故明的政治忠诚，其实很有争议性，参阅姚念慈：《明遗民与清初碑传纪年——以黄宗羲为中心》，载《纪念王钟翰先生百年诞辰学术文集》，页 42—79。

在写作《抗议》之时，不过是李鸿章淮军幕下的一介幕僚，故俞樾亦慨叹其人怀才不遇："使先生大用于时，其所设施必将赫然为中兴名臣之冠，岂止于此而已哉?"[257] 冯桂芬与黄、王一样，都是民间著述，其人无"尊"可言，自也说不上因"尊"而"信"而使民"从"。同样，因"以布衣而著万国公法"而被梁启超推尊的格劳秀斯，其在形成成熟的政治思想之时，正值荷兰政局动荡，发生重大的宗教危机，不得不入狱、流亡，[258] 其国际法理论亦非借重于"托王"或类似的权威而使民遵从。

在言说中援引权威，以谋加强说服力，是常见之举，但采用"托王"以示"尊"而谋"信"的做法，却是罕见的。信服与否，在于说得有理，而非政治权势。借用刘士毅对诗人的歌颂，"劝惩之行，何必势位? 是以揄扬所及，不褒封而知荣焉；讥贬所加，不褫夺而知辱焉。"[259] 能够劝善惩恶的诸国诗作，可以不必依赖"势位"而得到孔子接纳为"三百篇"，为什么到了孔子自身创作时，便顾忌自己没有势位而非得拥有"托王"之"尊"? 编《诗》不遗微贱，作《春秋》却慕尊贵，始无所忌而终不敢肆，何可通也?

以上讨论已表明，梁启超"不尊不信，不信民弗从"的论断，既非一致之理，复欠缺基本的文献依据，本无所据，亦不可训。之所以这么申论，可能是希望读者包容和接受"托王"的做法。在梁启超看来，作《春秋》需要解决"不尊不信，不信民弗从"的问题，而托王改制是解决这个问题的一个办法。姑且暂时接受前者作为立论的前提，但读者仍可以追问：除此之外，还有没有别的做法? 有的。黄、王、冯的著作，以及格劳秀斯的国际法理论就不是这么

---

[257] 俞樾:《冯景庭先生显志堂稿序》，载《春在堂杂文》续编三，页 86。

[258] Tuck, *Philosophy and Government, 1572 - 1651*, pp.155 - 57.

[259] 刘士毅:《春秋序》，载《春秋疑义录》，页 716。

做。他们都没有“托王”或类似的做法，但其思想观点却有受众，至少梁启超就是其中之一，绝非“虽言之无益也”。由此推知，“托王以行天子之事”不是在实践上必然要做的事情。以“不尊不信，不信民弗从”是不能证成“托王”必须存在的。

③ 将要承受世人谴责的心理准备。《界说》原来所说的“假借”和“托”，是指“行事”，随着梁启超对“改制”的辩护，使得“托”的对象由“行事”转换至“王”。其言“必有所假借以张治平”，是要证明“不尊不信，不信民弗从”的需要；其所说的“假借”，自是“托王”的“王”。但下言“因行事而加王心，夫而后博深切明”，这是混合《繁露·俞序》“吾因行事，加吾王心焉”和《史记·太史公自序》“我欲载之空言，不如见之行事之深切著明也”而成。《俞序》和《自序》讲的都是“行事”被凭借，而“王心”则是孔子的王道思想，[260] 故此二语都不能充当“托王”的佐证，而梁启超的改写只能算是他个人的领会，背后并无文献依据。

因为“托”的所指由“行事”变为“王”，而“王”又是孔子“假借以张治平”的东西，所以孔子无形中已被转化为“王”的代言人，而且孔子本人也是有这份自觉的。在中国过去的思想言说中，不是所有被称为“素王”的人都有“素王”的自我意识。[261] 但梁启超既说“托王”是“冒天下之不韪，以救世乱而明公理”，就是断定孔子为了“救世乱而明公理”故必须“托王”，而且是有意识、有自我准备的，明知世人都认为自己托王不对，却不顾舆论的谴责而为之。“冒天下之不韪”，是认为孔子已预估有可能要牺牲自己，

---

〔260〕 有关这两则文献的解读，参阅“界说一”和“界说三”（页 77—80、119—22）的讨论。

〔261〕 有关“素王”是否具有“素王”的自我意识，参阅拙著：《〈经学通论〉辨证》，页 34—50。

早有了让自己蒙受骂名的心理准备。

然而，有什么证据可以说孔子已有这样的心理准备呢？梁启超的举证只有一则，就是再次引录《孟子·滕文公下》“罪我者，其惟《春秋》乎”之语。与“界说一”不同的是，其上没有引用“知我者，其惟《春秋》乎”，似乎是为了印证“冒天下之不韪”而有意割舍。前文已述，“知我”“罪我”之言，根本不涉及“改制”之事，据之也不能断定孔子已有“托王”的想法。“罪我”者，是潜在的读者对《春秋》的读后感，有何反应孔子不曾说死，而梁启超却以为这是因“冒天下之不韪”而起，完全是任意联想，不合《孟子》文本原意。没有足够证据可以说明孔子已有“冒天下之不韪”的心理准备。梁启超说“托王”是“冒天下之不韪，以救世乱而明公理”，亦不足信。

④ 具有“大仁”的品性。为了证成“托王”，梁启超强调“托王”（亦即他所谓“冒天下之不韪，以救世乱而明公理”的伟大事情）是“非大仁莫肯为”。这是为“托王”添加了一个品性条件。“大仁”的内涵和外延是什么？梁启超没有说。虽然没有明确界定，但正常情况下，没有儒者会质疑孔子具有诸如“大仁”这么听来十分美妙的褒辞。问题是，说孔子“大仁”，能不能推出“托王”的结论？梁启超的论证，标准格式是这样的：

孔子大仁；

因为大仁，故冒天下之不韪；

托王是冒天下之不韪；

所以，孔子托王。

孔子如何“冒天下之不韪”，梁启超尚未作出可靠的举证。至于“托王”是否真的有其实践上的必要性，也是相当可疑的。因此，“大仁”作为前提性条件，它的提出同样仅有修辞意义，无补于

“冒天下之不韪”欠缺确证的内在阙失。

归纳以上，①②③④四点都不能有效解释“托王”的原因。梁启超言孔子“托王以行天子之事”以“必”言之，仿佛其是在实践上必然出现的结果似的。可是，他的观点依据不足，违反良好论证的可接受性规范。

3. 为汉改制：被放弃的路径

值得注意，梁启超强调托王改制并不“僭妄”的辩护策略，实际上放弃了另一个可能为大多数《公羊》学者熟悉且觉得可以接受的途径。这就是为汉改制的主张。徐彦《公羊注疏》载有这方面的内容，现摘录其中3例：

[1] 徐疏引《春秋说》云：“伏羲作八卦，丘合而演其文，渎而出其神，作《春秋》以改乱制。”又云：“丘水精治法，为赤制功。”又云：“黑龙生为赤，必告云象使知命。”又云：“经十有四年‘春，西狩获麟’，赤受命，仓失权，周灭火起，薪采得麟。”然后说：“以此数文言之，《春秋》为汉制明矣。”

[2] 何诂：“人道浃，王道备，必止于麟者，欲见拨乱功成于麟，犹尧、舜之隆，凤皇来仪，故麟于周为异，《春秋》记以为瑞，明大平以瑞应为效也。绝笔于春，不书下三时者，起木绝火王，制作道备，当授汉也。”

[3] 何诂：“得麟之后，天下血书鲁端门曰：‘趋作法，孔圣没，周姬亡，彗东出，秦政起，胡破术，书记散，孔不绝。’子夏明日往视之，血书飞为赤乌，化为白书，署曰《演孔图》，中有作图制法之状。孔子仰推天命，俯察时变，却观未来，豫解无穷，知汉当继大乱之后，故作拨乱之法以授之。”[262]

---

[262] 《公羊注疏》卷1，页3；卷28，页626—27。

例［1］引述的纬书，说孔子作《春秋》，继伏羲作八卦，乃是顺应天命，而《春秋》是改易周时“乱制”、为未来的“汉制”设计的蓝图。例［2］是何休的说法，其以获麟为达致“大平”的“瑞应”，而“制作道备”亦以汉为传授的对象。例［3］中，何休指出上天曾经在鲁国端门颁下“血书”，预言周亡秦起等未来历史发展，随后血书化为《演孔图》。孔子推敲天命，得知汉朝在大乱之后兴起，故作《春秋》以为“拨乱之法”留给汉帝国。

诸如此类的例子，在纬书还有许多。仅从上述3例已可反映，被视为留下改制蓝图的孔子，不是具有独立意志的普通人，而是上天的代理人。他的《春秋》并非凡物，乃是孔子预知汉帝国在遥远的未来将要出现，故及早写出来的天书。在汉人笔下，孔子改制之举，实是推动天命改易，弃周秦而迎天汉，哪有梁启超所说的那么多操心！与其说是“犹复避制作之僭”的担忧，不如说是顺天应人、理直气壮的正义举动。对于需要得到政治合法性的汉人来说，自然相当欢迎这样的叙述，因为这意味汉朝的诞生兼具历史发展的必然性和神圣源头的庇佑；但对于孔子同时代的人，特别是对高度忠诚于周天子的臣民来说，《春秋》的写作不啻是呼吁灭绝的亡魂曲，而孔子所做的就是倾覆现政权的工作，其为“僭妄”也不待言。这正是梁启超不可能接受何注、徐疏的内在原因。依注疏所述，《春秋》若有改制之举，也必是对周室不利的，而且孔子挟天命而行事，即使不同意者也只有败亡的宿命，这种对执政者彻底不利的思想，自非乐于接受的事物。要言之，在一人专制的皇帝政治中，在现行君主以外捧着另一个人为“王”，本来就是高度敏感且容易招惹猜忌的想法。因此汉代以后，把《春秋》的思路说成为未来改制，普遍不受支持。[263]

---

〔263〕 何休等汉儒“为汉制法”的思路，与后来《公羊》学者“为后王立法”的思路绝非相同。这二者的差别，参阅拙著：《〈经学通论〉辨证》，页93—126。

《界说》不谈及注疏这方面的内容，或多或少是可以理解的，但鉴于何休等人的改制主张，应该是属于“口说之《春秋》”的一部分，假如梁启超真是如其所说的“明义”，自无放弃或回避之理。换个角度看，梁启超不采用为汉改制的做法，或多或少见证了晚清《公羊》学者所标榜的门户的虚怯性，因为他从起点上已经开始避实就虚，不敢面对何休《解诂》或相关汉儒之说的内在疑难。

4. 对“范、杜之徒”的驳斥

梁启超的目的是说服读者相信遵依《界说》的进路，将无“僭妄”的危险，尽管全文对“改制”和“托王”的论证存在不少漏洞，但因为门户立场的坚持，他反过来以攻代守，透过否定“陋儒”来证明自己的正确，其中特别指责“范、杜之徒”有所误解，而范、杜就是指范宁和杜预。如果估计不错，他们之所以招来梁启超的批评，主要是因为以下两段话语：

① 范宁《穀梁传序》云：“《春秋》之传有三，而为经之旨一，臧否不同，褒贬殊致。盖九流分而微言隐，异端作而大义乖。《左氏》以鬻拳兵谏为爱君，文公纳币为用礼。《穀梁》以卫辄拒父为尊祖，不纳子纠为内恶。《公羊》以祭仲废君为行权，妾母称夫人为合正。以兵谏为爱君，是人主可得而胁也；以纳币为用礼，是居丧可得而婚也；以拒父为尊祖，是为子可得而叛也；以不纳子纠为内恶，是仇雠可得而容也；以废君为行权，是神器可得而窥也；以妾母为夫人，是嫡庶可得而齐也。”[264]

范宁并非惟《穀梁》独尊，上文对三传各有非议。有关《公羊》的批判，主要针对以下3则经传：

［1］隐二年经：“十有二月乙卯，夫人子氏薨。”《公羊》云：

[264] 《穀梁注疏》，页8—10。

“夫人子氏者何？隐公之母也。何以不书葬？成公意也。何成乎公之意？子将不终为君，故母亦不终为夫人也。”

[2] 定十五年经：“秋，七月壬申，姒氏卒。”《公羊》云：“姒氏者何？哀公之母也。何以不称夫人？哀未君也。”

[3] 桓十一年经：“九月，宋人执郑祭仲。”《公羊》云：“祭仲者何？郑相也。何以不名？贤也。何贤乎祭仲？以为知权也……祭仲不从其言，则君必死，国必亡。从其言，则君可以生易死，国可以存易亡，少辽缓之。则突可故出，而忽可故反，是不可得则病，然后有郑国。古人之有权者，祭仲之权是也。”[265]

例 [1] 是剖析“夫人”是谁，《公羊》认为“夫人子氏”是隐公母亲，并猜测她之所以没有葬文，是因为隐公让国而《春秋》成全其心思所致。这一观点，已预设妾母可以享有“夫人”之称，不成疑问。

例 [2]“姒氏”本为妾母，称氏正属妾辞，[266] 但《公羊》却认为她之所以不称“夫人”是因为鲁哀公还未登位。这已意味，妾身出身而其子成为君主，可以拥有“夫人”之称。即使像鲁隐公那般准备让国，其母在《春秋》亦称“夫人”，《公羊》以此为常，反映“妾母称夫人”在《公羊》看来乃是正常的措辞。范宁担心“嫡庶可得而齐”的危险，该作如何评价是一回事，但他对《公羊》“以妾母为夫人”的理解，大致准确无误。

例 [3] 的祭仲是郑国权臣，因受宋庄公胁迫，遂主导郑国君主的废立，先是废昭公忽、立厉公突，四年后废厉公突、立昭公忽，然而《公羊》却认为祭仲的做法是“行权”，并称赞祭仲为“贤”。这是一个备受争议的说法，许多儒者都不觉得《公羊》的解释符合

[265] 《公羊注疏》卷 2，页 34；卷 5，页 96—98；卷 26，页 588。
[266] 《穀梁》定十五年传：“妾辞也。”参阅《穀梁注疏》卷 19，页 333。

经义，认为《左》《穀》对祭仲的负面论述更为可信。[267] 梁启超没有明确指出范宁所言哪一点不妥当，但范宁对“妾母为夫人”和“废君为行权”的观点，实不直接触及“托王”之说。没有理由因范宁不谈“托王”而认定他说得不对，尤其像《界说》这样毫无论证的指责。须知道，《公羊》辩护的祭仲，原是被世人指责为“非分之冀”的案例。范宁生于东晋，眼见权臣任意废立，视皇帝若傀儡，不能赞同祭仲的做法，认为这可能导致“神器可得而窥”，实乃有所见、有所感、有所识，岂宜以“陋儒”斥之？确切地说，范宁对祭仲的指责，乃是基于《穀梁》来批评祭仲不符合“臣道”，绝非毫无依据的臆断。考虑到《穀梁》也是所谓“口说之《春秋》”的一部分，当梁启超拒斥范宁的解经意见时，就有责任说明为何他拥抱《公羊》而放弃《穀梁》，但他完全没有这么做。

② 杜预《左传集解序》云：“或曰：《春秋》之作，《左传》及《穀梁》无明文，说者以为仲尼自卫反鲁，修《春秋》，立素王，丘明为素臣。言《公羊》者，亦云黜周而王鲁，危行言孙，以辟当时之害，故微其文，隐其义。《公羊》经止获麟，而《左氏》经终孔丘卒，敢问所安？答曰：异乎余所闻！仲尼曰：‘文王既没，文不在兹乎？’此制作之本意也。叹曰：‘凤鸟不至，河不出图。吾已矣夫！’盖伤时王之政也。麟凤五灵，王者之嘉瑞也。今麟出非其时，虚其应而失其归，此圣人所以为感也。绝笔于‘获麟’之一句者，所感而起，固所以为终也。曰：然则《春秋》何始于鲁隐公？答曰：周平王，东周之始王也；隐公，让国之贤君也。考乎其时则相接，言乎其位则列国，本乎其始则周公之祚胤也。若平王能祈天永命，

---

〔267〕 有关“夫人子氏”之称，以及对祭仲的评价，参阅拙著：《〈穀梁〉政治伦理探微》，页32—46、50—56、300—51、364—70。

绍开中兴；隐公能弘宣祖业，光启王室，则西周之美可寻，文、武之迹不队，是故因其历数，附其行事，采周之旧，以会成王义、垂法将来。所书之王，即平王也；所用之历，即周正也；所称之公，即鲁隐也，安在其黜周而王鲁乎？子曰：‘如有用我者，吾其为东周乎！’此其义也。”〔268〕

黜周王鲁，是以何休等人为代表的公羊学派的著名主张，而康、梁托王改制的见解，实是脱胎自此说。不过，杜预认为这是彻底错误的说法。与何诂、徐疏扎根于纬书不同，杜预更多的是相信《论语》的孔子叙事。以下是杜序所述的3则文献依据：

［4］《子罕》：“子畏于匡，曰：‘文王既没，文不在兹乎？天之将丧斯文也，后死者不得与于斯文也；天之未丧斯文也，匡人其如予何？’”

［5］《子罕》：“子曰：‘凤鸟不至，河不出图，吾已矣夫！’”

［6］《阳货》：“子曰：‘夫召我者而岂徒哉？如有用我者，吾其为东周乎！’”〔269〕

例［4］记载孔子对匡人围困的反应，睹其自白，显然是以接续文王的后继者自期，并无以“教主”自任的使命意识。例［5］的凤鸟和河图是天下太平的象征，孔子感觉和慨叹这辈子他再也看不见了。玩味其言，殊无指望太平可致的乐观情绪。例［6］记载孔子在公山弗扰叛乱时的出处进退，当时孔子表示如果有人任用他，他就要在东方复兴周文王、武王的事业，殊无黜周另觅新王之想。基于以上对《论语》的认识，杜预不觉得黜周王鲁可信，孔子对周代衰弱感到伤心难过，但看不出他要在周室以外寻找新王的想法。据杜预的理解，《春秋》由鲁隐公开始记载，绝不意味鲁隐公就是

〔268〕《左传正义》卷1，页24—29。
〔269〕《论语注疏》卷9，页130—31、133；卷17，页275。

孔子所期许的“王”。至少从《左传》出发，以王为周王，以历为周正，完全是有理有据的说法，较之依托纬书神怪之言，实在可信得多。杜预不同意黜周王鲁的说法，这是何休等经师的说法。但从他称鲁隐公为“让国之贤君”，足见其对《公羊》的观点亦有所采纳，绝非盲目排斥。[270] 杜预绝不是泛泛地否定《公羊》之说，也许黜周王鲁可能导致“孔子乃僭妄之尤”的结果，但不能说反对黜周王鲁就是反对《公羊》。无疑，杜预崇尚《左传》过于《公羊》，但他的批评意见应该理解为对何休等经师的反感，而非对《公羊》的抹煞。如下文所述，梁启超其实也不支持黜周王鲁的说法，但因为门户立场的驱使，遂混《公羊》与《解诂》不分，其对杜预“陋儒”的批评，说不上公允和客观。

5. 能够“得天下”而“不为”？

梁启超之所以批判“范、杜之徒”，无非是树立和攻击一个貌似错误的论敌，借以加强自己主张的说服力。然而，范、杜之论既不如《界说》所说的错谬，而梁启超用以反驳的理据也有极大的疑问。他认为“僭妄”的质疑完全是不了解孔子作为“教主”的“盛德大业”，如其阐述，孔子不屑与世俗君主“争尺寸之土”。借用孟子的说法：“是不为也，非不能也。”[271] 假如孔子有心“欲得天下”，采用穆罕默德的做法，必然可以成功，故曰：“何求而不得？何欲而不成？”之所以不这样做，是他不想这么做。在此，梁启超援引了《孟子》“行一不义，杀一不辜”之名言以为解释。[272]

这一解释似通非通。首先，孟子不是彻底反对军事武力的使用，

---

〔270〕 杜预引用《公羊》《穀梁》解经，参阅方韬：《杜预〈春秋经传集解〉研究》，页 222—36。
〔271〕 《孟子注疏》卷 1，页 20。
〔272〕 《孟子注疏》卷 3，页 78。

其言“行一不义，杀一不辜”，与“不嗜杀人者能一之”[273] 的理念相通，不是什么军事力量也不该用，而是不能过度使用而导致“不义”和“不辜”。依此，穆罕默德实不至于“嗜杀人”或施行“不义”之举。在“为安拉之道而战”的号召下，他领导穆斯林武装同麦加贵族进行了战斗，大体上死伤有限，[274] 将之划为“行一不义，杀一不辜”的反面典型，很可能是对穆罕默德（乃至整个回教）的误解和不敬。梁启超把孔子与穆罕默德作出对比，仿佛一个是不行“不义”，不杀“不辜”；一个行了“不义”，杀了“不辜”。这种黑白二分的构想，立足点是源自二人皆是“教主”的定性。然而，孔子真的是“教主”么？能要求所有儒者都这么相信么？考虑到孔子游历诸国仍无国君重用的尴尬经历，梁启超说他若“欲得天下”而必能成功，彻底违反历史现实，夸大不实，侈言曼辞，莫过于此。

分析到最后，孔子之所以没有“得天下”，是因为他的道德品格良好。这样抬举孔子的思路，似乎已让《公羊》自陷于罪嫌而难以开脱。照梁启超所说，孔子夺取天下，完全是能力所及的行为，对于专制君主来说，还有比这个更可怕的威胁吗？把君位安全押在孔子自己“不为”的选择，真的安全可靠吗？万一孔子或类似他的那些人改变了主意，那又如何？梁启超愈辩愈不能令人放心，他的“教主”的至尊构想，反而进一步坐实“僭妄”的猜忌。可以说，这是晚清吹捧“素王”的人士挥之不去的政治包袱，只是康、梁表现得更突出一些。

6.“为下不倍”的声明

为了证明孔子不是“僭妄”，梁启超最后还引用《中庸》之语。

---

〔273〕《孟子注疏》卷 1，页 17。

〔274〕在著名的白德尔之战中，与他敌对的麦加首领艾卜·哲赫里等约 70 人被杀、被俘，穆斯林战死 15 人。

其原文是："故君子尊德性而道问学，致广大而尽精微，极高明而道中庸。温故而知新，敦厚以崇礼。是故居上不骄，为下不倍。国有道，其言足以兴；国无道，其默足以容。《诗》曰：'既明且哲，以保其身。'其此之谓与！"[275]

综合整段文字可知，《中庸》谈的是君子处事的方式，"居上不骄"和"为下不倍"指的是地位高低的不同做法，居高位不跋扈，在下位也不悖逆。情境不同，做法有异。值得注意，《中庸》提到"国无道"时需要不能"言"，说是"其默足以容"。这与"垂空文以为教"截然不同。仅就"为下不倍"一语而言，实在看不出这是特指《春秋》而言，也推不出《春秋》改制或托王的结论。

梁启超对"托王"和"改制"的各种辩护，与其说是寻找孔子写作的真实面貌，不如说是努力自我辩护。当他以"为下不倍"解说《春秋》改制时，其实也是自言己志。为免招致攻击，他还强调"教主之事"不是普通人学得来的，所以不能怪责《公羊》导致"后世觊觎"的问题。这一点，是否能说服别人？同样很难说。假如真有"流俗"仿效"教主之事"，谁能保证没有危险？尤其是当"流俗"不一定像孔子"大仁"时，"后世觊觎"的潜在可能性如何根除？

说实在的，康、梁宏扬孔子创教之说，就是让自己充当作为"教主"的孔子的当世代言人，进而凌驾于其他学说之上，如徐仁铸所说，"延教主之统，蚤定一尊"就是维新派宣扬孔教的主要目的。这不是所有儒者皆能首肯的做法。在争取"教主"一尊的至高地位时，不得不付出的代价是面对"僭妄"的质疑。生活在汉代的何休可以振振有词地大讲孔子受命改制，而晚清树立《公羊》门户

[275] 《礼记正义》卷53，页1455—56。

的人却没有这样的条件。其中的思想信息，值得再三玩味。

界说十一 《春秋》托王于鲁，非以鲁为王。

《春秋》何以必托王于鲁？孔子自言之矣。《礼运》述子言曰："我欲观夏道，是故之杞，而不足征也。我欲观殷道，是故之宋，而不足征也。我欲观周道，幽、厉伤之，吾舍鲁何适矣！"是孔欲托者，非必一于鲁也，而无三代之籍获一观焉，欲因史记就行事，惟鲁为近，故于是托焉尔。且《春秋》之托者，匪直鲁也。托鲁为王，以著新王受命之意；托周为天王，以著以天统君之义。而三统循环，恒托之前代；挫强扶弱，常托之二霸。要之，皆借以明义而已。善夫刘申受之言曰："《春秋》者，火也。鲁与天王诸侯皆薪蒸之属，可以宣火之明，而无与于火之德也。"又云："且鲁无可觊也。就十二公论之，桓、宣之弑君宜诛，昭之出奔宜绝，定之盗国宜绝，隐之获归宜绝，庄之通雠外淫宜绝，闵之见弑宜绝。僖之僭王礼、纵季姬、祸鄫子，文之逆祀、丧娶、不奉朔，成、襄之盗天牲，哀之获诸侯、虚中国以事强吴，虽非诛绝，而免于《春秋》之贬黜者鲜矣。"（俱见刘氏所著《公羊释例》）然则，我孔子岂有所私于鲁、爱于鲁耶？学者徒泥王鲁之文，而不究托王于鲁之实。甚矣其陋也！《繁露·王道篇》云："托王于鲁，托隐公为始受命王。"皮氏锡瑞释之曰："隐公非受命王，而《春秋》始于隐，则以为受命王。哀公未尝致太平，而《春秋》终于哀，则以为实致太平。故《春秋》未尝称鲁为王，而据鲁史成文以推其义，则曰王鲁。犹之夫子未尝自称王，而据《春秋》立一王之德以推其义，则曰素王也。"（见皮氏所著《春秋黜周王鲁辨》）其言至为直捷。后世徇曲之儒，执"王鲁"二字而疑《春秋》为僭妄，是犹见登场傀儡有冕而衮者，而指为僭妄也。呜呼！其愚不可及也。

〔辨证〕

1. 托鲁的原因

托王改制是康党引起广泛争议的源头，这一点梁启超早已心中有数。为了减少“僭妄”的疑虑，《界说》除了辩说“托王”的无害性，最后还尝试重新诠释何休托王于鲁的说法，试图把它说成无害之物。梁启超主要的论点是认为托王于鲁，是孔子“自言之”。言其根据，乃是《礼运》所引述的孔子之言，原文是：“言偃复问曰：‘夫子之极言礼也，可得而闻与?’孔子曰：‘我欲观夏道，是故之杞，而不足征也；吾得《夏时》焉。我欲观殷道，是故之宋，而不足征也；吾得《坤乾》焉。坤乾之义，夏时之等，吾以是观之。’……孔子曰：‘於呼哀哉！我观周道，幽、厉伤之，吾舍鲁何适矣！鲁之郊禘，非礼也，周公其衰矣！杞之郊也禹也，宋之郊也契也，是天子之事守也，故天子祭天地，诸侯祭社稷。’”〔276〕

以上引文分为两截：前半部分是孔子与言偃师徒二人言礼的对答，“夏道”和“殷道”指二代礼制的做法，孔子曾经到过夏、殷故国观察礼制，但都“不足征”。此“征”者，意谓征验。孔子在杞、宋二地所得的信息极其零散，无法得到足够证明。不过，孔子在当地仍有收获，分别得到《夏时》和《坤乾》。综观这段文字，孔子努力寻找文献以求备全，虽因“不足征”而相当无奈，但他显然是有收获的，尤其《坤乾》，一般认为它就是《归藏》，价值巨大。〔277〕孔子因此明白“坤乾之义”和“夏时之等”，实非“无三代之籍获一观”。梁启超削除《夏时》和《坤乾》二者，无非是要证

〔276〕《礼记正义》卷21，页664—65、678—79。

〔277〕吕绍纲说：“体会孔子语意，知《坤乾》反应殷道。据汉人说，《坤乾》就是《归藏》。”参阅《〈老子〉思想与〈周易〉古经》，载《〈周易〉的哲学精神》，页208。

成孔子找不到文献而需要托鲁，但这又是歪曲文献的本来面目。

后半部分记载了孔子对周代制度发展的感想。经过幽王、厉王的破坏，孔子认为除了鲁国以外，已没有其他地方更适合考察周代礼乐。他特别批判鲁国郊禘“非礼”，认为周公的制度已经衰微。孔子回顾杞国郊天禘禹，宋国郊天禘契，也觉得不妥当，因为他认为郊禘是天子的职守，应该由天子祭天地，由诸侯祭社稷。自始至终，孔子谈论的对象都是历代礼乐的安排，虽然鲁国因与周公的关系而成为考察周礼不可或缺的对象，但不等于鲁国已被寄托为理想的化身，因为“非礼”的批判已显示鲁国行礼也有不完善之处。

然而，梁启超有选择性地节引两部分的文献，且结合为一，仿佛孔子因为看不到“三代之籍”而“托王于鲁”。如其解，孔子作《春秋》的写作心路，大概是以下的过程：

① 孔子心中首先有些想法想要用“托”的方式表达出来，即“孔欲托者”；

② 想要“托”的对象不一定需要是鲁国，原则上什么时代、什么国家都可以，即“非必一于鲁也”；

③ 因为找不到夏、商、周的典籍，所以不托三代，即“无三代之籍获一观焉”；

④ 刚好鲁国就近有史记可以阅览，借用其中的行事，即“欲因史记就行事，惟鲁为近”；

⑤ 所以把“托”的对象定为鲁国，即“故于是托焉尔”；

⑥ 由于“托”的是“新王受命之意”，故此“托鲁为王”。

总而言之，之所以王鲁，不是因为鲁有什么特别的好，“匪直鲁也”，全是方便和凑巧的缘故。这样说，无非是强调孔子不计较“事”与“义”之间的距离。因为不计较，所以看不到“三代之籍”也无所谓；因为不计较，所以随便找鲁托了亦是可以的；因为不计较，所以本来并非王者的鲁国也可以被托为王。凡此一切，都是落实《界说》“明义”与“记事”对立的一贯主张。这个主张的错误，前已述之，不必赘言。

综合《礼运》两个部分的引文一起观察，可以发现孔子对“夏道”“殷道”乃至“周道”的讨论，谈的都是对礼的观察和感受，不是《春秋》的写作。是故，孔子所采用的句式皆是“我欲观……”。“观”不等于“改制”或“立法”等想法和做法。孔子是一个懂得放宽历史视界的人，他努力查看夏、商、周不同时代的礼制，并作出检讨。不论从哪一视角来看，也不能说孔子是在讲述“新王受命之意”该“托”于哪里。《礼运》里孔子对三代的讨论，是切实的，细微至郊禘如何做法也有考究，哪怕是相关资料不充裕以至“不足征”，孔子亦耐心予以钻研，十分客观，绝不是随意找个方便的对象“托”了自己思想便大功告成。由①②③④⑤⑥所展示的孔子的思想面貌，在《礼运》文本中找不到任何确证。梁启超尝试由此推出孔子自言“托王于鲁”的结论，在在屡见抵牾。

2.“明义”的引证

梁启超注重“明义”，在他理解中，“托鲁为王”不过是“明义”的一个部分，《春秋》还有其他以托明义的见解：

① 托周为天王，以著以天统君之义。“天王”是《春秋》全经最常用来指代周王的称谓，共26例，相对于仅1例的“天子”，多寡之别，一目了然。如何解释“天王”这一名称呢？

何休认定“天王”之称别有深意：“言天王者，时吴、楚上僭称王，王者不能正，而上自系于天也。《春秋》不正者，因以广是非。”[278] 如其解，《春秋》以“天王”称周王，是针对春秋时周王

〔278〕《公羊注疏》卷1，页22。

不能阻吴、楚等君主自称为王的政治失败，故透过称号加一“天”字以别异之。这一说法，正是梁启超立论依据所在。在说法上，《界说》不过是把“上自系于天”转换为“以天统君”，并更明确地认为周王之为“天王”是“托”的结果。

必须指出，何休的解经意见并不可靠。因为“天王”是《春秋》最常使用的措辞，这意味着周王仅因无法自别于僭王的夷狄，就被讥了26次。相比之下，罪孽深重如与仇人共狩的鲁庄公，也不过是“一讥”即止。[279] 此外，何休认为“天王”因夷狄僭王而起，但《春秋》记载夷狄的称呼，都是有条件地变换，身为夷狄的季札亦无法享有不名的贤者待遇，故曰“许夷狄者，不一而足也”。[280] 相比之下，尊如“天王”，却是一讥再讥，轻重不均，伦次失衡，令人费解。后来有些《公羊》研究者对何休的观点感到不安，故徐疏特作别解：“王是旧名，天王者，春秋时称耳。但《春秋》见当时之王皆系于天，是以逐本不追正，见其是非，何者？若单称王者，是其旧号；若系于天者，明非古礼矣。”[281] 这里承认“天王”是春秋时流行的称呼，并把“不正”的原因归咎于不合“古礼”，论述重点已由吴楚僭称转换为非礼的追究，或多或少是觉得何休解说不完善所致。同样是尊信《公羊》，不是所有人都觉得何休解释合理。徐疏引宋氏之注《春秋说》，其中纪录“九旨”的内容“四曰王，五曰天王，六曰天子”，又说“王与天王、天子，是录远近亲疏之旨也”。[282] 大概推估，有些《公羊》学者觉得“王”“天王”“天子”三个指代周王的称呼，具有区分远近亲疏的作用。这个进路，

[279] 《公羊注疏》卷6，页125。
[280] 《公羊注疏》卷13，页294；卷21，页466。
[281] 《公羊注疏》卷17，页387。
[282] 《公羊注疏》卷1，页5。

显然有别于何诂，可惜用例久佚，难言其详。

假如《公羊》研究者重视的是经传而非注疏，就可以发现以上解释都不正确。《公羊》未尝正面发传指示“天王”寓有讥意。其辞义还需要从传中翻查用例以求究竟：

[1] 隐三年经：“夏，四月辛卯，尹氏卒。”《公羊》云：“尹氏者何？天子之大夫也……此何以卒？天王崩，诸侯之主也。”

[2] 桓九年经：“春，纪季姜归于京师。”《公羊》云：“父母之于子，虽为天王后，犹曰吾季姜。”

[3] 成八年经：“秋，七月，天子使召伯来锡公命。”《公羊》云：“其称天子何？元年，春，王正月，正也。其余皆通矣。”

[4] 昭二十三年经：“天王居于狄泉。”《公羊》云：“此未三年，其称天王何？著有天子也。”[283]

例［1］的经文没有提及周王，《公羊》既言“天子”亦言“天王”，皆指周王，尤指周平王。依其用法，可知二称异名同指，不言而喻。例［2］称纪季姜为“天王后”，未予特称，乃以常辞视之。例［3］经中“天子”之称，乃《春秋》惟一的特例，故《公羊》为此发传，解释“天子”与“天王”“王”一样，外延相同，在内涵上亦无明显的差别。例［4］解释即位未满三年的周敬王为何经中称“天王”，《公羊》说是要表明当时有天王在，其以“天子”释“天王”之称，显然亦以二称相通，不必细分使然。

综合以上 4 例，可以发现《公羊》不曾硬性划分“天王”和“天子”为两个不同种类的名称；而“天王”一名，亦未赋予特别寓意。何诂、徐疏等观点皆不宜接受，而梁启超从何诂转手而来的说法，并非不证自明的定论。

---

〔283〕《公羊注疏》卷 1，页 37—38；卷 5，页 94；卷 17，页 386；卷 24，页 519。

② 三统循环，恒托之前代。不清楚梁启超的“三统”具体所指是什么。《公羊》学者喜谈“三统”，如宋氏之注《春秋说》言“三科”便有“存三统”一项，[284] 而《春秋繁露·三代改制质文》亦提及殷、周、春秋分别时正白统、赤统、黑统的各种安排。[285] 徐疏引《书传略说》云：“周以至动，殷以萌，夏以牙。”注云：“谓三王之正也。至动，冬日至物始动也。物有三变，故正色有三。天有三生三死，故土有三王，生特一生死，是故周人以日至为正，殷人以日至三十日为正，夏以日至六十日为正。是故三统三王，若循连环，周则又始，穷则反本。”[286] 这是说明三代之“正”为何有所不同，而把三统和三王理解为循环的发展。夏、殷、周按照日至不同时段为“正”，是体现“物有三变”和“天有三生三死”的情状，反映古人行事讲究天人之间的感应变化。也就是说，夏、殷、周三统的变化，在于它们三者在循环序列中的各自表现。不能说这些是被“托”的对象。

何休对“三统”的理解，与《略说》注相同，都是着眼于正月的安排，认为《春秋》的“王二月”和“王三月”是保持殷、夏二代的正月，其中的理由是：“王者存二王之后，使统其正朔，服其服色，行其礼乐，所以尊先圣，通三统，师法之义，恭让之礼，于是可得而观之。”[287] 玩味文意，这是记载王者如何尊重和保存过去三代的文化，故历法作为文化中的精华部分亦得以保存。一言以蔽之，“三统”所讲的核心就是历法，夏、商、周三代作为“前代”的历法需要保存，而“三统”的循环变法，体现的是自然规律，不

[284] 《公羊注疏》卷1，页5。
[285] 苏舆：《春秋繁露义证》卷7，页187—91。
[286] 《公羊注疏》卷1，页9。
[287] 《公羊注疏》卷1，页35。

是孔子有什么想法“托”了出来所致。

以上所述，都是《公羊》经师的发挥，但就经传而言，却不一定必有典据。除“大一统”（隐元年）[288]外，《公羊》再无言“统”之语。隐元年经：“元年，春，王正月。”《公羊》云：“王者孰谓？谓文王也。”[289]此“王”不见得专指“王正月”而言，因《公羊》对“王二月”和“王三月”皆无发传，也不曾提及夏、商“正月”的问题，故更合文本原意的解读，是把隐元年传对“王”的解释理解为通用于相关月份的“王”。换言之，以“王二月”和“王三月”为“存二王之后”，或许是过度诠释。按照何休的诠释，鲁隐公既是受命王，那么周自为二王之后，于是“王正月”“王二月”“王三月”该说是存三王之后，而非何休的“存二王之后”。是故“存二王之后”，只有在王者仍是周王时才能说得通，而这可能又与黜周王鲁的主张不合。

职是之故，《公羊》学者对“三统”的解释，实非完美无缺的，在性质上都是经师的个人心得，却非传义所固有。由于梁启超在辩说黜周王鲁时不曾深入交代其思路，故此无法深入辨析他如何理解“三统循环”的问题。但从“托之前代”用语之模棱两可，不像何休那样具体地说“存二王之后”，可以估计这样的含糊其辞未必是无意的，因为他在前文甫说“无三代之籍获一观焉”，自然不便说孔子对“三代”的东西有所“存”。以“托”言之，复以“前代”泛泛而谈，其实是最简易的行文策略。然而，这样写法，等于是弃举证责任于不顾。此外，“三统循环”的发展观，与“世界日进于善”的进化论，亦非同构或同类之物，二者极有可能扞格不入。《界说》反复申述“明义”的重要性，对此却无必要的解说，自非

---

[288] 《公羊注疏》卷1，页10。
[289] 《公羊注疏》卷1，页10。

令人满意的言说。

③ 挫强扶弱，常托之二霸。《公羊》没有“霸”的概念，更遑论“二霸”。有关“强”与“弱”的立言，仅《公羊》宣十二年传载楚庄王曰：“弱者吾威之，强者吾辟之，是以使寡人无以立乎天下。”[290] 这是邲之战前的表态。楚庄王认为自己不能仅是威慑弱者，却躲避强者，于是不理会子重的劝告，决定与晋国决战。这是敢于“挫强”而非“扶弱”。由于“二霸”惯常是指齐桓公和晋文公，估计梁启超所说的“二霸”也不是指楚庄王，故以上例子也不能证明《界说》的论断。

不仅《公羊》，连何休《解诂》也没有“挫强扶弱，常托之二霸”的说法。何休对齐桓公和晋文公的霸功虽然大体上予以肯定，但不是从“挫强扶弱”的方面来论述的。试看以下5例：

[5] 庄十三年经：“夏，六月，齐人灭遂。”何诂：“不讳者，桓公行霸，不任文德而尚武力，又功未足以除恶。”

[6] 庄三十年经：“秋，七月，齐人降鄣。”何诂：“时霸功足以除恶，故为讳。”

[7] 僖六年经：“夏，公会齐侯、宋公、陈侯、卫侯、曹伯伐郑，围新城。”《公羊》云：“邑不言围，此其言围何？强也。”何诂：“恶桓公行霸，强而无义也。郑背叛，本由桓公过陈不以道理，当先修文德以来之，而便伐之，强非所以附疏。”

[8] 僖二十八年经：“公朝于王所。”《公羊》云：“天子在是，则曷为不言天子在是？不与致天子也。”何诂：“时晋文公年老，恐霸功不成，故上白天子曰：‘诸侯不可卒致，原王居践践土。’下谓诸侯曰：‘天子在是，不可不朝。’迫使正君臣，明王法，虽非正，

---

[290] 《公羊注疏》卷16，页352。

起时可与，故书朝，因正其义。”

[9] 僖二十九年经：“夏，六月，公会王人、晋人、宋人、齐人、陈人、蔡人、秦人盟于狄泉。”何诂：“文公围许不能服，自知威信不行，故复上假王人以会诸侯，年老志衰，不能自致，故诸侯亦使微者会之。月者，恶霸功之废于是。”[291]

例 [5] 批判齐桓公灭遂国，这是典型的恃强凌弱，不是“挫强扶弱”。例 [6] 是桓公降服已灭亡的纪国所遗下的郱邑，这是强者对弱者的施恶。何休虽知其恶，但认为他的“霸功”伟大，足以去除恶名，故经文只称“齐人”而讳其罪。例 [7] 叙述桓公以强伐郑，而何休进一步说“强而无义”，同样是对强者的批判。例 [8] 解释晋文公召致周王的做法，《公羊》指出经文对其贬抑，而何休也承认这是“非正”，但尝试从文公年老、害怕“霸功不成”而辩护他的做法，其中不涉及强者和弱者的较量。例 [9] 记载晋文公找王人召开狄泉之盟，何休认为这是“威信不行”的表现。这里，同样也不涉及“挫强扶弱”的内容。

以上 5 例，都不是歌颂二霸“挫强扶弱”。相反，在何休眼中，齐桓公和晋文公还有许多不足，尽管有些时候经文予以隐讳。尽管“挫强扶弱”仿佛是众所公认的美好行为，但不代表《公羊》或《解诂》都是这般判断的。在桓、文以外，很容易找到一些例子，说明弱者不是被同情或需要被支持的对象：

[10] 庄元年经：“齐师迁纪郱、鄑、郚。”《公羊》云：“迁之者何？取之也。取之，则曷为不言取之也？为襄公讳也。”何诂：“襄公将复雠于纪，故先孤弱取其邑，本不为利举，故为讳。不举伐，顺讳文也。”

---

[291] 《公羊注疏》卷 7，页 150；卷 9，页 181；卷 10，页 219；卷 12，页 258、263。

［11］文十年经：“楚子、蔡侯次于屈貉。”何诂：“鲁恐，故书，刺微弱也。”

［12］襄二十九年经：“杞子来盟。”何诂：“贬称子者，微弱不能自城，危社稷宗庙，当坐。”[292]

例［10］记载齐襄公灭纪的第一步，即夺取郱、鄑、郚三邑，正常情况下，夺他人之邑乃是恶事，而齐强纪弱，完全是强者仗势欺人，但因《公羊》歌颂复九世之仇，故以齐襄公为贤者，遂咬定以“迁”代“取”，寓有讳意。不过，这是从拥护复仇的立场出发，其论证不足信据。何休“本不为利举”亦是辩护之辞，无视齐襄公灭纪夺取土地、财宝的事实，亦不足道。[293] 例［11］认为该经之记载，是因为鲁国恐惧，以讥刺它的微弱。这里，只见对弱者的批评，丝毫看不出“扶弱”的渴求。例［12］又是批判弱者的一例。何休认定经文“杞子”之称，是因为杞国微弱，没有自我筑城的能力，需要诸侯帮忙。类似的例子还有不少，但仅从这3例已可说明，弱者未必是值得同情和帮忙的。也许《公羊》和《解诂》不致反对“挫强扶弱”，但从传注屡见批判弱者之语，可以看出解经者对弱者不争气的埋怨。

“挫强扶弱”不是《公羊》或何休等经师遵奉的行动纲领，大概梁启超对春秋时代的霸者有着“挫强扶弱”的历史构想，故相信这是《公羊》经师“明义”的内容。但稽之传注，实在看不出“二霸”有什么“挫强扶弱”的表现是被“托”出来的。

讨论至此，可以确认梁启超用以补充解说“明义”的三点，俱有不合理之处。问题不在于《春秋》是否明义，而是他的事例不能

[292] 《公羊注疏》卷6，页117；卷14，页296；卷21，页464。

[293] 有关《公羊》和《解诂》对齐襄复仇的主张，参阅拙著：《〈穀梁〉政治伦理探微》，页371—418。

真正反映其观点。

3.“非以鲁为王”的三项引证

黜周王鲁，在何休的理解中，是把鲁隐公当作第一个受命王，实实在在，斩钉截铁。后世儒者普遍觉得这是一个容易引起质疑的论断，而梁启超之所以一再辩白，也是渊源自此。为了剔除“托王”所带来的各种猜忌，他继续申述王鲁不等于“以鲁为王”。其论据有三：

① 刘逢禄《释三科例》云：“且《春秋》之托王至广，称号名义，仍系于周，挫强扶弱，常系于二伯，何尝真黜周哉？郊禘之事，《春秋》可以垂法，而鲁之僭，则大恶也。就十二公论之，桓、宣之弑君宜诛，昭之出奔宜绝，定之盗国宜绝，隐之获归宜绝，庄之通雠外淫宜绝，闵之见弑宜绝。僖之僭王礼、纵季姬、祸鄫子，文之逆祀、丧娶、不奉朔，成、襄之盗天牲，哀之获诸侯、虚中国以事强吴，虽非诛绝，而免于《春秋》之贬黜者鲜矣。何尝真王鲁哉？吾故曰：《春秋》者，火也。鲁与天王、诸侯皆薪蒸之属，可以宣火之明，而无与于火之德也。”[294]

以上引文出自刘逢禄《释三科例》的中篇，梁启超以为这是出自《春秋公羊经何氏释例》，又见差错。其节引刘文，移“《春秋》者火也”一句于前，略“何尝真黜周哉”不录，而录“何尝真王鲁哉”之前的内容，目的是以刘氏对“真王鲁”的驳难证成孔子并非“有所私于鲁、爱于鲁”。细读刘逢禄对鲁国十二公的批评，是认定《春秋》载有鲁国十二公各种不符合“王者”的内容，故不欲真正“王鲁”。这是把何休“托王于鲁”之说，分拆为两件，只认“托

〔294〕 刘逢禄：《释三科例中》，载《刘礼部集》卷4，页64。“不奉朔”的“朔”，《经学通论》改作“逆”，疑为笔误。“而免于《春秋》之贬黜者鲜矣”，《经学通论》作“不免于《春秋》之贬黜者多矣”。

王”，淡化“鲁”作为王者的真实性，于是无形中把王鲁的叙事转化为可弃之物，进而减少黜周王鲁的潜在争议性。然而，这样做的代价从起点上已违离何休的原意。何休与许多笃信纬书的汉人一样，都是相信《春秋》是孔子承命改制的天书，故以鲁隐公为新王，绝非把鲁视若可有可无的象征。没有证据可以说明王鲁叙事是可伪或可弃的。强调鲁国君主不是真正的王者，进而降低“托王于鲁”的政治危险形象，不过是汉代以后《公羊》学者既想申张新王之说，又拘于君臣名分的无奈做法。〔295〕梁启超称赞和援引刘逢禄的批评，采纳“非以鲁为王”的结论，但始终不承认自己与何休的思想距离，说到底，还是门户立场作祟。

需要注意的是，刘逢禄以火与薪为比喻，其文献依据实非出自经传文本，而是《庄子》的喻辞。《养生主》云：“指穷于为薪，火传也，不知其尽也。”〔296〕按照刘逢禄的理解，《春秋》犹如火，“火之德”与“宣火之明”的“薪蒸之属”仿佛是相互不涉及之两物，故曰“无与”。依此，经文所载的政治人物，例如鲁公、天王、诸侯等等，乃至其人之行事，大概是没有什么重要性，像点完火的“薪蒸之属”，弃之亦不足惜。这与梁氏《界说》的“筌蹄之弃”，是相同类型的比喻。刘、梁二人，立论所据的比喻，不约而同的皆是来自《庄子》。这已隐约反映一个有趣且重要的学术信息：要寻找叙事的非历史性，在《春秋》经传中资源不多，只有《庄子》这种充满奇幻寓言的作品方能提供“事”为假托性质的文献依据。“借事明义”作为晚清《公羊》学者重要的辩护主张，是鉴镜于《庄子》而非他们所标榜的“家法”。

②《公羊》何诂：“《春秋》王鲁，托隐公以为始受命王。”徐

---

〔295〕 有关刘逢禄观点的分析，参阅拙著：《〈经学通论〉辨证》，页406—15。
〔296〕 郭庆藩：《庄子集释》卷2，页129。

疏："此鲁隐公，诸侯也，而得称元年者，《春秋》托王于鲁，以隐公为受命之王，故得称元年矣。"〔297〕

梁启超的引文是"托王于鲁，托隐公为始受命王"，并称其出自《春秋繁露·王道篇》。其实无论《王道篇》乃至《繁露》全书，皆无"受命王"或"始受命王"的概念。比读何诂、徐疏，可以发现二者与《界说》所录大概相同，注疏该是其语之所本。为何产生这个错误？极有可能是摘抄皮锡瑞文章所致。梁启超在引述②之后，随即说"皮氏锡瑞释之曰"，然后引录③。翻查皮氏《春秋黜周王鲁辨》，同样是引述"托王于鲁，托隐公为始受命王"之语，便说这是"《繁露·王道篇》曰"。〔298〕后来皮锡瑞撰写《经学通论》，在引述①后不再引录②，〔299〕大概是自知《繁露》本无此语而私下修改。梁启超写作《界说》时，却不知此误（大概当时与他交往密切的皮锡瑞亦未查证自己的错误），故依样画葫芦，又重复皮锡瑞引文之误。

撇开不查核原文的失误，梁启超言"托王于鲁，托隐公为始受命王"，实已预设孔子表面上把鲁隐公说成第一个受命王，而实际上又认定相关叙事都是可伪的。然而何休的本意，不见得是这样考虑的。在《解诂》中，不是凡"托"皆属假托义，也有寄托义、托付义、详述义，"托隐公以为始受命王"的"托"解作托付，同样可通，未必比寄托义和假托义更少根据。何休更常讲的不是"托王"，而是"王鲁"。《解诂》中屡言"《春秋》王鲁"，就是《春秋》使鲁国君主成为王者。其中，实无使之为王，而又显示其为假托之意。自始至终，何休不曾表示"王鲁"是可伪的，也没有强调

〔297〕《公羊注疏》卷1，页6、15；卷3，页55。
〔298〕皮锡瑞：《经训书院自课文》卷2，页666。
〔299〕皮锡瑞：《经学通论》卷5，页396—97。

鲁隐公作为“王者”或“始受命王”纯属假托的性质。由《春秋》与隐公之间“托”的关系，不能推出何休认为鲁隐公的王仅是假托的结论。纵使何休明知鲁隐公在历史上不是王者，但不妨碍他继续把鲁隐公作为实际的“王者”来对待。这一点，正是梁启超乃至他所借鉴的皮锡瑞皆未注意的关键。[300]

③ 皮锡瑞《春秋黜周王鲁辨》云：“隐公非受命王，而《春秋》始于隐，则以为受命王。哀公未尝致太平，而《春秋》终于哀，则以为实致太平。故《春秋》未尝称鲁为王，而据鲁史成文以推其义，则曰王鲁。犹之夫子未尝自称王，而据《春秋》立一王之法以推其义，则曰素王也。”[301]

这是对②的诠释，其中有三点可谈：

(1)《春秋》始与终。皮锡瑞两言“以为”，皆是用作主观动词，表示当事人根据自己的想法相信事物如何，尽管实际上并非如此。据皮锡瑞的解释，《春秋》明知鲁隐公不是“受命王”，但还是由隐公展开记载，是为了把他视为“受命王”；还有，《春秋》明知哀公没有“致太平”，但还是在哀公时结束，是为了“实致太平”。[302] 于是，“受命王”和“实致太平”皆是《春秋》作者的投射效应，是孔子明知历史实际不是如此，却故作虚假的叙事。

然而，《春秋》叙事的起点和终点，真的是由于以上理由而设定吗？就以《公羊》而言，就不是这么解说。《公羊》哀十四年传：

---

[300] 有关刘逢禄观点的分析，参阅拙著：《〈经学通论〉辨证》，页406—30。

[301] 皮锡瑞：《经训书院自课文》卷2，载《皮锡瑞全集》第8册，页666。

[302] 《公羊》和《解诂》皆无“实致太平”之语。此“实”是副词，通常是指真正地、确实地，如《解诂》“实讥张鱼而言观讥远者”“实未有大夫”的“实”便是。参阅《公羊注疏》卷3，页46；卷20，页450。是故“实致太平”，意谓在现实上带来太平，而因其上言“以为”，所以也是《春秋》作者的主观投射而已。

“《春秋》何以始乎隐？祖之所逮闻也。所见异辞，所闻异辞，所传闻异辞。何以终乎哀十四年？曰：备矣！”〔303〕 据传中答问，《春秋》从隐公开始，是因为这是先祖所听闻最远的时期；从哀公结束，是因为至此已完备了。这是从用辞详略着眼，指出经文因“所见”“所闻”“所传闻”的不同而有不同的用辞。

自始至终，《公羊》没有说过“受命王”和“实致太平”是《春秋》“始”与“终”的原因。这是何休《解诂》而非《公羊》的主张，但皮锡瑞应该表明却又不曾言及。何休在诠释传文时，这么解说：“托记高祖以来事，可及问闻知者，犹曰我但记先人所闻，辟制作之害。”又说：“人道浃，王道备。必止于麟者，欲见拨乱功成于麟，犹尧、舜之隆，凤皇来仪，故麟于周为异，《春秋》记以为瑞，明大平以瑞应为效也。”〔304〕 比读传注，不难发现这是典型的过度诠释。《公羊》本言“祖之所逮闻”，但何休却说这是“托记”，目的是“辟制作之害”。《公羊》本言“备矣”，不言“止于麟”，但何休却拿“麟”大做文章，说是“记以为瑞”。

显然，皮锡瑞信任注疏而非经传，尽管他在主观意愿上可能自以为忠于《公羊》。言其意旨，之所以谈及《春秋》的“始”和“终”，目的是透过相对少争议性的问题，说明《春秋》具有许许多多假托的内容，进而表明“王鲁”和“素王”的合理性。这一论证思路的破绽是，何休的诠释不像他所理解的那么可靠。假如不是相信汉代将为改制授命的对象，读者完全有理由只接受《公羊》文本所述，而不接受何休以上的主张。因此，以“始”和“终”的诠释证成《春秋》的假托性，是不可信的立论依据。梁启超仅说“其言至为直捷”，也没有补充更有力的解说。

〔303〕《公羊注疏》卷28，页624—26。
〔304〕《公羊注疏》卷28，页625—26。

（2）王鲁的解释。为了表明《春秋》不是真的以鲁为王，皮锡瑞对“王鲁”另作解释，强调《春秋》“未尝称鲁为王”，只是“据鲁史成文以推其义”。如其解，“王鲁”不是要把鲁国君主当作王者，而是为了推衍“义”而根据鲁史使然。于是，“王鲁”仿佛是因为“据鲁史”的需要而作出的论述策略，无可厚非。

这一论点，有三点疑问。首先，“据鲁史”不是《公羊》学者可以接受的说法。徐疏引闵因叙云：“昔孔子受端门之命，制《春秋》之义，使子夏等十四人求周史记，得百二十国宝书，九月经立。《感精符》《考异邮》《说题辞》具有其文。”接着说：“以此言之，夫子修《春秋》，祖述尧、舜，下包文、武，又为大汉用之训世，不应专据鲁史，堪为王者之法也，故言据百二十国宝书也。”[305] 根据《公羊》学者的理解，《公羊》有别于《左》《穀》二传，是它格外强调《春秋》根据“百二十国宝书而作”，而非“据鲁史”。[306]

其次，“王鲁”与“据鲁史”没有关联。《公羊》本无“王鲁”之说，而何休《解诂》谈“王鲁”而不谈“据鲁史”，徐疏更是讲究“百二十国宝书”而批判“专据鲁史”之说。按照何休的理解，鲁之为王，昭彰甚明，例如说：“《春秋》王鲁，以鲁为天下化首，明亲来被王化渐渍礼义者，在可备责之域，故从内小恶举也。”[307] 仔细玩味，“王鲁”是摆在所有人眼前、足以推衍其他观点的大前提，绝非“据鲁史”而不得不接受的附带结果。

---

[305] 《公羊注疏》卷1，页1。

[306] 刘敞《春秋权衡》（卷8，页254）云：“《公羊》之所以异二传者，大指有三：一曰据百二十国宝书而作；二曰张三世；三曰新周故宋，以《春秋》当新王。”刘氏此语，用来概括像何休等《公羊》经师所积累的思想观点，大致上是准确的，尽管他没有辨别这三个“大指”其实都是来自何诂、徐疏，而非《公羊》原文。

[307] 《公羊注疏》卷1，页22。

皮锡瑞以“据鲁史成文”作为“王鲁”的理由，是浅显且经不起推敲的。

最后，《春秋》是否“称鲁为王”，也不足以据之证明鲁国君主并非何休所托付的王者。依《解诂》的解说，证明鲁隐公为“新王”的证据，是“元年”的措辞。隐元年经：“元年，春，王正月。”《公羊》云：“元年者何？君之始年也。”何诂：“不言公，言君之始年者，王者、诸侯皆称君，所以通其义于王者，惟王者然后改元立号，《春秋》托新王受命于鲁，故因以录即位，明王者当继天奉元，养成万物。”〔308〕

有关何休以“元年”为鲁隐公担任“新王”的证据，上文已简略指出其非。〔309〕这里，多谈两点：一是认定只有王者方才具备“改元立号”的资格，经文“元年”既指鲁隐公在位的第一年，故何休相信鲁隐公乃是“新王”；另一是《公羊》言“君之始年”而非“公之始年”，因为王者与诸侯一样，皆可以称为“君”，而“公”只能用在诸侯身上，故何休认为《公羊》言“君”不言“公”，就是把鲁隐公视同“王者”。这两个推论各有谬误，〔310〕但不管如何，“王鲁”的依据不在“称鲁为王”，一览无余。皮锡瑞以此释“王鲁”，实乃昧于何诂，而无法作出真正有力的辩护。

（3）素王的比拟。为了支持“据鲁史”而“王鲁”的推论，皮锡瑞的辩护策略是以比拟代举证，不正面援引经传说明《春秋》如何“据鲁史”，反而以孔子与《春秋》加以比拟：

---

〔308〕《公羊注疏》卷1，页6。

〔309〕参阅“界说五”，页139—40。

〔310〕何休以“元年”证“新王”的说法为什么是错误的，参阅拙著：《〈经学通论〉辨证》，页384—88。

孔　子	《春　秋》
未尝自称王	未尝称鲁为王
据《春秋》立一王之德以推其义	据鲁史成文以推其义
素王	王鲁

据皮锡瑞理解，孔子“素王”与《春秋》“王鲁”具有足够的可比性，故以“犹之”述其关系。但这一比拟，若真要具有帮助论证的作用，就需要二者具有高度的相同性，或至少是同类的东西。表面上看，孔子和鲁同样不被称为王，但这两者最大的差别，在于“王”之归属由谁来决定。孔子之为“素王”，是由他自己行为决定的结果，“立一王之德”是因为他所做的事情，不管他有没有“素王”的自我意识（皮锡瑞也不明说）。孔子之为“素王”，具有货真价实的本钱，不是被“托”出来的。如果他要自称为王，也具有足够的认受性。这是“不为”而非“不能”。相反，自隐公以降的鲁国君主之为受命王，不过是“托”的结果，凑巧因为“鲁史”是《春秋》所据的材料，这些君主本身并没有作为王者的条件。于是“王鲁”从一开始便是立不住的。想象一下，假如鲁国君主自称为王，也是不可能有人认可的。这是因其“不能”而《春秋》“不为”——至少皮锡瑞是这么理解的，故他把“未尝称鲁为王”作为鲁非真王的一个佐证（尽管这不符合何诂）。简单地说，孔子之为王，是自我发挥的结果，具有足够的认受性；而鲁之为王，却是出自外力的影响。

对于汉代以后的儒者来说，歌颂孔子是“素王”或其他美好的褒辞，如其他崇圣言论一样，鲜有争议性可言；而假托鲁为受命王，则是无数儒者不可能接受的主张。可以说，皮锡瑞把孔子“素王”

来比拟《春秋》“王鲁”，是拿一个视若平常的说法来掩护另一个备受争议的主张。这是否真能说服读者？或者更准确地说，它能不能因此使读者相信“王鲁”并非“僭妄”？如何能够保证“素王”或其代理人不会引起“僭妄”的危险？皮、梁二人志同道合，《界说》亦乐于引用孔子“素王”比拟《春秋》“王鲁”的说法，相信③已足以解答“僭妄”之疑，有力辩护“王鲁”之论，指责怀疑的人为“徇曲之儒”。不过，皮锡瑞本人似乎没有这么大的自信，当后来写作《经学通论》时，他便改弦易辙，改以《春秋》为“素王”，明确放弃孔子“素王”之论，以此拉开自己与康党之间的距离。〔311〕显然，皮锡瑞比谁都清楚，其言说还不足以打消“僭妄”的指控。

不能简单地把各种质疑之声理解为别人的曲解。再次强调，何休因生于汉代，乐于看见孔子预先顺应天命为本朝改制，故黜周王鲁在政治言说上并不犯忌。相反，两汉以后的王朝如说鲁国独得孔子如此偏爱，故把鲁国君主视同王者，不啻是表明孔子早有不臣之心。这在君尊臣卑的帝国文化中，是不可能得到欣赏的。这是徐疏、刘逢禄、皮锡瑞乃至康、梁师徒都需要共同面对的困难。把相关叙事当作假托，遂成为一个得到认可的选择。

事实上，梁启超也不见得真心觉得《公羊》托王于鲁的说法（先不管如何诠释）并无“僭妄”的危险，后来帝制瓦解，民国建立，梁启超在写作《孔子》一书时，其对《春秋》的解说便强调它的革命性，说：“《春秋》是一部含有革命性的政治书，要借他来建设一个孔子的理想国。”〔312〕可以看见，随着政治环境的变化，是否“僭妄”已非顾忌所在，故梁启超也乐于改变论调，这也反映对“僭妄”的驳议是为辩护而辩护，不是必须坚持的定论。可以说，

---

〔311〕 皮锡瑞对“素王”的理解，参阅拙著：《〈经学通论〉辨证》，页33—50。

〔312〕 梁启超：《孔子》，载《饮冰室合集》第8册《专集》第36册，页44。

梁启超已用实际行动证明他从康有为（大概还有皮锡瑞等人）所习得的《春秋》知识是可弃的，或至少是部分可弃的。如果未经讨论便把《界说》的主张或类似的观点当作《春秋》写作的基本宗旨，甚至将之写进经学史教科书规定学生必须信从，似乎说不通。

第五章　由忠臣而逆贼

——祭仲历史形象的曲折变化

阅读《春秋》离不开“事”的认识，尽管大多数读者不会止步于事件自身，而希望从“事”中找“义”。对“事”的不同叙述和解读，往往也导致思想判断上的分歧。本章讨论的祭仲废立事件，是《春秋》的著名公案。对祭仲两次废立的做法，《公羊》认为是“知权”和“行权”的表现，但许多人却不能同意这一观点，对之多所攻诘。比如说，范宁就批判“《公羊》以祭仲废君为行权”，说是“以废君为行权，是神器可得而窥也”。[1] 又比如，王应麟把祭仲与后世肆无忌惮废立君主的逆臣相提并论：“若祭仲者，董卓、司马师、孙綝、桓温之徒也，其可褒乎?”[2] 又比如，魏时应对祭仲的操守也同样质疑：“今始则不为国家远虑，既不能保身以卫君，中之又怵于势，不能致身以报君，终则遂徇其意而擅为废置，仲之罪于是乎不容诛矣。”[3] 在这些儒者看来，祭仲不但不是忠臣，反而是野心勃勃的乱臣贼子。《公羊》以祭仲为“贤”，有妨名教，不宜接受。

近代以来，因为门户立场的竖立，许多对《公羊》的批判意见往往被当作是不理解《公羊》的缘故。例如陈柱说：“《公羊传》有

---

〔1〕《穀梁注疏》，页9—10。

〔2〕王应麟：《困学纪闻》卷7，页902。

〔3〕魏时应：《春秋质疑》卷2，页61。

行权之说，后之学者，或讥其尚权诈，从而非议之。予以为此皆不善读书之过也。"〔4〕又如阮芝生亦对范宁的批评不以为然，说"范氏恐未达《公羊》之说，故有此论"。〔5〕必须追问的是，范宁真的"未达《公羊》之说"吗？何以见得？〔6〕反对祭仲废立的人真的是因为"尚权诈"而"非议"《公羊》吗？陈、阮二人与许多《公羊》学者一样，都是自吹自话，重申自己所相信的立场，没有直面反对意见作出合理的论辩。

下文将会指出，许多对祭仲的批判意见，不是不同意"行权"的主张。反对《公羊》的，是反对它断言祭仲废立君主为"知权"。"知权"或"行权"之所以不是足以辩护祭仲废立的有力理由，是因为它的叙事存在论证上的漏洞。当潜在反证变得清晰可见，读者就没有理由必须接受《公羊》的说法。

第一节 《公羊》相关的解经意见

照《春秋》记载，祭仲两度废立君主，是桓十一年、桓十五年这两年的事情，而桓十五年、桓十六年诸侯两度伐郑，则是针对桓十五年废立的余波。为了让读者有基本的认识，以下将列举《公羊》6则传文，并略作简介：

（一）桓十一年经："九月，宋人执郑祭仲。"传："祭仲者何？郑相也。何以不名？贤也。何贤乎祭仲？以为知权也。其为知权奈

〔4〕陈柱：《公羊学哲学》，页115。

〔5〕阮芝生：《从公羊学论〈春秋〉的性质》，页135。

〔6〕范宁不是排斥异己的治经立场，他的毛病反而是沉迷《左》《公》而误引二传以解《穀梁》。有关范宁对祭仲的理解，参阅本书第四章，页209—11。

何？古者郑国处于留，先郑伯有善于郐公者，通乎夫人，以取其国而迁郑焉，而野留。庄公死，已葬，祭仲将往省于留，涂出于宋，宋人执之，谓之曰：'为我出忽而立突。'祭仲不从其言，则君必死，国必亡。从其言，则君可以生易死，国可以存易亡。少辽缓之，则突可故出，而忽可故反，是不可得则病，然后有郑国。古人之有权者，祭仲之权是也……行权有道：自贬损以行权，不害人以行权。杀人以自生，亡人以自存，君子不为也。"〔7〕

《公羊》认为"祭仲"是字，不名称字，原因是祭仲为"贤"。为了说明祭仲的"贤"，传文缕述祭仲在视察野留时被宋庄公捉拿并威胁他，要他驱逐世子忽（郑昭公），扶立庶子突（郑厉公）。当时祭仲答应了，据《公羊》的心理叙事，祭仲当时认为不听从宋人的话，将会君死国亡；按宋人的话做，以此为缓兵之计，自己虽获逐君之罪，就有可能保全世子忽的性命，使郑国不致灭亡。要言之，《公羊》认为祭仲的做法无可厚非，故谓之"权"，且因祭仲符合"古人之有权者"，故随后申述"行权有道"是怎么回事。

比读经传，可见《公羊》所言，有少于经者，也有多于经者。少于经者，是"宋人执郑祭仲"本属执者与被执者双方之事，但《公羊》始终没有说明谁是"宋人"。相较之下，《穀梁》明言"宋人"就是"宋公"（即宋庄公），又指出称人为"贬之也"，〔8〕俱非《公羊》所涵盖的内容。多于经者，是《公羊》因"不名"而"贤"的推理，以及"君必死，国必亡"的心理判断。由经文"祭仲"的"仲"，读者只知这有可能是"字"，但是不是凡载有"字"的人必属贤者呢？还有，祭仲仅是郑相，一个臣子的被执如何导致"君必死，国必亡"的危机呢？不难窥知，《公羊》是据经文以外的

〔7〕《公羊注疏》卷5，页96—98。
〔8〕《穀梁注疏》卷4，页49。

预设而得出相关理解的，下一节对之将有讨论。

（二）桓十一年经：“突归于郑。”传：“突何以名？挈乎祭仲也。其言归何？顺祭仲也。”〔9〕

《公羊》认为称“突”称“归”，是指祭仲安排庶子突回国即位。同样，《穀梁》也是从“突”和“归”的用词而得出祭仲主导郑国君位易手这一判断，但它与《公羊》的不同在于对祭仲的评价：“祭仲易其事，权在祭仲也。死君难，臣道也。今立恶而黜正，恶祭仲也。”〔10〕这里，《穀梁》严厉批判祭仲作为臣子废立君主，有违臣道。《穀梁》这一观点反映一个简单的道理：仅凭经文所载，只知郑国在祭仲被执后政权变换。没有《公羊》以“不名”为“贤”的推论和“君必死，国必亡”的心理叙事，纵然像《穀梁》那样得出“恶祭仲”的结论，也不是不可以的。

（三）桓十一年经：“郑忽出奔卫。”传：“忽何以名？《春秋》伯、子、男一也，辞无所贬。”〔11〕

逃亡到卫国的世子忽为何称名？《公羊》指出《春秋》对伯、子、男的用词都是一样的，故认为经文对世子忽并无贬抑。同样，《穀梁》也说“其名，失国也”，〔12〕这是客观地描述世子忽丧失政权的事实，并非对之批判。〔13〕由此可见，“忽”之称名，只能说明丧失君位的世子不是被批判的对象，由此不会进一步支持贤祭仲的结论。

---

〔9〕《公羊注疏》卷5，页98—99。
〔10〕《穀梁注疏》卷4，页49—50。
〔11〕《公羊注疏》卷5，页99。
〔12〕《穀梁注疏》卷4，页50。
〔13〕有关世子忽称名的解释，参阅拙著：《〈穀梁〉政治伦理探微》，页324—28。

（四）桓十五年经："五月，郑伯突出奔蔡。"传："突何以名？夺正也。"〔14〕

《公羊》说原来在位近四年的郑伯突称名，是因为"夺正"的缘故；而《穀梁》也有类似的判断，故曰"讥夺正也"。〔15〕二传"夺正"之说，进一步说明郑伯突是欠缺合法性的君主，但这不意味贤祭仲的观点得到更多的依据。

（五）桓十五年经："郑世子忽复归于郑。"传："其称世子何？复正也。曷为或言归，或言复归？复归者，出恶，归无恶；复入者，出无恶，入有恶。入者，出入恶；归者，出入无恶。"〔16〕

除了说明"复归"与"归"等用辞的通则外，《公羊》指出"世子忽"称"世子"是因为他恢复君位。其言"复正"，与《穀梁》"反正"之语，〔17〕观点相同。从二传的判断，可知世子忽在位的合法性，进一步显示四年前失国的不当。换言之，如果废忽立突不像《公羊》所说的是拯救郑国免于"君必死，国必亡"的必要措施，那就没有理由相信贤祭仲的判断。

（六）桓十五年经："秋，九月，郑伯突入于栎。"传："栎者何？郑之邑。曷为不言入于郑？末言尔。曷为末言尔？祭仲亡矣。然则曷为不言忽之出奔？言忽为君之微也。祭仲存则存矣，祭仲亡则亡矣。"〔18〕

《公羊》断言当时昭公忽已经出奔。然而，经文不曾提及昭

---

〔14〕《公羊注疏》卷5，页105。
〔15〕《穀梁注疏》卷4，页55。
〔16〕《公羊注疏》卷5，页105。
〔17〕《穀梁注疏》卷4，页55。
〔18〕《公羊注疏》卷5，页106。

公忽的流亡，也没有采用“出奔”或其他词语来记载他的失国。《公羊》认为“祭仲亡”，但经文没有提及祭仲，也不曾说明他的生死。此外，由于预设“入于栎”犹如“入于郑”，《公羊》遂有“不言入于郑”之问，这一说法亦无依据。只要不是心存偏见地阅读“入于栎”一语，读者只知郑伯突为了复辟而侵犯国土，不可能由此得出当时昭公忽再次流亡或祭仲已死的结论。《公羊》试图从经文的解释进一步回护祭仲，但其论证很难说是圆满的。〔19〕

较少研究者注意，世子忽复位后不过一年的时间，发生了两次诸侯联军攻打郑国之事。桓十五年经：“冬，十有一月，公会宋公、卫侯、陈侯于袲，伐郑。”桓十六年经：“夏，四月，公会宋公、卫侯、陈侯、蔡侯伐郑。”随着郑伯突入侵栎邑，而鲁、宋、卫、陈四国（第二次还加入了蔡国）兴兵讨伐当时执政的世子忽。这是祭仲废立的余波，可是《公羊》皆未发传。由于解读“入于栎”时得出“忽之出奔”的判断，《公羊》对后来学者已设定了一个无可逾越的文本限制：两次被伐的郑，只能理解为郑伯突再次执政的国家，并非世子忽为君主。为此，何休一再称伐郑的联军为“义兵”。〔20〕不过，“义兵”之说能否成立，很大程度上系于“祭仲亡则亡”的叙事是否足够可信。由于“入于栎”在经文的解释上很难理解为郑国君位再次出现变动，故“祭仲亡则亡”本有可疑之处。何休虽想据“义兵”印证贤祭仲的理据，但他自己在《公羊》也找不到充足的文献依据，理据严重不足。〔21〕

---

〔19〕 有关这一经文的解释，以及《公羊》解释为何不能接受，参阅拙著：《〈穀梁〉政治伦理探微》，页331—35。

〔20〕 《公羊注疏》卷5，页107。

〔21〕 参阅拙著：《〈穀梁〉政治伦理探微》，页335—47。

归纳以上，《公羊》六则经传，真正支撑祭仲为贤的结论，主要是（一），特别是其中因“不名”而“贤”的预设，以及“君必死，国必亡”的心理叙事。其余（二）（三）（四）（五）（六）乃至何休衍生的“义兵”之说，皆不足以证明祭仲废立君主是正确的做法。

第二节　反证的浮现

《公羊》用以支持祭仲为贤的理据有二：一是祭仲“不名”。中国对德行过人之士，素有不名以示尊重的传统。《白虎通·王者不臣篇》云：“盛德之士不名，尊贤也。”又云：“不名盛德之士者，不可屈爵禄也。”〔22〕《礼记·月令》“聘名士”，疏引蔡注：“名士者，谓其德行贞纯，道术通明，王者不得臣，而隐居不在位者也。”〔23〕有德的贤者是必须予以尊重的，统治者不能以权势使之屈从，也不该直接称呼其名。称字以扬其人之善，仿佛是习以为常的做法。是故，《公羊》以“不名”推论祭仲为贤，在直观上是有吸引力的。不过，《春秋》并非凡不名者皆是盛德之士，例如女叔、单伯、南季、王季子、蔡季、郑仪父、庆父、公子遂等人，都是称名而其人必非贤者——至少《公羊》不贤其人。〔24〕字不字与贤不贤，实无必然的关系。话说回头，研究《春秋》而有此认识，很大程度上需要重新归纳经传用例，而许多儒者仍拘于“不名”而觉得祭仲以字称，便足证其为贤。这一点，将在第四节详加讨论。

---

〔22〕陈立：《白虎通疏证》卷7，页326。
〔23〕《礼记正义》卷15，页484。
〔24〕参阅拙著：《〈穀梁〉政治伦理探微》，页303—06。

除了“不名”的解释，另一个争议更多的是《公羊》的心理叙事。如上所述，据《公羊》记载，祭仲之所以废立君主，是怀有关怀国家和君主的高尚情操，若不跟随宋庄公的安排废忽立突，就会出现君死国亡的危难。然而，“祭仲不从其言，则君必死，国必亡”作为“普遍性前提”（universal premises），其实带有无可克服的内在限制。

什么是“普遍性前提”呢？这要从亚里士多德的传统三段论说起。试回顾以下一个经典范例：

苏格拉底是一个人，

所有人都会死，

所以苏格拉底会死。

略知逻辑学 ABC 的人都清楚这种“小前提、大前提、结论”的论证方式，大概也知道小前提是特指某一对象的单称句式，而大前提则是凡指某一范畴的全称句式。但问题是像“所有人都会死”之类的大前提，实际上包含着两个不同的元素：一是由资料（data，D）过渡结论（conclusion，C）的依据（warrant，W），另一是支持这个依据的佐证（backing，B）。

根据图尔明（Stephen Toulmin）的说法，依据往往是一种“普遍性前提”，但它不是事实的（factual）、范畴的（categorical），而是假设的（hypothetical）、许可的（permissive）。真正赋予依据以经验力量的，是陈述着某种事实的佐证。这个佐证陈述的事实，跟资料和模态限定语（modal qualifier，Q）下的反证（refuttal，R）的经验彼此印证，方可达致对确的结论。为此，图尔明扬弃了亚里士多德三段论的传统排列方式，改用下列图式来说明论证的操作：

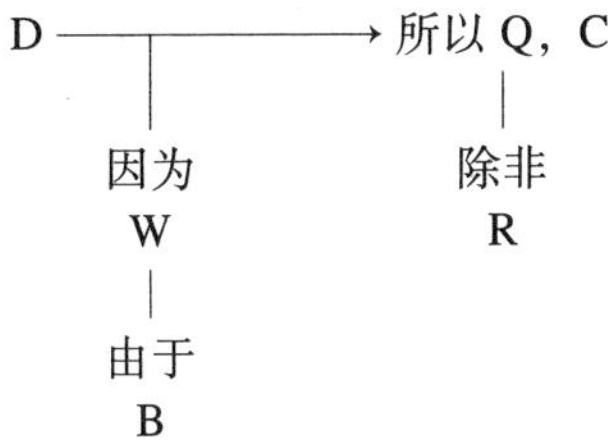

为了说明这个图式比传统三段论更能展示论证的复杂性，图尔明举了“Petersen 是一个瑞典人”而推断“Petersen 不是天主教徒”的论证过程：[25]

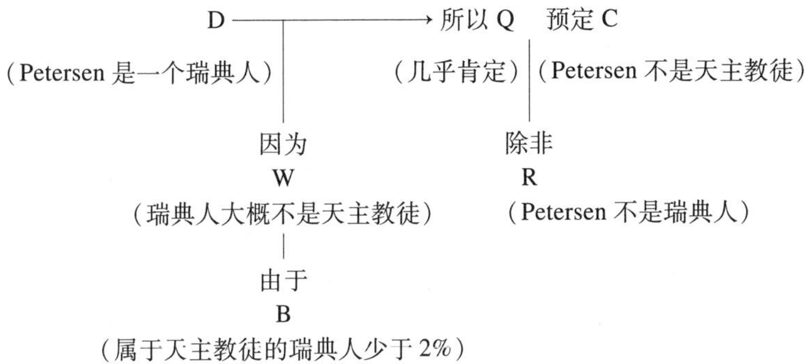

根据上图，可以发现“瑞典人大概不是天主教徒”跟“所有人都会死”一样，都是假设性的“普遍性前提”，而人们之所以相信依据的可靠性，是因为它的背后有一种在统计学上可靠的资料（“属于天主教徒的瑞典人少于 2%”）作为佐证。可以想象，没有佐证（B）的话，一个不熟悉瑞典国内宗教人口的人，就未必愿意相信“瑞典人大概不是天主教徒”的依据（W）。同样的道理，世人之所以赞成“苏格拉底会死”，是因为经验知识尚未找到长生不死的人，否

〔25〕 Toulmin, *The Uses of Argument*, p.103.

然的话，“所有人都会死”的可靠性也可能被大大削弱。

参照图尔明的推理范式，我们不妨把《公羊》祭仲行权的思路推衍如下：

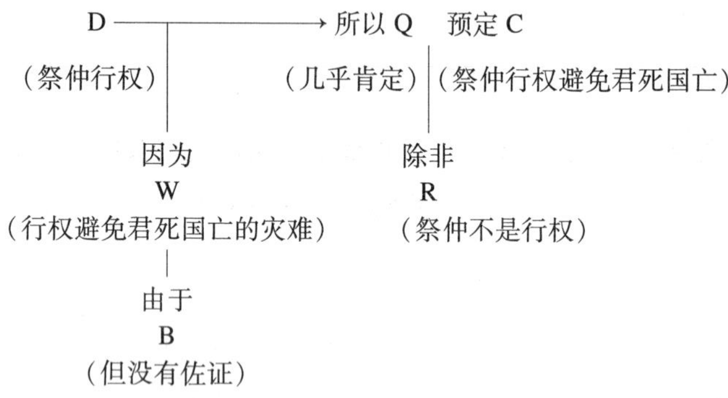

从图尔明的视角反思祭仲的选择，所谓“行权避免君死国亡的灾难”跟“所有人都会死”一样，同是一项“普遍性前提”；没有它，祭仲也就没有理由行权。但问题是，这一依据背后有多少佐证呢？没有。我们不清楚过去治《公羊》的经师对这一故事的叙述细节（也许大多由于注疏的失传），今传十三经版本的《公羊注疏》并未提及有关祭仲行权的过程细节。读者仅凭传文只知道祭仲受到威胁，根本不知道所谓“君必死，国必亡”是怎么样的一个危亡处境。比如说，《公羊》明确告诉读者，宋军如何临兵边境，郑国的国力如何逊于宋国，郑室内部又是如何纷乱不堪等等，以致惟有行权才能摆脱困境，也许君死国亡的论断可以蕴含更充实的佐证。可是，《公羊》根本没有任何确切的交代。换言之，“君必死，国必亡”是一个缺乏佐证的普遍性前提。〔26〕

因此，《公羊》在伦理原则上纵使不存在什么破绽，但既然没

〔26〕 有关祭仲废忽立突的背景，参阅拙著：《〈穀梁〉政治伦理探微》，页 303—24。

有佐证，其论述的可靠性惟有祈求没有反证的出现。不幸的是，《左传》提出了一套比《公羊》内容更充实、情节更动人的叙述。以下，引录8段相关的引文：

[1] 桓十一年传："夏，郑庄公卒。初，祭封人仲足有宠于庄公，庄公使为卿。为公娶邓曼，生昭公，故祭仲立之。宋雍氏女于郑庄公，曰雍姞，生厉公。雍氏宗有宠于宋庄公，故诱祭仲而执之，曰：'不立突，将死！'亦执厉公而求赂焉。祭仲与宋人盟，以厉公归而立之。"

[2] 桓十五年传："祭仲专。郑伯患之，使其婿雍纠杀之。将享诸郊，雍姬知之，谓其母曰：'父与夫孰亲？'其母曰：'人尽夫也，父一而已，胡可比也？'遂告祭仲曰：'雍氏舍其室而将享子于郊。吾惑之，以告。'祭仲杀雍纠，尸诸周氏之汪。公载以出，曰：'谋及妇人，宜其死也。'夏，厉公出奔蔡。六月乙亥，昭公入。"

[3] 桓十五年传："秋，郑伯因栎人杀檀伯，而遂居栎。"

[4] 桓十五年传："冬，会于袲，谋伐郑，将纳厉公也。弗克而还。"

[5] 桓十六年传："春，正月，会于曹，谋伐郑也。夏，伐郑。"

[6] 桓十七年传："初，郑伯将以高渠弥为卿。昭公恶之，固谏，不听。昭公立，惧其杀己也。辛卯，弑昭公而立公子亹。"

[7] 桓十八年传："秋，齐侯师于首止。子亹会之，高渠弥相。七月戊戌，齐人杀子亹而轘高渠弥，祭仲逆郑子于陈而立之。是行也，祭仲知之，故称疾不往。人曰：'祭仲以知免。'仲曰：'信也。'"

[8] 庄十四年传："郑厉公自栎侵郑，及大陵，获傅瑕。傅瑕曰：'苟舍我，吾请纳君。'与之盟而赦之。六月甲子，傅瑕杀郑子及其二子，而纳厉公。"[27]

---

〔27〕《左传正义》卷7，页196、206—08、211、213—214；卷9，页251。

例［1］记载祭仲被宋人威胁和结盟，其情事与《公羊》大体相同；但《左传》并不将之视为权变的表现，反而在此之前介绍郑昭公忽登位的背景，其中特别指出昭公忽之母邓曼，是经过祭仲的安排，庄公才迎娶了她，从而显示昭公忽与祭仲的亲近关系，也解释祭仲当初立忽的原因。这跟《公羊》的叙述截然相反。《公羊》说明祭仲废忽立突的前前后后，纯粹是大公无私、切合君臣之道的忠诚表现，从未说明他和两位储君有何私交和人际关系。

例［2］发生时间是祭仲废立后的第四年。当时在位的郑厉公突，因为不满祭仲专政，暗中指派祭仲的女婿雍纠去杀死他。其妻雍姬知道这项宫廷阴谋，与母亲商量应该帮助谁人，结果雍姬被母亲说服，把阴谋告知祭仲，于是祭仲杀了雍纠。厉公突也因此逃亡，而四年前被废位的昭公忽也回到郑国即位。透过这一宗事败未成的宫廷阴谋，祭仲呈现在读者面前的形象，不再是忍辱图存的忠义大臣，而是一个专横霸道、视君主如无物的权臣。因为他的专擅国政，使厉公突无法忍受亟欲杀之；也因为他的肆无忌惮，突、忽二人于是再度易位。

例［3］叙述郑伯突趁栎人杀檀伯，而侵占栎邑。栎邑不是郑国首都，当时祭仲未死，而郑伯突还没有夺取世子忽的君位。

例［4］和［5］记载两次伐郑，是为了支持郑伯突，对付的是祭仲支持的世子忽。无论怎样看，联军都不是攻伐郑伯突的“义兵”。

例［6］回顾即位后的昭公忽与高渠弥有宿怨，高渠弥害怕昭公忽会杀掉自己，先发制人杀了昭公忽而立公子亹。事件中没有提及祭仲，但照《公羊》所载，昭公忽本是祭仲要“存”的“君”，如今他死了，也没有看见祭仲有何异议或反抗。

例［7］讲述公子亹和高渠弥在首丘被齐人杀死，祭仲先前已预料到这个结果，所以假称患病没有同去，事后他到陈国迎接昭公弟公子仪，立他为国君。明知国君赴险而不奏告，祭仲显然借刀杀人，难言忠勇。

例［8］发生在公子仪任内，祭仲死后两年，流亡在外的厉公突勾结郑大夫傅瑕，杀死公子仪，回国复位。《公羊》隐然告诉读者，厉公突回到郑国，夺取的是昭公的君位，而《左传》关于他的时间、地点、对象和手段也有明显不同的记述。这是郑国内乱的最后结局，经过一连串的内斗，原来在春秋初期独强的郑国就此中衰，东方的霸权落入齐国手里。[28]

由于《左传》在叙述中加入了背景和过程细节（尤其是厉公突的阴谋和公子亹、高渠弥二人被杀的经过），而在修辞上也不乏精彩生动（像“人尽夫也”的对白，早已成了流行成语），所以整个故事的铺陈显得有血有肉，祭仲翻手为云、覆手为雨的权奸形象跃然纸上。它的叙述形成鲜明的反证，彻底否定《公羊》贤祭仲的普遍性前提（即“君死国亡”的心理叙事），同时也就间接驳斥了祭仲行权的理由。不少人都相信《左传》记载比《公羊》更符合历史实际，例如司马迁《史记·郑世家》有关祭仲废立的经过，基本上沿袭《左传》的内容和笔法。[29]

在祭仲问题上，认为《左传》比《公羊》可信，不能简单地化约为尊《左》抑《公》的派性矛盾。换个立场看，研治《穀梁》的学者完全可以兼容《左传》的叙事，或明确拒绝《公羊》褒美祭仲的观点。如上所述，《穀梁》对经文的解释，与《公羊》同中有异。不把祭仲行权视为必然正确的立论前提，是完全可以的。这不是反对权变，而是祭仲废立君主不像《公羊》所述的那么高尚无

〔28〕 童书业:《春秋史》，页150—51。

〔29〕《史记》卷42，页2126—29。司马迁撰写《史记》，在取材和笔法上借鉴《左传》甚多。参阅逯耀东:《抑郁与超越：司马迁与汉武帝时代》，页265—93。

私。"知权"不是足以证成废立的充足理由——只要不是无视《左传》和《穀梁》所载的反证的话。

第三节　由忠臣变权奸

一个文本是否为人采信，不能只看它的内容，也得注意读者的思想态度。假如诠释者没有相对应的心境，那么《左传》纵使具有比较详密的情节，也未必可以压倒《公羊》的叙述。至少对于某些汉人来说，像祭仲那般废立君主，就不见得全是坏事。在王莽以前的成功例子，就有周勃、陈平铲除吕氏势力，迎立刘邦之子刘恒入京为帝（即文帝），和霍光在昭帝死后废黜昌邑王，继立戾太子孙刘病已为帝（即宣帝）。[30] 文帝和宣帝皆为英主，汉人对主导废立的周勃、陈平和霍光，肯定多于否定，甚至视为拨乱反正的合理举措。明末清初的遗老吴伟业对此感触良多，他认为董仲舒《春秋繁露》对权变的肯定，正是建立在周勃、陈平起事的成功之上："仲舒亲见高后之世，平、勃以知免，如《公羊》所言'少辽缓之'，则少帝可故废而代王可故立。夫平、勃亦幸成功耳。"[31] 因此，在汉人心目中，像祭仲的非常做法是可以接受的。吴楚七国乱后，齐人公孙玃就援引祭仲"许宋人立公子突以活其君"的故事，以此为可能连坐入罪的济北王开脱。[32] 在盐铁会议上，御史大夫桑弘羊也以祭仲的故事来辩护盐铁专卖等措施，说："祭仲自贬损以行权，时也；故小枉大直，君子为之。"[33] 而事事跟他针锋相对的"贤良

〔30〕 林剑鸣：《秦汉史》上册，页 293。辛德勇：《海昏侯刘贺》，页 23—247。
〔31〕 吴伟业：《祭仲论》，载《梅村集》卷 40，页 411。
〔32〕 《汉书》卷 51，页 2356—57。
〔33〕 王利器：《盐铁论校注》卷 2，页 150。

文学”对这个典故并无异议。

汉儒这种肯定祭仲的态度，跟宋儒对祭仲的痛恨和斥责，恰恰形成鲜明的对比。今人谈论宋学，往往凸显宋儒的政治主体意识，以为许多士大夫都有与君主共治天下的理想，仿佛他们都有以“治道”克制“政道”的信念。〔34〕其实，这只是当时政治文化的其中一面，若将之过分夸大，也许令人忽略了宋儒也是君权至尊的捍护者。唐中后期藩镇跋扈，终致唐室衰亡，再到五代十国的祸乱，清晰地告诉宋人君臣失序的乱局是多么的可怕：废君如草芥，篡弑如儿戏，君臣之伦一再遭到践踏，龌龊卑劣的权臣和血腥恐怖的政变总有各种各样的“正当”理由自我合理化。于是，尊王室，抑权贵，恢复君尊臣卑的名教伦常，几乎已成为许多宋儒的共同心声。〔35〕那些有可能导致君臣易位的思想及其文本，皆容易惹来敌视，甚至遭到扼杀。〔36〕在这种政治氛围下，《公羊》以祭仲废君为行权的见解，自然得不到认可和肯定。

此外，宋人解经的风格也有助于否定祭仲行权的说法。现在有人以为宋学绍承中唐啖助、赵匡、陆淳的余风，治《春秋》专就本经研求，不问三传。〔37〕这种说法似乎带有片面性和夸张性。《春秋》语言过于简质，如果真的不依靠三传，仅凭不过一万六千多字的经文，许多内容根本就无法解读。因此，宋儒对三传的态度绝非

〔34〕余英时：《朱熹的历史世界》上册，页210—30。

〔35〕政治背景与两宋《春秋》学的关系，参阅牟润孙：《两宋〈春秋〉学之主流》，载《注史斋丛稿》上册，页69—87。

〔36〕现在粗略知道谶纬历史的人，大概只记得隋朝大规模焚烧纬书的故事，但往往忘记了宋儒也在消灭纬书上立了大功。欧阳修鉴于《周易正义》上保存《易纬》，便提出取九经之疏，全删谶纬之文，迄至魏了翁作《九经正义》，这项削除工作终于完成。参阅周予同：《纬书与经今古文学》，载《周予同经学史论著选集》，页49。

〔37〕徐洪兴：《思想的转型：理学发生过程研究》，页71—92。

摒除不理，而是不再坚持以某一经传为本，根据自己的阅读心得而发挥见解，甚至以此匡时论政。这样的做法，有所得，也有所失。得者，是透过不同经传注疏的比较，更明确地看见正反两面的证据，有助于放宽解经者的视域；失者，是当不同文本之间的分际被忘却之时，就容易混淆本来不该混淆的解经意见。其中得失，不宜泛泛而论，必须具体问题具体分析。仅就祭仲废立的认识而言，一个客观的效应是《左传》的历史叙事成为解经者不得不凭借的根据，论者大多不再相信《公羊》贤祭仲的判断。

孙复《春秋尊王发微》堪称宋明儒弃绝祭仲的典例。他虽然找不到《春秋》本经有任何否定祭仲的明证，但却认定祭仲罪状具在不容抵赖："无恶文者，恶在祭仲。为郑大臣，不能死难，听宋偪胁，逐忽立突，恶之大者。况是时忽位既定，以郑之众，宋虽无道，亦未能毕制命于郑，仲能竭其忠力以距于宋，则忽安有见逐失国之事哉?"〔38〕这里，祭仲没有接受"君必死，国必亡"的说法，不认为祭仲废立君主对宋国有什么帮助。在采纳《左传》的叙事之余，他显然接受《穀梁》的说法，认为为君死难，方是祭仲合理的做法。

孙复立言风格武断，常遭质疑，但他对祭仲的负面评价，却是折衷《左》《穀》而发，故其议没有遭到挑战。其后，刘敞《春秋权衡》涉及祭仲的评价，也是怀疑和责骂："《公羊》以谓知权，非也。若祭仲知权者，宜效死勿听，使宋人知虽杀祭仲，犹不得郑国乃可矣。且祭仲谓宋诚能以力杀郑忽而灭郑国乎？则必不待执祭仲而劫之矣。如力不能而夸为大言，何故听之？且祭仲死焉足矣，又不能是则若强许焉，还至其国而背之，执突而杀之可矣，何故黜正而立不正以为行权？乱臣贼子，孰不能为此者乎?"〔39〕这同样是认

〔38〕孙复:《春秋尊王发微》卷 2，页 20—21。
〔39〕刘敞:《春秋权衡》卷 9，页 271。

定“君必死，国必亡”不合实情，认为祭仲除了废立君主外，还有其余更正确的选择。这一思路，基本上是宋明以降《春秋》诠释的主要论调。

宋儒这种强调大义名分的政治信念，到了金人南侵，变得更加牢固。南宋诸儒皆认定，投降金人的叛臣如张邦昌之流，其所以敢于僭位接受伪号，理据不外乎是遭逢巨变，权宜从事，忍死为生民赎命。[40] 为此，高宗朝专以《春秋》进讲的胡安国，誓死反对《公羊》的说法：“公羊氏以祭仲废君为行权，先儒力排其说，盖权宜废置，非所施于君父，《春秋》大法，尤谨于此。”[41] 胡安国在其《春秋传》中全盘否定《公羊》权变的主张，批判祭仲“见执于宋，使出其君而立不正，罪较然矣”。[42]

与胡安国同时代的叶梦得，在《春秋考》中甚至因为祭仲的缘故，连“行权”也不想主张：“孔子方将以空言拨其乱而反其正，举其所谓常而不可改者，揭而示之天下，使昭然如日月之不可掩其明，屹然如山岳之不可易其位，几何而不正乎？若是而通其权，是以乱济乱也，故曰《春秋》无权道。”[43] 必须辨别，叶梦得论政评事，甚具慧识，绝非不知变通的迂腐儒生，其因祭仲废立而扬言放弃讲“权”，似为纠偏而发。无论如何，叶梦得针对的是不设任何限制而任凭当事人随意自行己是的危险性，不宜将之视为不懂权变。

祭仲是权臣，其废君并非行权，自宋明以降已是人人共许的“常识”。有关这一故事的经典诠释，始终也离不开《左传》叙事的

---

〔40〕 朱熹:《伊洛渊源录》卷 12，页 1081—82。

〔41〕 朱熹:《伊洛渊源录》卷 13，页 1098。类似的记载载于李心传:《建炎以来系年要录》卷 57，页 993。胡寅:《先公行状》，载《斐然集》卷 25，页 672。

〔42〕 胡安国:《春秋胡氏传》卷 6，页 69。

〔43〕 叶梦得:《春秋考》卷 1，页 256。

支配。凡是涉及祭仲的文本，基本上都是按照权臣专权的形象来诠释。有时候，文本证据不足，诠释者或以想象济考据之穷，企图借此勾勒更完整的故事细节。经历了宋室沦亡、见证过各种离散变故的家铉翁，便如此拟想当时祭仲的“阴谋”：“愚三复当时事，窃以为仲与庄内外合谋而为此，本非执也。仲为郑卿，柄其国者也，岂得一旦轻行为宋所执，又与突俱归而遂立之？当是时立弗立，其权在仲。彼迫胁而为之盟，又何足以要我？而仲也，出君纳君，若是之易耶？盖忽者，郑庄公嫡子，尝有功于齐，刚傲自大，祭仲忌之，故与宋庄合谋，更立弱君，为固位之计。突既篡兄，复不假仲以权，仲又出之，而复以忽归。若仲者，郑之大盗。周若有王，诛死而不以赦者也。”〔44〕确切地说，家铉翁认定祭仲和宋庄公内外合谋之说，《春秋》三传也找不到任何明确的证据可资佐证，但也许由于他的想象符合祭仲流行的负面形象，他的推理听来也像是合乎情理，故而后来也没有多少经师批判他解经过于大胆。这一点，也间接反映出《公羊》贤祭仲的观点遭到了践踏。

第四节　对称字示贤的驳议

祭仲既成了万人唾弃的无耻之尤，那么《公羊》的解释自然被视为完全站不住脚。接下来的问题是，如果祭仲真的是这么卑劣的人，那么《春秋》经中“祭仲”的称呼该作如何理解呢？假如像第二节所述，知道《春秋》经中载有不少人称字非贤，这不该是令人费解的难题。事实上，《公羊》虽以称字为贤，但也没有明确声言凡不名皆贤。然而，许多《春秋》研究者始终没有洞悉这一关

〔44〕　家铉翁：《春秋集传详说》卷4，页94。

键，反而觉得公羊以“仲”称祭仲，是一个难题，必须认真对付，思以化解。

想一劳永逸地解决这一麻烦者，首推晋人杜预。他在注解《左传》“郑伯使祭足劳王”一句时，说道：“祭足即祭仲之字，盖名仲，字仲足也。”〔45〕换言之，“祭仲”的“仲”是名，不是字。对此，杜预还在《春秋释例》中解释说：“伯、仲、叔、季，固人字之常。然古今亦有以为名者，而《公羊》守株，专谓祭氏以仲为字，既谓之字，无辞可以善之，因托以行权，人臣而善其行权逐君，是乱人伦、坏大教也。”〔46〕言下之意，孔子称之为“仲”，并不带有任何褒扬之意。

杜预强把“足”解为字、“仲”解为名的做法，虽是釜底抽薪，但在许多儒者看来并非十分可靠，毕竟伯、仲、叔、季是中国人常用的字号。隋代经学家刘炫就对杜说提出非议，认为“祭仲是字”。虽然《左传》孔疏予以反驳：“就如刘言，既云罪其逐君，何以嘉而称字？”〔47〕但也可以窥见，杜说并无一锤定音的效力，疑问依然存在。然则，难不成孔子肯定卑鄙的祭仲吗？为了化解这一疑难，唐人陆淳提出了另一解释。何休在《解诂》桓四年注中曾说过：“上大夫不名，祭伯是也。”〔48〕陆淳比他更进一步，在《春秋集传纂例》中提出一个颇为大胆的主张：“诸国大夫，王赐之畿内邑，为号令归国者，皆书族书字，同于王大夫，敬之也。”此外，他针对祭仲书字的例子，批判《公羊》说：“不知天王赐之邑号，故见书字乃云贤也。”〔49〕这就是说，祭仲是天子钦命的大夫，称之为

〔45〕《左传正义》卷6，页167。
〔46〕杜预：《春秋释例》卷4，页69。
〔47〕《左传正义》卷7，页194。
〔48〕《公羊注疏》卷4，页81。
〔49〕陆淳：《春秋集传纂例》卷8，页499。

字，不过是当时的说辞，仅是为了基本的尊敬，不代表孔子认可了祭仲废君乱郑的行为。虽然陆淳这一解释夹杂了不少猜想的成分，但由于符合人心所需，普遍得到两宋经师的接受。[50]

由于胡传被视为具有羽翼程朱的大功，其价值不下于蔡沈《书集传》，而元明以来更成为官方钦定御用的教科书，与《左》《公》《穀》三书并称为“四传”，所以胡安国的意见特别值得一提。他的做法主要是深化陆淳的解释，一方面认为祭仲称字，为的是因字而见贬，称贵卿以大其罪：“何以不名？命大夫也。命大夫而称字，非贤之也，乃尊王命贵正卿，大祭仲之罪以深责之也。其意若曰：以天子命大夫为诸侯相，而执其政柄，事权重矣，固将下庇其身，而上使其君保安富尊荣之位也。今乃至于见执，废绌其君，而立其非所立者，不亦甚乎？任之重者责之深，祭仲无所逃其罪矣。”另一方面，胡安国还针对《春秋》经把忽、突二君命名的笔法，说：“今此则名其君于下而字其臣于上，何以异乎？曰：《春秋》者，轻重之权衡也。变而不失其正之谓权，常而不过于中之谓正。宋殇、孔父道其常，祭仲、昭公语其变，惟可与权者其知之矣。”[51]

胡氏这一意见，到了明代成为许多儒者聚讼不休的源头。[52]例如：

---

[50] 不接受陆说而信从杜说者，寥寥无几，据笔者粗略浏览，宋代大概只有苏辙《春秋集解》（卷2，页14）一书而已。相反，接受陆说的多不胜数，例如孙复：《春秋尊王发微》卷2，页20。孙觉：《孙氏春秋经解》卷2，页574。崔子方：《崔氏春秋经解》卷2，页197。胡安国：《春秋胡氏传》卷6，页69。高闶：《春秋集注》卷6，页300。陈傅良：《春秋后传》卷11，页612。家铉翁：《春秋集传详说》卷4，页94。

[51] 胡安国：《春秋胡氏传》卷6，页69。

[52] 朱维铮认为清代经今文学的复兴的一个原因，是因为满清君主不满胡安国传，儒生趁机群起抨击胡传而解放了解经的思想。参阅朱维铮：《晚清的经今文学》，载《中国经学史十讲》，页164—66。无疑，像毛奇龄等人确实不满胡传，但对胡传不满和批判者，早在宋明以来所在皆有，绝非迄至清季才有的现象。

[1] 湛若水："愚谓据此则宋公以诸侯之尊为诡贼以胁人，祭仲以国相为弑逐以从贼，其罪自不可掩矣，不在乎泥一字以为贬罪也。"

[2] 姜宝："《春秋》未尝屑屑焉于书名书字上见褒贬，今但比事以观，宋执祭仲，突归而忽奔，则仲之罪自见矣。胡氏书字以深责仲，与名君字臣诸说，皆似牵强难从。"[53]

湛、姜二人，同样都是反对胡传务在深文的解经风格。他们都认为仅凭祭仲称字这一单薄的证据，很难推衍出胡安国所想象的各种意思。

为了超越胡传，也为了杜绝任何肯定祭仲的可能性，有些人选择回到杜预的旧说。例如：

[3] 熊过："《春秋》大夫以仲名者多矣，此以祭仲为名是也。"

[4] 毛奇龄："至祭仲之称，则祭氏仲名，杜有明注。此与孔父仇牧君臣连称并同，未有名君于后而字臣于前者。"

[5] 徐廷垣："列国之命大夫，未有书字，如齐国高为天子之二守，而国归父高傒俱不字，何独于郑祭仲为命大夫而字之耶？杜氏谓祭仲名仲，字仲足，其说为是。"[54]

以上三人，同样对杜预以祭仲为名的观点，予以相当的肯定。然而，杜说真的可靠吗？

就文本的证据来说，杜说并不见得比陆淳和胡安国之说更有说服力。尤其是，随着汉学在学术界的抬头，杜预合并经传的进路往往被视为背离旧注的一个开端，加上杜预与司马氏的密切关系，故援杜之说，很快便得不到欣赏。惠栋在补注《左传》时批判杜预疑

[53] 湛若水：《春秋正传》卷6，页103。姜宝：《春秋事义全考》卷2，页125。

[54] 熊过：《春秋明志录》卷2，页36。毛奇龄：《春秋毛氏传》卷8，页78。徐廷垣：《春秋管窥》卷2，页710。

点重重，“专欲违旧法，以就其曲说”，又说：“《世本》载姓氏，皆先字后名，此与孔父嘉一例，则仲字足名，确然无疑。”惠栋还对《公羊》予以一定的同情，认为杜预《释例》“斥其挟伪，以篡其君，过矣”。[55] 惠栋对杜注的批判是否合理，还需要进一步的剖析，但他和许多学者一样，还没有指出问题的关键：无论是否拥护杜预之说，当辩论的焦点放在“祭仲”称字抑或称名，实际上已默许了称字示贤作为论证前提。这一点，恰好不是毫无争议的说法。

第五节　辩护《公羊》的新策略

撇开祭仲不名与否的争论，如何定位被指责的祭仲，一直是《春秋》研究的重要课题。尤其当研治先秦两汉古籍成为儒者愿意埋首的工作时，《公羊》过去的旧说也因此得到全新的认识和评估。有趣的是，当何休等汉人旧说重新得到重视的同时，祭仲行权的说法却没有就此得到十足的正当性。尽管《公羊注疏》作为汉代传世重要的思想作品而备受重视，但祭仲这个充满争议性的人物还是没有得到全面平反，哪怕立言的人以拥护《公羊》为其学术使命。

比如说，孔广森《公羊通义》云：“后世有借权之名，济其变诈者，俗儒欲以此传执其咎，可乎？夫君子之行权，虽若反经，然要其后，必有善存焉。若仲者，未能善其后也。《诗》曰：‘采葑采菲，无以下体？’《春秋》之于祭仲，取其诡辞，从宋以生忽而存郑，为近于知权耳。仲后逡巡畏难，不终其志，经于忽之弑，子亹、子仪之立，一切没而不书，所以醇顺其文，成仲之权，使可为后法，故假祭仲以见行权之道，犹齐襄公未必非利纪也，而假以立复雠之

[55] 惠栋：《惠氏春秋左传补注》卷 1，页 127。

准，所谓《春秋》非纪事之书，明义之书也。苟明其义，其事可略也。"〔56〕上述引文表明，孔广森也知道《左传》有关昭公忽被弑，子亹、子仪继立等叙述，他所提出的"醇顺其文，成仲之权"的理由，实际上等于承认历史现实的祭仲并非行权，所以他才会强调《春秋》是"明义之书"，因为他已深知事实叙述与义理发明之间存在无可弥补的鸿沟。

后来，皮锡瑞也采取相同的观点。他撰写过《左传浅说》，当然知道《左传》各种不利于祭仲的记载，〔57〕但遵奉今文经的立场又令他不想放弃废君行权之说，于是他惟有这样说："二传不同，未知孰是。即如《左氏》之说，《春秋》取人，亦惟取其一节，借此以明知权之义而已。权然后知轻重。身死而君死国亡，其祸重；身不死而君出国存，其祸轻。避重就轻，此之谓权。《公羊》以反经合道为权，谓与常经相反而与大道相合。祭仲未必真知此义，而其事有近合乎权者，故《春秋》借以为法。"〔58〕总言之，行权归行权，祭仲归祭仲，二者不必扯在一起。这个说法，无形中还是胁于《左传》叙述的冲击力使然。

同样犯难的是王闿运。他笺注《公羊》，主要因袭何休《解诂》旧说，而在桓十五年"祭仲亡则亡矣"一句下，特别解释说："于此终祭仲之事，并忽而隐之，明《春秋》不为忽出例，亦以示他奔入不书者众也。忽立而不能君，仲义又当废忽而他立，许之则无以

〔56〕孔广森：《公羊通义》卷2，页45。引文"经于忽之弑"下，原标点漏了逗号未加，谬甚，今改正。子亹死于齐人之手，不是世子忽所弑。

〔57〕皮锡瑞对郑国历史异常熟稔，曾经考证《左传》"庄公之子，犹有八人"一句的涵义，认为这八人"不当并数厉公与忽、突、仪"，参阅《左传浅说》卷上，页319。附带一提，这一引文内的"突"字似是皮氏笔误，突是厉公之名，该改作"亹"才是。

〔58〕皮锡瑞：《师伏堂春秋讲义》，页169。

示法，不许则无以定国。若录忽出奔，则仲不能尊王之罪见矣。必使贤臣扶立亡国之君以事之而为之死，岂《春秋》之意乎？故并隐忽不复再见也。"〔59〕王闿运不肯为国君死义，固然反映了清末政治文化造作虚矫的一面，〔60〕但更值得注意的是，他煞有介事地解释隐忽不复书，又提及废忽他立等问题，显然是因为知道《左传》祭仲各种计算权谋的记载，但为了维护《公羊》学说的一贯性，索性轻描淡写一笔带过。

有关"事"与"义"的分拆，可谈的问题还有许多，〔61〕但这里只指出一个清晰的事实：清代《公羊》研究（其实《左》《穀》研究亦然）因为文献累积和思想变化，许多观点与汉儒之间，已有若干差距，哪怕是倡言恢复汉人旧说的经师也不可能固执拘泥，一成不变。祭仲因其负面形象而导致《公羊》经师另采其他言说策略，仅是一个比较显眼的例子。

第六节　小　　结

《春秋》采取编年史的书写方式，载有许多重要的事件。以为"事"是可伪或可弃的，或把"事"与"义"对立起来，实乃走不通的死胡同。为了阐明"义"是什么，态度严肃的研究者需要耐心钻研经传的用辞，考察经传所述的"事"究竟如何。刘士毅回顾学《春秋》的心路，便相当生动地说明自己如何酌量诸事："每有疑难，辄为覃精弄思，参互考订，推之以理，要之以劳。酌之本事，

---

〔59〕 王闿运：《春秋公羊传笺》卷2页，页204。
〔60〕 有关这个问题，参阅朱维铮：《尸谏》，《音调未定的传统》，页99—111。
〔61〕 有关"事"与"义"的分拆，参阅拙著：《〈经学通论〉辨证》，页323—430。

以寻旨归；参之他事，以观同异。"[62] 由于《春秋》的许多用辞都涉及政治行为的判断，若不了解事件，许多解经意见也无从提出来。这是刘士毅和许多《春秋》学者费心考察"事"的缘故。空谈义理，殊非《春秋》研究的惯常做法。祭仲由忠臣而逆贼的形象转变，始终离不开围绕着他的各种叙事。撇除这些叙事不予理会，径自拿个人偏好的思想文本自言自语，对各种相关的反证不思、不睹、不谈，仿佛自始至终只有《公羊》抬举祭仲的一种声音存在，未必是经得起推敲的做法。

---

〔62〕 刘士毅:《序》，载《春秋疑义录》，页718。

第六章　父命抑或王父命？

——从聩辄争国看儒家政治伦理的发展

孔子讲正名，大概是现在哲学史书写必然着墨的环节，但较少审视这种政治主张是在什么政治环境中提出的。《论语·子路》记载："子路曰：'卫君待子而为政，子将奚先?'子曰：'必也正名乎!'"[1] 大多数作品只谈孔子的答语，没有深究子路口中的卫君是谁。卫君就是卫出公辄，此人在祖父卫灵公死后登基，为保君位跟流亡国外的亲父蒯聩殊死搏斗。孔子就是在这种君不君、臣不臣、父不父、子不子的政治情形下，提出"正名"的主张。可是，卫国始终没有朝着孔子所希冀的方向发展，内乱更演变到政权易手的地步。孔子死前一年（即哀十五年），子路在卫国内乱中遇害。事缘是年冬天，卫国执政孔文子逝世，被逐的蒯聩串通其姊即孔文子妻孔伯姬发动政变，劫持继任执政的孔文子之子孔悝，强迫他承认蒯聩为卫君，是为卫庄公，导致在位的卫出公出奔。孔子远在鲁国，听说卫国政变，便预感任职孔氏宰的子路必死无疑，果然不幸而言中：子路闻讯冲入执政府救孔悝，被蒯聩部下勇士格杀砍成肉酱。[2] 因为聩辄争国，孔子失去了心爱的弟子。若果说，这一语境是深入掌握孔子晚年政治思想的一个重要线索，应该没有太大

[1] 《论语注疏》卷13，页199。

[2] 《左传正义》卷59，页1686—87。

争议。

知道正名之义因聩辄争国而发，引发的问题可能比解决的更多。简单地说聩辄双方都有错，都不符合孔子正名的标准，并不足够；因为聩辄之争，乃是你死我活的政治斗争，其中涉及的不仅是道德高下的判断，还关系到政权归属的合法性。使后世许多儒者犯难的是，孔子究竟支持哪一方执政呢？或者说，哪一方的错误更大，需要圣人的诛绝呢？正名，离不开逾越和叛逆之抑制。蒯聩多番图谋夺国，按理说是不能饶恕的乱臣贼子，但使问题变得棘手的是，被逐的卫辄乃是蒯聩之子。父亲掀起内乱抢夺儿子的王位，是否具有合法性呢？反过来问，儿子为保王位而坚拒父亲争国，又是否具有合法性呢？究竟孔子如何看待这对父子的是是非非呢？

这些问题，涉及父子、君臣两层伦理关系的辨析，也是许多儒者关心的政治伦理问题。限于《论语》记载简略，所以许多人都把目光放在《春秋》经传之上，讨论过这问题的人不仅包括专研《春秋》的经师，还包括朱熹、王阳明在内等这些旷世大儒，其中争议之激烈，意见反差之巨大，实乃中国哲学史上的一大公案。尤其耐人寻味的是，随着历史环境和思想观念的改换，对《春秋》经文的诠释方向也出现了匪夷所思的剧变，集矢之的由蒯聩变成卫辄，见证了政治权威的讲究如何让路于骨肉亲情的强调，意义非凡。

现在许多研究者已注意到聩辄争国问题的重要性，成果斐然。陈少明细致解读《论语·述而》及其他文本，指出“子贡对‘夫子不为卫’的推测，只是表面正确但需要进一步检讨的问题”，比较全面地揭露了经典内部的复杂性。〔3〕后来，柯小刚继续对这个问题作出自己的解读，问题是他的文章尽在申张所谓“通三统而大一

〔3〕 陈少明：《君子与政治——对〈论语·述而〉“夫子为卫君”章的解读》，页13。

统的‘《春秋》道统’”，刻意把问题归结为“旧世界（周）已经没落，新世界（汉）还没有升起”，这基本上是宣扬他拟想的《公羊》立场，没有认真审视经典诠释中的各种异议。〔4〕相比之下，萧无陂通过宋明儒学的解读，更能正面观察程朱与王阳明对聩辄争国的一些意见，可惜其文没有注视这些儒者的历史语脉何在。〔5〕大略地说，如今学术界的重点主要放在《论语》的讨论，较少剖析《春秋》经传的内容，也没有触及由崇辄而抑辄的思想发展。因此，本文将由《春秋》三传出发，深入解读各种诠释意见的形成和发展，从而剖析儒家政治伦理的变异性和复杂性。

第一节 《公》《穀》二传的诠释思路

《春秋》止于哀十四年获麟，上述子路之死是卫国内乱的结局，因其发生年份超出《春秋》写作的下限，故只见于《左传》在经文以外的补充记述。鉴于《左传》列入官学受到儒林关注晚于《公羊》和《穀梁》，为了对比起见，以下暂且搁置《左传》不谈，先摘录《春秋》五则记载聩辄争国的经文，介绍二传的解经意见：

（一）定十四年经：“卫世子蒯聩出奔宋。”

二传无文。《春秋》出奔47例，奔者善恶不一。贤如曹羁，恶如庆父，皆以“出奔”言之。〔6〕仅凭“出奔”，无法判断其人出奔的良窳。不过，《公羊》学者倾向认为“出奔”寓有贬意。何休

〔4〕 柯小刚：《〈论语〉“夫子不为卫君”章的政治哲学解读》，页70—75。
〔5〕 萧无陂：《情理与义理——论王阳明与程朱理学解读孔子正名观念的差异》，页35—41。
〔6〕 参阅拙著：《〈穀梁〉政治伦理探微》上册，页112—14；下册，页765—74、803—09。

《解诂》云："子虽见逐，无去父之义。"〔7〕为何不应去父呢？《白虎通·谏诤》云："子谏父，父不从，不得去者，父子一体而分，无相离之法，犹火去木而灭也。"〔8〕出奔等于去父，蒯聩离弃本应一体的父亲卫灵公，故不允许出奔之事。

（二）哀二年经："夏，四月丙子，卫侯元卒。"

二传无文。"元"，卫灵公的名字。卫灵公算不上贤君，他的好色荒淫更是有名，〔9〕但这里记载了他的逝世日期，参照《穀梁》"诸侯日卒，正也"〔10〕的义例，可知这是国君正常死亡的笔法。换言之，光看这则经文，绝对看不出《春秋》对卫灵公其人有何批判态度。

（三）哀二年经："晋赵鞅帅师纳卫世子蒯聩于戚。"

戚是卫邑，赵鞅起兵纳蒯聩，经文为何不言"入于卫"？《穀梁》解释说："纳者，内弗受也。帅师而后纳者，有伐也，何用弗受也？以辄不受也。以辄不受父之命，受之王父也。信父而辞王父，则是不尊王父也。其弗受，以尊王父也。"〔11〕"纳者，内弗受也"是《穀梁》特有的传义。凡是经文特意使用"纳"字，都表示含有强行纳入，而被纳者都不愿接受的意思。除本则经文外，《穀梁》还有两处使用这一义例，即僖二十五年"秋，楚人围陈，纳顿子于顿"和宣十一年"楚子入陈，纳公孙宁、仪行父于陈"，皆是记载

〔7〕《公羊注疏》卷26，页583。
〔8〕陈立：《白虎通疏证》卷5，页234。
〔9〕《庄子·则阳篇》说："灵公有妻三人，同滥而浴。"参阅郭庆藩：《庄子集释》卷8，页907。
〔10〕《穀梁注疏》卷1，页15。
〔11〕《穀梁注疏》卷20，页338。

楚国干涉其他国家内政的情形。[12] 哀二年这则经文也不例外。赵鞅乃是晋国权臣，曾有兴兵“以地正国”的骇人举动；这次带兵强行护送蒯聩回国，同样是干涉内政的做法，卫国内部并不愿意接受。其时灵公刚死，蒯聩之子辄登基，是为卫出公。蒯聩入卫，并无先君之命，仍是罪人之身，事属篡夺。传文指出，卫辄受命于祖父而非父亲。如果顺从父亲，就是不尊祖父，所以卫辄不愿接受父亲回国，都是尊重祖父的缘故。

可见，《穀梁》立论的重点是王命与王父命不能兼容。接受父命，等同废弃王父命。推辞父命是遵守王父命的必要条件，而非充足条件。推辞父命，不足以保证卫辄遵守王父命，但若不推辞父命，就肯定不能遵守王父命。廖平意识到推辞父命的必要性，这样评说：“义不两全，惟弃父命为正。盖聩得罪出奔，已绝于父，辄受王父命而立，是受王命也。如聩来而让国反之，是死王父之命。崇闺门之私恩，弃朝廷之正义，为大恶。《春秋》贵义不贵惠，信道不信邪，故拒邪命，绝小惠，明受之正，以拒父许之也。”[13] 把王父命置于父命之上，就是政治考虑置于父子亲情之上。这样的判断，该是中立于当事人心理状态的。限于文献不足征，今存《春秋》经传也没有证据叙述当时卫辄的心理状态，读者不知道他对被祖父放逐而又硬要回来争位的父亲究竟有什么态度。但这并不十分重要。卫辄之所以不应该听从蒯聩的命令，背后的理据不在于他的情绪或爱好，而在于这是遵守王父命的必要条件。这无涉于道德心理学的层面。或者说，卫辄内心是否喜欢父亲，这跟他是否应该推辞父命，并无直接的关系。想想看，假如卫辄万分盼望蒯聩回国，甚至愿意

---

〔12〕《穀梁注疏》卷9，页145；卷12，页201。这一传例，参阅拙著：《〈穀梁〉政治伦理探微》下册，页460、462—64。

〔13〕廖平：《穀梁古义疏》卷11，页686。

为他而放弃王位，但基于“王父命”的要求，所以不接纳父亲，那么他的行动更显得义不容情，无可厚非。〔14〕

《公羊》同样支持卫辄一方，认为蒯聩没有回国争位的资格，哀二年传：“戚者何？卫之邑也。曷为不言入于卫？父有子，子不得有父也。”〔15〕此传二“有”，意即取得对方之所有。《公羊》说父亲可以拿取儿子的东西，而儿子不能拿取父亲的东西，并非支持蒯聩入卫争国，主要是批评蒯聩引外力篡国的做法。孔广森《通义》说：“以蒯聩对辄言之，固父也，虽若得有其子之国。以蒯聩对灵公言之，则子也。灵公不以卫与蒯聩，即蒯聩不得而有卫也。”〔16〕蒯聩虽是卫辄之父，但也是灵公之子。从父子关系上说，他的权威再大也大不过灵公。由于灵公把君位传给孙子而非儿子，所以蒯聩没有资格夺取卫辄的君位，这个意见跟《穀梁》如出一辙。

（四）哀二年经：“冬十月，葬卫灵公。”

二传无文。范宁注《穀梁》说：“七月葬，蒯聩之乱故也。”〔17〕这是沿用杜预的说法，不可取。〔18〕参照《穀梁》“月葬，故也”〔19〕

---

〔14〕假如出公辄真有这样的想法，他的遭遇有些像康德笔下那位因横逆与无望的悲痛完全夺去生命趣味，却选择维持其生命的不幸人。参阅康德：《道德底形上学之基础》，页15。当然，《穀梁》和其他文献没有留下出公辄的心理史料，所以正文所述纯属猜想，读者其实不该牵强附会硬拿自律伦理学来诠释出公辄的做法，因为“王父命”与“父命”的选择也很难说是遵守“定言令式”的表现。

〔15〕《公羊注疏》卷27，页592。

〔16〕孔广森：《春秋公羊经传通义》卷11，页267。

〔17〕《穀梁注疏》卷20，页339。

〔18〕杜预根据《左传》隐元年“诸侯五月，同盟至”的传文，认为卫灵公由逝世到下葬经历七个月，属于缓葬的性质，说：“七月而葬，缓。”参阅《左传正义》卷2，页57；卷57，页1616。以此注《左》，固然没有问题；但《穀梁》本无此义，范宁沿用杜注，不可取。

〔19〕《穀梁注疏》卷2，页19、26；卷5，页65。

的义例，《春秋》于外国诸侯的葬事，凡是记载月份，就表示其中出现特殊的事故。钟文烝《补注》说："上下有争国事，无危文者，从郑庄公例。"[20] 郑庄公同样是日卒月葬，而桓十一年、十五年出现祭仲废立郑国君主的变故，[21] 所以站在《穀梁》立场上看，月葬的书法已寓有批判蒯聩之意。

（五）哀三年经："春，齐国夏、卫石曼姑帅师围戚。"

蒯聩回国争位，本属卫事，经文首书国夏，跟第二则经文首书赵鞅一样，显示聩、辄双方各有外力支持。晋助聩，齐助辄，都是对卫国进行干涉。《公羊》哀三年传："齐国夏曷为与卫石曼姑帅师围戚？伯讨也。此其为伯讨奈何？曼姑受命乎灵公而立辄。以曼姑之义，为固可以距之也。辄者曷为者也？蒯聩之子也。然则曷为不立蒯聩而立辄？蒯聩为无道，灵公逐蒯聩而立辄，然则辄之义可以立乎？曰可。其可奈何？不以父命辞王父命，以王父命辞父命，是父之行乎子也。不以家事辞王事，以王事辞家事，是上之行乎下也。"[22]

这里"王父命"与"父命"之辨，乃至强调"王事"高于"家事"，跟上述《穀梁》的主张几无二致，都是强调卫辄登位拒父之正确。《公羊》独特之处，在于以下两点：(1) 强调曼姑受命于卫灵公，所以由他与国夏围戚没有合法性的疑问。(2) 强调出兵是"伯讨"的性质。查考全传，除哀三年经外，另有三处经文以"伯讨"解释，分别是僖五年"齐人执陈袁涛涂"、僖二十八年"晋人

---

[20] 钟文烝：《春秋穀梁经传补注》卷 24，页 721。

[21] 参阅拙著：《〈穀梁〉政治伦理探微》上册，页 300—02。

[22] 《公羊注疏》卷 27，页 593—94。

执卫侯归之于京师”、定元年“三月，晋人执宋仲几于京师”。[23] 这三条经文的动词都是“执”，意即捉拿，而袁涛涂、卫侯、宋仲几皆是罪人；伯讨，就是为了捉拿这些有罪的诸侯或大夫，而在方伯的领导下兴兵讨伐。同样是叙述用兵的经文，哀三年经不言“执”而言“帅师围戚”，戚是卫邑，完全没有交代被讨伐的对象。《公羊》称蒯聩为“无道”，该属罪人之列，但跟上述言执的三则经文不同，蒯聩没有被执，哀三年经连他的名字也没有提及。《公羊》始终没有剖析其中的明显差别，令人费解。况且，明明是卫国的事，然而经文却把国夏记录在前面，好像国夏是这次战役的主体似的。假如按“伯讨”的方向诠释，国夏率石曼姑讨伐罪人，乃是堂堂正正的义举，根本没有隐讳蒯聩和卫辄的必要。因此，《公羊》以“伯讨”解读，或多或少并非完整地解读本则经文的意旨。

相比之下，《穀梁》掌握这次围戚的性质，比较准确，哀三年传：“此卫事也。其先国夏何也？子不围父也。不系戚于卫者，子不有父也。”[24] 卫辄为了对付蒯聩，而引齐师围戚。这种借外力对抗其他敌人的做法，按照《穀梁》的传例，经文应该书伐言以，像桓十四年“宋人以齐人、卫人、蔡人、陈人伐郑”、定四年“蔡侯以吴子及楚人战于伯举”之例。[25] 但跟这两例不同的是，卫国大夫石曼姑这次联合齐师围戚，是对付国君的父亲，骨肉相亲，与攻打别国的情形迥异。按照《穀梁》的意见，这是必须隐讳的，经文举“国夏”为主体，以掩饰儿子围攻父亲的丑事。而且，经文只说围戚，乍看来戚邑像是不属于卫出公的辖境；如果明白地显示戚邑系于卫国，那么曼姑既是卫国大夫，卫辄怎也脱不了关系，所以必

[23] 《公羊注疏》卷10，页214；卷12，页261；卷25，页547—48。
[24] 《穀梁注疏》卷20，页339。
[25] 参阅拙著：《〈穀梁〉政治伦理探微》下册，页489—90。

须避免明言卫出公出兵侵占蒯聩所居之邑。

《穀梁》一方面强调卫辄不受父命、做得正确，另一方面指出“围父”与“有父”的问题，两者貌似相反，其实义各有当，不能相互化约。在这个问题上，杨士勋的释经意见很值得注意，他说：“诸侯有国，大夫有邑。大夫之邑，国君之有。若言围卫戚，是戚系卫，便是子之而围父也，故以国夏为首也。”〔26〕说到底，卫出公虽说禀承祖父卫灵公的意旨，但父子同室操戈，从孝道而论，卫辄当然容易受到谴责。跟《公羊》一边倒地全盘肯定卫辄的意见不同，《穀梁》敢于正视问题，承认兴兵围父不是孝子该有的行为；如《公羊》的诠释，仿佛卫辄怎么办都是正确的，人便较难知道卫辄为王父命而不受父命乃是一个容易惹来争议的做法。〔27〕跟后来许多批评卫辄的意见不同的是，《穀梁》虽承认“围父”与“有父”的不该，但并不由此推论出卫辄统治丧失了合法性。上述《春秋》五则经文始终没有提及卫辄的名字，显有讳言他的过失。《穀梁》有关“围父”与“有父”的剖析，很朴实、很贴切地诠释经文以国夏为首的曲笔；国夏是齐国的人，而石曼姑是卫灵公留下来的大夫，二人貌似跟蒯聩没有直接关系，所以经文以二人作为围戚的主体，使读者不易窥见卫辄藏在背后的身影。

不管如何，《穀梁》虽然指出“围父”与“有父”是经文不得不隐讳的环节，但始终没有让亲情的考虑挑战（甚至压倒）政治的考虑，更没有否定卫辄在位的合法性。这一点，乃是《公》《穀》

〔26〕《穀梁注疏》卷20，页340。

〔27〕正是因为《穀梁》也有不认可卫辄“围父”和“有父”的意见，在一定程度上可以印证子路“夫子不为卫”的观察：孔子虽然没有否定卫辄的合法性，但不认为卫辄毫无问题，这是两个不同类型的问题，诚如陈少明所说，“一般的政治原则，同个人在具体环境中的进退出处，仍是两个不同层次的问题”。参阅陈少明：《君子与政治——对〈论语·述而〉“夫子为卫君”章的解读》，页11。

二传的共同立场，也是西汉儒学的主流意见。汉初分封诸王，导致尾大不掉，而支持地方王国生存的理据往往离不开“亲亲”的考虑，所以许多儒者对之痛心疾首，渴望重整政治秩序。[28] 在这种政治气氛下，崇辄抑聩的主张，得到世人的青睐，便不是什么可怪的现象，因为这个主张等于认为王族内的亲情必须控制在君主至尊的权威之下，不能无节制地放任借私恩而扩权的地方王国。

董仲舒作为《公羊》大师，就是从这样的思路来掌握聩辄事件。《春秋繁露·精华》云“辞父之命，而不为不承亲”，[29] 就是为卫辄开脱不孝的指控。《观德》云：“王父父所绝，子孙不得属，鲁庄公之不得念母，卫辄之辞父命是也。”[30] 把卫辄与鲁庄公相提并论，因为两者性质相同，都是强调政治正义高于亲属恩情；之所以要撇开亲情，是因为二人的父母都是在政治上犯下大错的罪人。在董仲舒看来，不只卫辄做得正确，奉行其想法的臣子也同样无错。《玉英》云：“公子目夷复其君，终不与国，祭仲已与，后改之，晋荀息死而不听，卫曼姑拒而弗内，此四臣事异而同心，其义一也。目夷之弗与，重宗庙；祭仲与之，亦重宗庙；荀息死之，贵先君之命；曼姑拒之，亦贵先君之命也。事虽相反，所为同，俱为重宗庙、贵先帝之命耳。”[31] 董仲舒赞同曼姑“拒而弗内”的做法，认为他与为君死义的荀息皆是重视先君之命的贤臣，有资格与保护宗庙的公子目夷和祭仲并列。

崇辄抑聩的想法，不仅限于经师的学术讨论，也反映在对时事的是非判断上。汉武帝晚年掀起“巫蛊之祸”，逼死了卫皇后和戾

---

〔28〕 逯耀东：《抑郁与超越：司马迁与汉武帝时代》，页98—105。
〔29〕 苏舆：《春秋繁露义证》卷3，页87。
〔30〕 苏舆：《春秋繁露义证》卷9，页270。
〔31〕 苏舆：《春秋繁露义证》卷3，页80—81。

太子，始终坚持己是，没有推翻原来的政策路线，对戾太子一案仍不予平反。[32] 昭帝始元五年，有人自称戾太子，乘黄犊车来到宫门，自丞相、御史大夫以下大小官员，都不知该如何应对。后来，京兆尹隽不疑抵达，果断地下令收缚。有人劝他慎重从事，因为来人是不是真戾太子还没有搞清。隽不疑辩解说："诸君何患于卫太子！昔蒯聩违命出奔，辄距而不纳，《春秋》是之。卫太子得罪先帝，亡不即死，今来自诣，此罪人也。"[33] 引文中的《春秋》，就是指《公羊》赞同卫辄抵制蒯聩回国夺权的意见，当时也没有人反驳这个典故的引用。

到了戾太子嫡孙汉宣帝继位，翦灭霍氏一族，戾太子的冤案还是没能得到平反。在汉宣帝的扶持和相关学者的努力下，《穀梁》成功突围，打破了《公羊》的垄断，获得钦定教科书的地位。[34] 不过，《公羊》崇辄抑聩的主张，却未因此受到影响。理由很简单，《公》《穀》二传的立场大同小异，同样认为卫辄不受父命是正确的。从现存史料来看，根本找不到证据证明二传学者在这个问题上有过任何矛盾。

---

〔32〕 许多学者以为武帝在轮台诏后彻底改过，推翻过去的政策路线，都是受到《资治通鉴》的误导，比如，田余庆：《论轮台诏》，载《秦汉魏晋史探微》，页30—63。张小峰：《西汉中后期政局演变探微》，页9—98。有关《资治通鉴》的史料问题和武帝至宣帝的政治真相，参阅辛德勇：《制造汉武帝：由汉武帝晚年政治形象的塑造看〈资治通鉴〉的历史构建》，页7—90。

〔33〕 《汉书》卷71，页3037。

〔34〕 吴涛误以为汉武帝与戾太子存在政策路线的矛盾，所以在解释《穀梁传》在汉宣帝期间上升的原因时，尝试从二传的内容找解释，其中的一个例子就是援引聩辄争国和隽不疑捉拿伪太子的故事，断言"在某种程度上《春秋公羊传》成了汉宣帝为戾太子平反的一个障碍"，参阅吴涛：《"术"、"学"纷争下的西汉〈春秋〉学：以〈穀梁传〉与〈公羊传〉的升降为例》，页142。此论有待商榷：汉宣帝支持《穀梁》，不涉及为戾太子平反的考虑，也与戾太子的冤案没有直接关系。有关这个问题的考证，参阅拙著：《汉宣帝立〈穀梁〉事述说》，页87—138。

第二节　新典范的形成

任何政治行为的辩护，离不开现实环境的叙述。《公》《穀》崇辄抑聩的主张，大体上扎根于蒯聩叛父和灵公废立的叙述；但随着新故事的出现和政治环境的变化，这套叙述的认受性呈现下滑的走势。新故事主要是指《左传》以下两段的叙述：

［1］定十四年传："卫侯为夫人南子召宋朝。会于洮，大子蒯聩献盂于齐，过宋野。野人歌之曰：'既定尔娄猪，盍归吾艾豭？'大子羞之，谓戏阳速曰：'从我而朝少君，少君见我，我顾，乃杀之。'速曰：'诺。'乃朝夫人。夫人见大子，大子三顾，速不进。夫人见其色，啼而走，曰：'蒯聩将杀余。'公执其手以登台。大子奔宋，尽逐其党。故公孟彄出奔郑，自郑奔齐。大子告人曰：'戏阳速祸余。'戏阳速告人曰：'大子则祸余。大子无道，使余杀其母。余不许，将戕于余；若杀夫人，将以余说。余是故许而弗为，以纾余死。谚曰："民保于信"，吾以信义也。'"

［2］哀二年传："初，卫侯游于郊，子南仆。公曰：'余无子，将立女。'不对。他日，又谓之。对曰：'郢不足以辱社稷，君其改图。君夫人在堂，三揖在下，君命祇辱。'夏，卫灵公卒。夫人曰：'命公子郢为大子，君命也。'对曰：'郢异于他子，且君没于吾手，若有之，郢必闻之。且亡人之子辄在。'乃立辄。"〔35〕

以上两段传文，例［1］叙述卫灵公为了夫人南子召见宋朝，在洮池会见，蒯聩把盂地献给齐国，路过宋国野外。野人唱歌讥讽南子，歌词的意思是：已满足你们的母猪，何不归还我们那漂亮的

〔35〕《左传正义》卷56，页1603—04；卷57，页1617。

种猪？蒯聩感到羞耻，指示戏阳速在收到他的眼色后，便动手杀死南子。戏阳速表面答应，没想到起事之时，蒯聩三次用眼睛示意，戏阳速也不肯往前。这时南子也反应过来，号哭逃走，声言蒯聩要杀她。于是，蒯聩逃亡到宋国，并且怪责戏阳速害了他。但是，戏阳速却表示蒯聩"无道"，强迫他杀死母亲南子，他认为自己假装答应而临场反悔，是有道理的。因为若他不答应，蒯聩就会杀了他；若他杀了南子，蒯聩就会把罪推在他身上解脱自己（有点像庆父指使邓扈乐杀子般的手法），所以戏阳速不觉这样做有何错误。例［2］交代蒯聩回国前的背景，原来卫灵公在放逐蒯聩后，有一次郊游向公子郢表示立他为储君的意思，公子郢不回答。过些时候又对他那么说，公子郢明确拒绝。卫灵公死后，南子表示按照灵公之命拥立公子郢，公子郢再次拒绝，于是就立了辄。

《左传》上述2例，皆没有改变蒯聩不孝得罪父母的事实，其中记述戏阳速的自辩，更是明确指出蒯聩"无道"的罪状。它们不曾明确认为蒯聩做得正确，也没有援引"君子曰"之类的评语，故对上一节讨论的《春秋》五则经文，尤其是对《公》《穀》批判蒯聩的观点，并无否证的作用。因此，阅读《左传》有可能据此反思，寻找资源以挑战崇辄抑聩的主张，但也有可能觉得《左传》没有从根本上颠复《公》《穀》二传的见解。

刘向是较早拿《左传》为蒯聩翻案的一人。因为校理群书的经历，刘向通晓《左传》内容，他的《列女传》取材显然参照《左传》不少，书中有关南子与蒯聩的故事跟上述《左传》两段引文如出一辙，惟一的差别是刘向添加上了自己的评点意见："南子惑淫，宋朝是亲。谮彼蒯聩，使之出奔。"〔36〕这或多或少是过度诠释，因

〔36〕王照圆：《列女传补注》卷7，页317。

为《左传》从无明言南子进谮，而《列女传》没有任何直接证据支持这一点。[37] 然而，同样是刘向的编著，《说苑》另有完全不同的意见。《辨物篇》说："辞蒯聩之命，不为不听其父。"[38] 刘向本人精通《穀梁》，这里辩护卫辄的见解可能是因袭《穀梁》而来。然则，假如有人相信刘向判断的权威性，要在他的作品中寻找聩辄问题的答案，那么该相信《列女传》抑或《说苑》呢？

刘向为何有这样矛盾的见解，难以深究，但无论如何，这已反映了一个重要现象：《左传》开始为聩辄故事带来了新的诠释方向，但《公》《穀》的观点不见得就此乏人问津。一方面，随着东汉古文经典开始成为儒林关注的对象，加上孝道思想的宏扬，从东汉至西晋近三百年间，孝凌驾忠的倾向日益明显，不仅家族利益成为儒者政治关心的重要课题，连原来由法家思想指导的法制也得作出各种让步。[39] 在这种思想氛围下，卫辄拒父的合法性已迎来一些怀疑的声音。《檀弓》疏引《异义》云："卫辄拒父，《公羊》以为孝子不以父命辞王父之命，许拒其父。《左氏》以为子而拒父，悖德逆伦，大恶也。"[40] 假如说，《穀梁》承认"围父"和"有父"的问题之余，尚且能够坚持"尊王父"的必要性，那么，东汉有些治古文经的学者更进一步，拿《左传》作为批判卫辄的凭据，以此抗衡《公羊》拥辄的主张。就是因为《左传》学者抨击卫辄"逆伦"切合时代风气的缘故，所以何休为《公羊》辩护时，尽管强调"王事公法"有别于和高于"家私事"，但也不得不承认"是王法行于

〔37〕因为这样，对刘向推崇有加的章太炎也不信从其说，认为蒯聩"先时谋弑亦非诬矣""子政为孽嬖作传，深恶南子，故以谗言之耳"。参阅章太炎：《春秋左传读》，页760。

〔38〕向宗鲁：《说苑校证》卷18，页451。

〔39〕这方面的政治背景，参阅祝总斌：《略论晋律之儒家化》，载《材不材斋史学丛稿》，页483—508。

〔40〕《礼记正义》卷10，页318。

诸侯，虽得正，非义之高者也”。[41]

另一方面，从西汉以来便蔚为主流的崇辄抑聩论，仍有强大的生命力。贾逵兼通五家《穀梁》之说，治古文经却不否定卫辄得位的合法性，在解读《左传》公子郢拒绝继位的传文时，仅说：“郢自谓己无德，不足以污辱社稷。”[42] 这跟日后宋儒断定公子郢比卫辄更有继位的资格，两者不可同日而语。相比于贾逵，郑玄更明确地强调崇辄抑聩的意义，《驳异义》云：“以父子私恩言之，则伤仁恩。”[43] 按照郑玄的想法，私恩再大也不该凌驾公义，所以他参考《左传》的记载后，得出的结论是：“蒯聩欲杀母，灵公废之是也。”[44] 此外，杜预虽不赞同石曼姑“为子围父”的做法，但鉴于这是《穀梁》学者也提出的思路，所以不代表杜预必是认定蒯聩含冤合该回国。他在注解“卫公孟彄出奔郑”的经文时，说：“彄书名，与蒯聩党，罪之。”[45] 党从蒯聩的大夫亦被问罪，蒯聩出奔是贬文，也就不问可知。显然，杜预没有像刘向那般把蒯聩出奔归咎于南子，反而更接近郑玄废聩有理的立场。从贾、郑、杜三人的解经意见可以推知，有新材料不等于必须推翻旧说，关键是诠释者的思想立场。读了《左传》，仍有可能继续肯定卫辄执政的合法性和批判蒯聩的不孝。

永嘉之乱，进一步加剧把孝亲放在忠君之上的趋向：天下分崩，晋室南渡，仰赖于门阀的合作而苟延残喘，士人在乱世中所能依托和信靠的，不再是大一统王权的等级秩序，而是在危难中不离不弃、

〔41〕《公羊注疏》卷 27，页 594。
〔42〕洪亮吉：《春秋左传诂》卷 20，页 847。
〔43〕《礼记正义》卷 10，页 318。
〔44〕《穀梁注疏》卷 20，页 338。
〔45〕《左传正义》卷 56，页 1601。

施以援手也不问代价的家族。以君主为至尊的儒家政治思想，虽不致遭到唾弃，但孝亲在思想领域中的相对地位，不知不觉间已攀升至不可冒犯的地步。这些态度也反映在东晋以降的解经意见之上。江熙治《公》《穀》二传，就不接受王父命高于父命的主张，所以猛烈抨击石曼姑围戚的做法逾越人伦底线，说："子围父者，谓人伦之道绝，故以齐首之。"〔46〕范宁讲究礼学，同样主张王法必须包容亲情，〔47〕注解《穀梁》不仅把江氏意见收入传注之中，而且在《集解》序言中，明确表示自己反对《穀梁》"以卫辄拒父为尊祖"的主张，说是"以拒父为尊祖，是为子可得而叛也"，叹说："若此之类，伤教害义，不可强通者也。"〔48〕《穀梁》传义复杂，既肯定拒父的必要性，又批评"围父"和"有父"的问题，但范宁却无视于此，反过来怪责《穀梁》伤害名教，当然是不可取的，偏偏类似的思路却成了日后儒者解经的主流，原本《穀梁》传义的复杂性很少得到深入的了解。

隋唐帝国虽然结束了政治分裂的局面，而且以后中国政治发展都是大一统多于分裂割据，但推崇孝亲的首要性已深入整个国家的政治文化之中，所以家法与国法混溶的现象，比比皆是。〔49〕崇辄抑聩论早成了昨日黄花。唐初统一经义，汇集六朝以来的各种新见解。〔50〕在官修《春秋》三传中，徐彦疏算是比较正面地坚持《公羊》崇辄抑聩的传义，却也让步说："辄之立也，虽得公义，失于父子之恩矣。"〔51〕杨士勋顺着江熙开拓的思路，在疏中大量引录

〔46〕《穀梁注疏》卷 20，页 339。
〔47〕吉川忠夫：《六朝精神史研究》，页 108—12。
〔48〕《穀梁注疏》卷 1，页 9—10；卷 20，页 339。
〔49〕隋唐至北宋的这段发展，参阅邓小南：《祖宗之法：北宋前期政治述略》，页 31—77。
〔50〕参阅野间文史：《五經正義の研究：その成立と展開》，页 2。
〔51〕《公羊注疏》卷 27，页 594。

《左传》的记录，最终的结论是：“如熙之意，则蒯聩合立，而辄拒父非是也。”[52]

相比于《公》《穀》二疏还得迁就传义的局促，孔疏则因着《左传》叙述对卫辄大施斤斧，认定他的拒父毫无理据，纯是贪心所致：“以周礼，无适子，则立适孙。缘是以得立耳，非有灵公之命使立之也。为辄之义，自可让而不受。以己是适孙，缘有可立之势，贪国以距父耳，非有灵公之命、天子之敕，使之距蒯聩也。”[53] 这是不认为卫辄具有继位的正统资格，立场迥异于杜注。有趣的是，官方钦定学说以外竟然也有异端的应和。《史通·申左》云：“父子争国，枭獍为曹，礼法不容，名教同嫉。而《公羊》释义，反以卫辄为贤，是违夫子之教，失圣人之旨，奖进恶徒，疑误后学。”[54] 刘知几对官修经史素有微辞，不惜发出“疑古”“惑经”的批判声音，[55] 但在聩辄事件上竟与《正义》同调，背后的文化信息非常值得玩味和反思。

第三节　对儿子逆父的口诛笔伐

由唐而宋元，中国思想史经历各种各样深刻的巨变，随着理学的勃兴，对儒家经义出现了许多前所未有的新解释。自唐代中叶形成的新《春秋》学，力图超越《五经正义》的樊篱，三传旧说屡受挑战，疑古之风大盛，但这没有动摇东晋以来贬抑卫辄的定论，其中一个明显的理由是儒者（包括理学家在内）对孝道的极端重视。

[52] 《穀梁注疏》卷 20，页 338。
[53] 《左传正义》卷 57，页 1624。
[54] 浦起龙：《史通通释》卷 14，页 392。
[55] 逯耀东：《刘知几的“疑古”与“惑经”》，载《且做神州袖手人》，页 193—211。

凡属违反父子纲常的思想行为，几乎绝无例外的被视为逆人伦、背天理、类于禽兽的邪恶禁忌。[56] 因为这样，早已冠上不孝罪名的卫辄，自然难以指望得到好评。

北宋研究《春秋》名世的二刘，堪称当时反辄的急先锋。刘敞的意见在某程度上重复了刘向《列女传》的说法，其《春秋传》有选择性地摘录《左传》的叙述："蒯聩之为正，奈何卫灵公之夫人南子通乎宋朝，蒯聩患之，入而谓夫人。夫人啼而走趋公曰：'蒯聩将杀予。'"[57] 从这样的记述可见，刘敞不肯采信《左传》有关蒯聩欲弑南子的情节，反而断定一切都是错在南子进谗。

刘敞治《春秋》，算是宋儒当中比较认真考察《公》《穀》传义的人，尚且如此劣评；阐经刻意冲破三传框架的程颐一脉更不用说了。刘绚是程门治《春秋》学的佼佼者，同样觉得女人祸水，深信南子因为讨厌蒯聩，挑拨离间他与灵公的感情："南子之恶，亦已甚矣。其欲去世子之意，亦已明矣。如哀姜乱鲁，骊姬乱晋，若此比者，不云鲜矣！而灵公听南子之谮，谓蒯聩欲弑其母，不能为辨之，以致其出奔，岂非灵公之罪乎？"[58] 把南子比拟于哀姜和骊姬，就是把问题定性为女祸，而非蒯聩忤逆父亲。

《左传》明明已记载了蒯聩指使戏阳速弑杀南子的经过，像二刘那样视而不见，哓哓焉复为之辩，显然不是公允的立言态度。在这方面，胡安国倒是比较谨慎，他认为灵公和蒯聩各有过错："以宠南子，故不能保世子而使之去国；以欲杀南子，故不能安其身，至于出奔，是轻宗庙社稷之所付托而恣行矣。"[59]

---

〔56〕 范立舟：《论两宋理学家的政治理想》，页107—14。

〔57〕 刘敞：《刘氏春秋传》卷15，页478。

〔58〕 刘绚《春秋传》已佚，引自吕本中，《春秋集解》卷28，页539。

〔59〕 胡安国：《春秋胡氏传》卷28，页475。

不过，南子这位深得卫灵公宠爱的风流王后，在宋明儒心中的形象太过不堪，更多的人宁愿相信蒯聩无罪受冤，坚决否定《左传》弑母的叙述（尽管毫无有力的证据）。李廉这样反驳胡传的说法："君亲无将，将而必诛，使蒯聩果有杀母之事，则罪在必诛，天地所不容，不论灵公有命无命，决无得国之理，亦何必曲折如此，故不如二刘氏之论明白洞达而无疑也。"〔60〕李廉笃信二刘，认为蒯聩得国方是正选，但他似乎没有想到，按照"君亲无将"的原则，蒯聩既有弑母之心，本该诛绝，根本没有回国争位的资格。

事实上，支持二刘意见的论调，在宋元《春秋》学界几乎占有压倒性的位置。张洽就觉得二刘所言绝对正确，强调"蒯聩必无欲弑其母之事"："自古谗妇之诬其子多矣，故考二刘之言，足以知左氏所记，乃南子之谗言，而非当时之实录也。"〔61〕这是强调《左传》的叙述，都是出于南子进谗，历史事实并非如此。

此外，家铉翁更一口咬定蒯聩本是向灵公报告野人讽刺南子的事情，反为南子诬蔑："盖灵公夫人虽淫乱不道，初不闻动摇家嫡，如骊女、宋芮之所为，彼蒯聩纵强愚无知，亦岂有以道路不根之语，挑刃入宫，蹈必死无赦之罪，如传者之所云乎？盖蒯也，欲以野外所闻为其君告，而轻浅不善为谋，反为夫人所先，以是而逐。"〔62〕赵汸同样觉得《左传》"记此事殊不近人情"，说："如蒯聩有无君之心，则所谋必不止于此。既蒯聩无今将之恶，则又安敢谋害南子哉？戏阳速之言，盖迎合夫人之意以免祸，非事实也。"〔63〕一言以

〔60〕 李廉：《春秋会通》卷24，页577。
〔61〕 张洽：《春秋集注》卷10，页166。
〔62〕 家铉翁：《春秋集传详说》卷28，页479。
〔63〕 赵汸：《春秋左氏传补注》卷10，页409。

蔽之，这是读《左传》而不信《左传》，以自己丰富的想象力补足自己所相信的历史故事。

既然弑母一事被认定是子虚乌有，那么蒯聩就变成谗妇南子的受害者，而卫辄拒父回国也变成大错特错的不孝行为。再者，《左传》哀二年传提及卫灵公曾有传位予公子郢的想法，所以宋儒普遍质疑卫辄登位并非卫灵公所立，所以不能算是受命于王父。因为这个缘故，忠于卫辄的臣子普遍被视为助子不孝的大蠹。其中，历史留名成为箭靶的计有二人：

① *石曼姑*。如上所述，《春秋》哀三年经以国夏、石曼姑为主辞，据《公》《穀》的解释，都没有怪责石曼姑的意思。但随着卫辄因不孝而被剥夺统治的合法性这种解经意见的盛行，对于石曼姑为什么被经文记载的缘故，也就有了新的解读。张大亨就断定这是孔子意在暴露石曼姑的罪行："卫辄据父之国以拒父，悖于道矣。父居其邑而己围之，憯于弑矣。曼姑既不能止，而又从之，曾具臣之不若。夫不知而作，其罪小；知其不可而为之，其罪大。曼姑使齐首兵，非不知也，故《春秋》暴其恶而诛焉。"〔64〕然而，张大亨似乎没有想过，石曼姑纵使有罪该诛，但毕竟是从犯而非主犯，为何孔子诛恶时放弃了主犯而针对从犯呢？这岂非赏罚失衡么？显然，这个解释根本无法驳倒《公》《穀》二传。无论如何，因为石曼姑已变成负面的形象，所以西汉隽不疑裁断伪太子一事也被重新翻案。黄仲炎误以为武帝轮台诏后已经悔悟改过，故而认为伪太子一案"斥之以诈足矣""虽不必谬陈经义可也"；〔65〕这个说法当然是由于厌恶父子相戕之祸，因而否定隽不疑援引《公羊》典故定案的

〔64〕张大亨：《春秋通训》卷6，页630。叶梦得也有类似的意见，参阅叶梦得：《叶氏春秋传》卷20，页237；《春秋公羊传谳》卷6，页738。

〔65〕黄仲炎：《春秋通说》卷13，页451。

做法。

② 子路。子路因拯救孔悝而赴难，忠勇过人，原是千古美谈。因为卫辄朝廷已被划为不孝者的政权，也连累子路遭受疵议。以下是《朱子语类》的一段答问："吴伯英讲'由也不得其死'处，问曰：'由之死，疑其甚不明于大义。岂有子拒父如是之逆，而可以仕之乎？'曰：'然。仲由之死，也有些没紧要。然误处不在致死之时，乃在于委质之始。但不知夫子既教之以正名，而不深切言其不可仕于卫，何欤？若冉有、子贡则能问夫子为卫君与否，盖不若子路之粗率。'"〔66〕根据朱熹师徒对话的思路，子路死难不值得肯定，不懂正名之说，仕从卫辄之党孔悝，从一开始便大错特错。这不是朱熹个人的问题而已，大多数宋明儒都觉得卫辄政权是不值得拥护的，但卫国内乱很难说是卫辄单方面的错误，仅是因为厌恶卫辄而否定子路之死，实在大有问题。在《春秋》经中，孔父、仇牧、荀息是得到经文推许的死难者，他们凭借的主要是一颗护主的忠心，即便某些被弑的君主（尤其是荀息所捍卫的奚齐和卓子）在政治合法性上存在疑问，也不影响这些死难者的定评。〔67〕子路的慷慨就义，跟荀息等人相比，不遑多让；假若像宋儒所说，子路殉主真的毫无价值，那么孔子为何听到子路死讯便悲号不已呢？〔68〕假若卫辄政权真的不值得出使，那么孔子师徒为何于鲁哀公六年（事隔围戚已有三年）自楚返卫，任由弟子仕于卫呢？〔69〕所以真正有见识的人都未必愿意接受上述苛责子贡死难的意见。陈少明指出

〔66〕 黎靖德：《朱子语类》卷 39，页 1014。
〔67〕 有关死难问题，参阅拙著：《〈穀梁〉政治伦理探微》上册，页 176—256、351—60。
〔68〕《公羊》哀十四年传："子路死，子曰：'噫！天祝予！'"参阅《公羊注疏》卷 28，页 624。
〔69〕 例如，子夏自楚返卫任卫国行人，相关考证参阅高培华：《卜子夏考论》，页 98—123。

宋儒“喜欢求全责备，有一种精神上的洁癖”，说“如此轻议子路之死，有点落井下石的意味”〔70〕，可谓真知灼见。

第四节　如何化解争国的僵局

聩辄问题之所以值得大谈特谈，不仅在于诸儒把不孝的卫辄当成个箭垛。对于许多认真思考的儒者来说，骂倒了卫辄只是起点，更重要的是卫国政治出路的安排。孔子正名之说如何落实为化解矛盾的可行办法？假如说，卫辄的合法性已被剥夺无遗，那么谁来统治卫国？这是两宋以降许多儒者严肃对待的问题。大体上说，有两个不同的思考进路：一是支持蒯聩继位的合法性；另一是承认蒯聩不比卫辄更有登位的资格，另谋其他出路。

先看支持蒯聩继位的理解。如上所述，由于蒯聩已被视为女祸的受害者，那么拨乱反正的做法，似乎该是让蒯聩回国执政，犹如郑世子忽复位的情况。问题在于《左传》载有蒯聩策划暗杀南子的不利叙述，光凭传文实不足以辩护蒯聩回国争位的合法性。正因为这个内在的困难，所以不能仅拿《左传》作为举证的支柱，一些儒者企图在经文中找到圣人肯定蒯聩的证据。在第一节引述的五则《春秋》经文中，定十四年“卫世子蒯聩出奔宋”和哀二年“晋赵鞅帅师纳卫世子蒯聩于戚”两则经文皆以“卫世子”称呼蒯聩，在许多试图恢复蒯聩合法性的人眼中，遂认定这是孔子相信蒯聩出奔无罪的证据。

事实上，汉代《春秋》学者都不觉得世子的称呼能说明什么问题。郑玄说：“若君薨，有反国之道，当称子某，如齐子纠也。今

〔70〕 陈少明：《孔门三杰的思想史形象——颜渊、子贡和子路》，页65。

称世子如君存，是《春秋》不与蒯聩得反立明矣。"〔71〕在郑玄眼中，"世子"的称呼正是蒯聩不能继立的证据。

但到了东晋，江熙却提出相反的主张。他说："齐景公废世子，世子还国书篡。若灵公废蒯聩立辄，则蒯聩不得复称曩日世子也。称蒯聩为世子，则灵公不命辄审矣。"〔72〕意思是说，蒯聩既有世子之名，自然具有继位的合法性，因此不能说卫辄得卫灵公之命。《左传正义》的意见大体上赞同江熙之说："世子者，父在之名。蒯聩父既死矣，而称世子者，晋人纳之，以世子告，言是正世子，以示宜为君也。《春秋》以其本是世子，未得卫国，无可褒贬，故因而书世子耳。"〔73〕虽说"无可褒贬"，但《正义》实际上已承认蒯聩回国争位的合法性。

以"世子"之名为蒯聩开脱，与南子进谗谋害世子的恶毒形象，两者似乎若合符节。宋元以降，大部分《春秋》学者都是沿袭江熙和孔疏的故智，不愿采信郑玄的意见。孙复说："灵公既卒，辄又已立，犹称曩日之世子。蒯聩当嗣，恶辄贪国叛父，逆乱人理，以灭天性……蒯聩出入皆正其世子之名，书之所以笃君臣父子之大经也。不然，贪国叛父之人接踵于万世矣。"〔74〕这是相信《春秋》两书"世子"是蒯聩储位未绝的证明，从而反映卫辄贪国拒父欠缺政治合法性。此外，吕大圭更大胆地推断"世子"的称呼是反驳蒯聩谋弑南子的有力证据："出奔不复，乃理之宜。及其纳于戚，圣

---

〔71〕《穀梁注疏》卷 20，页 338。

〔72〕《穀梁注疏》卷 20，页 338。

〔73〕《左传正义》卷 57，页 1616。

〔74〕孙复：《春秋尊王发微》卷 12，页 120—21。孙觉《春秋经解》（卷 13，页 775）也有类似的见解："其奔也，则见逐于父；其入也，则见拒于子。于其纳也，夺其世子之称，则若聩无得立之理，而辄之拒之为得其正。然书之曰'纳卫世子'，则辄之拒之为不得其正，显矣。"

人不应以卫世子书之。圣人书之以为卫世子，则是蒯聩世子之位未绝也。蒯聩世子之位未绝，则知其必无杀母之事明矣。"〔75〕按照这个思路，"世子"二字不仅成为证明蒯聩合法性的充足条件，而且也是解读《左传》传文是否可信的绝对判准：合乎这一判准便当作是史实（即蒯聩因南子告发而流亡），不合便属于虚构的情节（即蒯聩暗杀南子的计划）。然而，"世子"之称真的透露出孔子拥护蒯聩的心意吗？

确切地说，仅凭《春秋》现有的文本，读者不知道"世子"的书法是策书旧文，抑或寓有圣人的深意。朱熹便不相信"称世子者"代表蒯聩"当立"的说法，反驳说："若不如此书，当如何书之？说《春秋》者多穿凿，往往类此。"〔76〕朱熹不是能够超越批判拒父骂声的人，但他认为不应在"世子"称呼的问题过度诠释，肯定是有心得的见解。

退一步来说，即使承认《春秋》每一个字皆有寓意，但"世子"也不一定带有褒扬之意。文元年"楚世子商臣弑其君髡"，襄三十年"蔡世子般弑其君固"，昭十九年"许世子止弑其君买"三则经文，虽然情节轻重不一，但都在控诉这三名世子为子之道有所缺失。固然，"世子"在经文叙述中可以是受害者的意思，但一般都会明确记载加害者的名字，如僖五年"晋侯杀其世子申生"，襄二十六年"宋公杀其世子痤"，〔77〕就是控诉晋献公和宋平公残虐枉杀其子。比较起来，定十四年"卫世子蒯聩出奔宋"却是没有加害者的书法。柯劭忞站在《穀梁》立场上发言，反对拥有世子之名便是拥有继嗣的充足条件，说："凡内外大夫书出奔，皆有罪。世子

〔75〕吕大圭：《春秋或问》卷20，页661。
〔76〕黎靖德：《朱子语类》卷43，页1102。
〔77〕《公羊注疏》，页216、457。

出奔，其有罪可知。”〔78〕言之锵铿。这是回归到郑玄的经义，认为“世子”是有罪而非应该继嗣的证据。

此外，《春秋》凡出奔者无罪的书法，通常都是记载加害者的名字，如襄二十年“陈侯之弟光出奔楚”和昭元年“秦伯之弟鍼出奔晋”两则经文，就把陈哀公和秦景公的名字指出来。〔79〕哀十四年经不书“卫侯之子蒯聩”，而书“卫世子蒯聩”，似已暗示他是戴罪之身；假如宋明儒所言属实，蒯聩出奔是由于南子诬陷而被迫出奔，那么《春秋》为何隐讳卫灵公或南子之名呢？

无疑，出奔的世子回国不乏合法性的事例，例如郑世子忽就是在祭仲的安排下回国登位，但这跟蒯聩没有太大的可比性，因为两者的经文书法并不相同，桓公十五年“郑世子忽复归于郑”和哀二年“晋赵鞅帅师纳卫世子蒯聩于戚”，一书“复归”，一书“纳”。“纳”字是入内之意，在《春秋》经中基本上是借外力使流亡在外者复入国篡权之辞，庄九年“公伐齐，纳纠”及文十四年“晋人纳接菑于邾娄，弗克纳”，公子纠和接菑都是不当纳的人。〔80〕总言之，单凭“世子”一词，完全无法说明问题。在这个问题上，《公》《穀》二传没有强求确解，反而比许多宋儒更谨慎。经文究竟是褒是贬，要看文本的语脉和其他措辞的涵义，没有理由因为蒯聩有了“世子”的称呼就断定圣人借此暗示他出奔后还具备继位的资格。

不仅在经传文本中难以找到支持蒯聩的确证，而且太多的历史证据可以说明《公》《穀》对蒯聩的指责并不过分。人们固然可以责备卫灵公糊涂，没能理顺父子关系，但蒯聩毕竟有弑母之罪，在

〔78〕柯劭忞：《春秋穀梁传注》卷14，页15。

〔79〕《公羊注疏》卷20，页448；卷22，页475。

〔80〕《公羊注疏》卷5，页105；卷7，页137；卷14，页306。《穀梁注疏》卷5，页73；卷11，页179。

父丧期间援引外力回国夺位，更是标准的伐丧行为，不孝之罪，十分显然。[81] 据《左传》和《史记》叙述，他在哀十五年劫持孔悝成功夺位后，竟然因为卫国大夫不迎立他，便想“尽诛大臣”，几乎导致群臣作乱。结果，执政不过三年就被推翻，君位两番易手，再次落在卫辄手中。[82] 无论从哪一个角度看，蒯聩也不具备贤君的资质。假如说，他的儿子卫辄不孝，没有统治卫国的资格；那么五十步笑百步，蒯聩自己的德行也大有问题，他不仅是卫灵公眼中的不孝子，更不是受到国人拥立的好君主。于是，问题不仅在于子不子，更在于君不君；片面地崇聩抑辄，肯定不合正名之义。

因此，有些比较谨慎而又强调父子之伦不容毁弃的儒者，在谴责卫辄不孝之余，也会批判蒯聩没有夺国的资格。当然，《穀梁》对聩辄父子皆有批评，算是比较符合孔子要求理顺父子君臣政治关系的正名主张，但因为传文强调卫辄不受父命的合法性，所以即使承认蒯聩可恶的儒者，也不会考虑拥护《穀梁》，而是另谋他路。那么，该如何解决卫国的困局呢？大略地说，有四个不同的主张：

① 悬空论。大概是受到《孟子·离娄》论瞽瞍杀人的意见影响，程颐主张说：“蒯聩得罪于父，不得复立，辄亦不得背其父而不与其国，委于所可立，使不失先君之社稷，而身从父，则义矣。”[83] 这是建议，卫辄应该像舜一样放弃王位，带着有罪的父亲抽身而去。虽然解决了父子的对立纷争，但对于卫国日后君位的安排，程颐基本上没有提出见解。

② 公决论。胡安国顺着程颐卫辄辞国的思路，建议说：“然则

---

〔81〕 即使不涉及孝道，在通常情况下，没有亲情关系的普通人伐丧也是大罪。参阅拙著：《〈穀梁〉政治伦理探微》下册，页532—34。

〔82〕《左传正义》卷60，页1697—99、1701。《史记》卷37，页1936—37。

〔83〕 程颢、程颐：《二程集》上册，页402。

为辄者奈何？宜辞于国曰：若以父为有罪，将从王父之命，则有社稷之镇公子在，我焉得为君？以为无罪，则国乃世子之所有也，天下岂有无父之国哉，而使我立乎其位？如此则言顺而事成矣。是故辄辞其位以避父，则卫之臣子拒蒯聩而辅之，可也；辄利其位以拒父，则卫之臣子舍爵禄而去之，可也。"〔84〕把问题付诸公决，以期达致一个大家都可以接受的方案，这个构思有一个明显的优点，就是预见蒯聩权欲熏心不甘罢休而导致的冲突，所以胡安国也不排除卫臣拒聩的合法性。

但正因为冲突的潜在可能性，许多儒者也表示不能接受。熊过同样不喜欢胡传，批判说："夫胡子之言，是教之伪之道也。夫既已辞其位矣，乃听其臣之辅己而拒父也，是谓之乎姑为之而欺其人者乎？彼其意乃假手于人而己辞名焉者。夫假手于人而己辞名焉者，譬诸小人穿窬之盗也，父子之间容施伪乎？"〔85〕这是一个颇有说服力的批判：胡安国的建议有可能导致卫辄故作政治表演，假托臣子加害蒯聩的危险，放在历代王朝的政治史上，似乎也不是杞人忧天的意见。

③ 另立论。针对胡安国构想的弱点，他的儿子胡宏另有新的构想。据胡宏的意见，孔子若有在卫国执政的机会，应该按照封建等级程序改立卫灵公本来有意传位的公子郢："蒯聩无父，辄亦无父，天下岂有无父之人尚可以事宗庙社稷为人上者哉？故孔子为政于卫，则必具灵公父子祖孙本末，上告于天王，下告于方伯，乞立公子郢，然后人伦明天理顺，无父之人不得立，名正而国家定矣。"〔86〕朱熹虽然怀疑公子郢接位"必有纷争"，但也赞同胡宏通告天子和诸侯的建

〔84〕胡安国：《春秋胡氏传》卷29，页485。
〔85〕熊过：《春秋明志录》卷12，页310。
〔86〕胡宏：《胡宏集》，页312。

议，说是“斯为得正”。[87] 问题是，情形如《左传》记载那样，公子郢坚拒继位，那又如何？这是胡宏和朱熹皆没有认真考虑的问题。

④ 调解论。王阳明以心学饮誉于世，但较少人注意他对《春秋》经义的诠释。在他个人看来，找公子郢继位也不是真正的解决办法，最好的途径是设法让聩辄父子和解，说道：“岂有一人致敬尽礼待我而为政，我就先去废他？岂人情天理？孔子既肯与辄为政，必已是他能倾心委国而听。圣人盛德至诚，必已感化卫辄，使知无父之不可以为人，必将痛哭奔走，往迎其父。父子之爱，本于天性，辄能悔痛真切如此，蒯聩岂不感动底豫？蒯聩既还，辄乃致国请戮。聩已见化于子，又有夫子至诚调和其间，当亦决不肯受，仍以命辄。群臣百姓又必欲得辄为君。辄乃自暴其罪恶，请于天子，告于方伯诸侯，而必欲致国于父。聩与群臣百姓亦皆表辄悔悟仁孝之美，请于天子，告于方伯诸侯，必欲得辄而为之君。于是集命于辄，使之复君卫国。辄不得已，乃如后世上皇故事，率群臣百姓尊聩为太公，备物致养，而始退复其仁焉。则君君、臣臣、父父、子子，名正言顺，一举而可为政于天下矣！孔子正名，或是如此。”[88] 在王阳明看来，朱熹的见解有误。他相信，孔子若有机会执政，必能感化卫辄，使之往迎蒯聩。于是，父子二人真正认罪，相互推让，公诸群臣百姓和天子诸侯。王阳明估计，假如能够这样，群臣百姓将会拥戴卫辄为君，蒯聩为太上皇，父子各复其位，皆大欢喜。

王阳明不乏知音，[89] 但他的主张似乎过分相信道德情感的感

[87] 黎靖德：《朱子语类》卷 43，页 1102。

[88] 王阳明：《王阳明全集》第 1 册，页 18。

[89] 例如陆粲，治《春秋》以质疑胡传为务，他觉得胡安国公决的主张只会带来争逐，完全不可欲，所以他跟王阳明一样，认为正确的做法是找君子从中调解，“俾父子如初”，说道：“若曰辅之以争国，则非君子所忍言者，是不可以训。”参阅陆粲：《春秋胡氏传辨疑》卷下，页 778。

化作用，可行性不高，陆陇其就觉得相当可笑，质疑说："当时南子尚在，蒯聩归国，不知何面目以见南子，能保其不相残乎？况以蒯聩之暴戾，使其归国，肯袖手让其子乎？万一蒯聩不让，国人不服，卫国之乱未有艾也。"[90] 陆陇其是清初尊朱的代表人物。在他看来，单以蒯聩、南子誓不两立的关系而言，王阳明的大团圆结局已是脱离政治现实，毫无实践意义可言。

可以看见，不论是悬空、公决、另立抑或调解，都有各种各样的困难，而且都是纸面上的空谈，不见得比《公》《穀》继续支持卫辄在位的意见更加高明。

第五节　伦理禁忌仍然存在

由拒父有理变成叛父不孝，由遵从王父命变成不该推辞父命，由王父命高于父命变成王父命不成为思考的前提，这些思想变化都是随着汉儒师说权威下坠而出现的。吊诡的是，迄至清代汉学复盛，《公》《穀》二传的旧说得到更多的欣赏和研究，但拒父回国仍是许多儒者不敢正面支持的禁忌。以下，不妨以四位《春秋》学者为例：

① 惠士奇。他治《春秋》不坚守任何一传，在聩辄争国的问题上，他完全不能赞同《公》《穀》的主张。为了釜底抽薪，惠士奇根据《左传》强调戚邑在春秋后期归属无常，时而属卫，时而属晋，不一定像传统所说那样必是卫地。此外，他又根据《左传》记述国夏求援于中山的史实，力辩"齐、卫联兵围戚，以救范氏"。换言之，整场战争都是晋国的内部斗争，是赵鞅火拼范、中行二氏的余波。因此，《公》《穀》二传的基本主张，完全是子虚乌有的：

[90]　陆陇其：《卫辄论》，载《三鱼堂文集》卷3，页30。

"《左氏》据国史纪事，前后详密，《公》《穀》不信国史，而以意逆之，得失常参半，见经前有纳戚，后有围戚之文。又围戚之师，卫石曼姑也，遂疑曼姑为子围父。如其然，则齐国夏何为者哉？……《春秋》不言臣拒君，而独书子围父，灭天理，绝人伦，君子不忍言，策书所不载，后之学者详焉。"〔91〕总而言之，在戚邑所发生的战争，实是赵鞅为主，不是儿子拒父的性质。哀二年经明言纳聩于戚，哀三年明言齐、卫围戚，事理畅顺，但惠士奇却在没有直接证据的情况下，断言国夏、石曼姑围戚之时，"蒯聩在晋，不在戚也"，〔92〕似乎是猜想多于征实，一辩再辩，无非是证明以子围父之事不该发生。

② 钟文烝。他是标准的《穀梁》信徒，虽然不愿公然驳斥传义，但因为强调父子之伦，也希望聩辄争国之事并不存在，所以他很欣赏惠士奇的辩驳，说是"驳二千年相传拒父之说"。不管如何，围戚之事，无可接受，所以他努力思考《孟子》大舜弃国的建议："辄可以为舜，而卫之诸臣不得为皋陶，辄而能逃，义之尽也。卫之诸臣而擅以甲兵伐蒯聩，则大罪也。"〔93〕这是回归程颐的悬空论，从他以此来谴责卫辄的做法可以看出，其实他的思想跟《穀梁》存在一定距离，因为传文在指出"围父"和"有父"的问题之余，也强调了父命与王父命不能兼容，因此阅读《穀梁》其实仍可

---

〔91〕惠士奇：《春秋说》卷6，页754。

〔92〕惠士奇《春秋说》（卷6，页754）说："蒯聩在晋，不在戚也，何以知蒯聩在晋欤？哀十六年，蒯聩自戚入于卫；十七年，晋赵鞅使告于卫，曰'君之在晋也，志父为主'，以此知蒯聩在晋也。哀二年，蒯聩既以勇力持矛而为赵鞅车右矣，三年赵鞅围邯郸，蒯聩亦必从之，则蒯聩在晋不在戚，又何疑？"说实在的，即使蒯聩在哀十六年人在晋国，即使他在哀二年曾经跟在赵鞅身边，也不能确证哀三年他不在戚邑而在晋国。惠氏此说，其实是建立在推测之上，没有直接的史实可供证明。

〔93〕钟文烝：《春秋穀梁经传补注》卷24，页721—22。

以得出卫辄执政合法的结论。

③ 沈钦韩。他注《左传》努力恢复传义原貌，反杜注的偏颇是他的首务；有时候，为了驳斥杜注，也不惜援引《公》《穀》二传立说。[94] 有趣的是，因为杜预没有从传文中得出南子谋害蒯聩的结论，沈钦韩对之甚感不满，说道："学者不察，因谓《左氏》之诬。当蒯聩出，当南子援戏阳速以为证，灵公不审其恶。于邻国《左氏》所录，据彼国之辞尔。先著南子之恶，灵公之无耻，则其事不待辨而可知矣。"[95] 沈氏像二刘那样，认为一切都是南子设计，而蒯聩像西晋愍怀太子司马遹和隋文帝太子杨勇一样，皆是无罪被废；因此，他其实是以宋明以后的流行说法理解《左传》，不见得完全符合传文的内容。

④ 陈立。虽回护"王父命"高于"父命"的《公羊》传义，但认为卫辄应该这样做："得国之后，即宜遣迎，尊崇不改，如《礼经》所谓废疾不立者，庶为仁至义尽。"[96] 认为卫辄应该调和父子关系，这其实颇为类似王阳明的想法。

沈、陈、钟各是三传的专家，而惠士奇则没有宗主任何一传的意识，尽管学术立场不同，但在聩辄争国的问题上，他们四人都不敢明确地支持卫辄拒父的做法，这实际上反映出对父子纲常的无比坚持已凝固为牢不可破的意识形态。迄至清末，变法趋新成为中国许多渴求进步的知识分子心底的诉求，但父子一伦仍是尊卑有别，不容变更，像思想趋新、同情变革的维新理论家宋恕，便批判贤辄拒父的主张"最谬"。[97] 政治忠诚必须受制于孝道的思想倾向，迄

〔94〕 例如在死义问题上，沈钦韩便相信圣人对孔父、仇牧、荀息三人是褒扬有加，不是像杜注所说的"无善可褒"。

〔95〕 沈钦韩：《春秋左氏传补注》卷11，页371。

〔96〕 陈立：《公羊义疏》卷73，页2796。

〔97〕 宋恕：《六字课斋津谈》，载《宋恕集》上册，页53。

至五四新文化运动掀起全面反传统的浪潮前，也没有真正发生改变。

第六节　小　　结

透过上述的讨论，本章得出三点初步的认识：

（一）《公》《穀》二传的论证线索是崇辄抑聩，虽然《穀梁》比《公羊》更明确地批评卫辄围父的做法，但毫无疑问，二传皆拥护卫辄在位的合法性。但随着孝道思想的抬头，卫辄变成诸儒众口同声批判的对象，而王父命高于父命的主张早成昨日黄花，即使后来汉学蔚为时风，有助于二传提高名誉，但卫辄拒父仍是许多儒者觉得不可接受的极恶罪行。聩辄二人评价的变化，见证了政治优先的考虑遭到亲情伦理的抵制；这方面的思想动向，也许可以再次提醒我们：儒家政治伦理充满各种历史发展的变异性，不是静止的、没有时间性的。那些预设儒学（或者说中国哲学）存在某些“永恒问题”（perennial issues）的解读方式，极有可能抽离文本的语脉，未必可欲和可信。

（二）由崇辄而抑辄，不代表疑团的减少。后代对卫辄的攻击，始终没能完全取代《公》《穀》二传原来处理的政治难题：当出现两个矛盾的忠诚对象，政治人物必须有所取舍，必要时不得不搁置道德的考虑。仅是痛骂卫辄的忤逆不孝，或努力化解父子的冲突，虽不能说必属错误，但或多或少是以道德判断取代政治判断，忽略了权力现实的复杂性可能迫使政治人物不得不作出一些可能违反私人伦理的艰难选择。合法性的问题不该被化约为正义的问题，[98]

[98] 当代自由主义政治哲学经常把合法性问题化约为正义问题，这方面的谬误已有学者加以剖析，参阅 Sleat, “Justice and Legitimacy in Contemporary Liberal Thought: A Critique,” pp.230－52.

像《穀梁》那样既强调王父命高于父命，又不忘指出“围父”和“有父”的不妥，其实是比较正视政治现实的思考，因为这个貌似矛盾的见解，实际上蕴涵对合法性的认可并不需要百分百的道德纯洁。可惜这一点（也包括《公羊》若干传义在内）因为后世对孝道的极端坚持而被忽略和低估了，代价不可谓不大。

（三）聩辄争国，充分暴露了政治判断的复杂性，不是简单地拿某一概念或价值原则直接套用便能得到圆满的解释。光是知道正名之旨并不足够，有必要深入到这次争国事件的具体语境之中。从上文的讨论可知，这些语境绝非毫无变异地传承下来的。随着政治社会环境的转移、相关文献面世状况的变化、诠释者态度和立场的分歧，各种跟事件相关的叙事内容和诠释方向也有可能发生变化。撇开了这些叙述和诠释的细节，几乎无法理解不同儒者为何有这样或那样的判断，也不可能判断聩辄的合法性问题。换言之，政治合法性的辩护，系于不同的叙述如何引导诠释者思考的方向。〔99〕聩辄评价前后的变化，便足以说明叙述的内容在合法性的思考上占据的重要位置。

〔99〕 现在有些信奉自由主义政治哲学的学者，尝试把叙述与辩护对立起来，在政治合法性的辩护上刻意弱化叙述的作用，参阅周濂：《现代政治的正当性基础》，页34—37。这样的做法，其实说服力是欠奉的。

第七章　季札让国的争议

春秋末叶，吴国刺客专诸受阖庐之托，置匕首于鱼腹中，刺死吴王僚。之所以发生这一变故，追溯源头，该从阖庐和僚的叔父季札让位说起。本来可以继位的季札，事前放弃君位，事后放弃了内部斗争，甘愿退隐。崇礼让，弃争逐，本是儒家崇尚的政治美德。《春秋》三传对季札并无贬抑，但自唐宋以降，却出现一些怪罪和责难的声音。同样是让国，泰伯及仲雍让位予季历，几乎是有口皆碑无可疵议，而季札所得到的认可显然不如乃祖。究竟该如何认识这一思想现象呢？

要真正解决这个问题，仅对某一部传注进行哲学分析，肯定不够；〔1〕仅对三传进行比义，同样找不到关键，因为真正的质疑声音来自三传以外；〔2〕一般的经学史研究，通常简单介绍某些经师及写作背景，未能考察各种诠释意见的具体变化状况。〔3〕鉴于季札让国的问题尚未得到深入的剖析，本文将会另辟新径，重新清理这一段罕为人知的思想史，借以深化人们对儒家政治伦理的认识。

---

〔1〕这方面的专著甚多，例如蒋庆《公羊学引论》全书无一语谈及各种质疑《公羊》颂扬季札的声音。

〔2〕例如傅隶朴《春秋三传比义》考察三传对季札的记载，也没有发现这方面的问题。

〔3〕近年一些唐宋经学史的作品，例如葛焕礼《尊经重义：唐代中叶至北宋末年的新〈春秋〉学》、李建军《宋代〈春秋〉学与宋型文化》等书，根本没有注意独孤及批判季札的声音。

第一节　贤札的两种说法

《春秋》提及季札的经文，只有一条，即襄二十九年“吴子使札来聘”。《公羊》襄二十九年传：

> 吴无君，无大夫，此何以有君，有大夫？贤季子也。何贤乎季子？让国也。其让国奈何？谒也、馀祭也、夷昧也，与季子同母者四。季子弱而才，兄弟皆爱之，同欲立之以为君，谒曰：“今若是迮而与季子国，季子犹不受也，请无与子而与弟，弟兄迭为君，而致国乎季子。”皆曰：“诺。”故诸为君者，皆轻死为勇，饮食必祝，曰：“天苟有吴国，尚速有悔于予身。”故谒也死，馀祭也立。馀祭也死，夷昧也立。夷昧也死，则国宜之季子者也。季子使而亡焉。僚者，长庶也，即之。季子使而反，至而君之尔。阖庐曰：“先君之所以不与子国，而与弟者，凡为季子故也。将从先君之命与？则国宜之季子者也。如不从先君之命与？则我宜立者也。僚恶得为君乎？”于是使专诸刺僚。而致国乎季子，季子不受，曰：“尔弑吾君，吾受尔国，是吾与尔为篡也。尔杀吾兄，吾又杀尔，是父子兄弟相杀，终身无已也。”去之延陵，终身不入吴国。故君子以其不受为义，以其不杀为仁。贤季子，则吴何以有君有大夫？以季子为臣，则宜有君者也。札者何？吴季子之名也。《春秋》贤者不名，此何以名？许夷狄者，不壹而足也。季子者，所贤也，曷为不足乎季子？许人臣者必使臣，许人子者必使子也。[4]

---

〔4〕《公羊注疏》卷21，页464—66。

经文以国君（而非聘者）为主体，若是中原国家，所遣大夫依例称名书氏，但吴国没有受天王命的大夫，季札仅名不氏，《公羊》认为原因在于季札是《春秋》认可的贤者。季札年幼有才，诸樊、馀祭、馀眛三位兄长共同宣誓，兄终弟及，把王位留给季札，但轮到馀祭死后，季札没有登基，反而出使在外走掉了，等到馀眛之子僚继立，他才回国并承认僚为国君，这实际上是继承了三位兄长让国的做法。不过，诸樊子阖庐却不服气，认为僚不遵从先君之命，即位的人该是阖庐而非僚，于是他派专诸刺杀了僚，然后致国于季札。季札不接受，仁义兼具，遂使吴国有君有大夫。

《左传》信守时序，襄二十九年传仅记载季札出访诸事，〔5〕把让国、弑君等事件系其他年份，其叙事与《公羊》有同有异：

［1］襄十四年传："吴子诸樊既除丧，将立季札。季札辞曰：'曹宣公之卒也，诸侯与曹人不义曹君，将立子臧。子臧去之，遂弗为也，以成曹君。君子曰：能守节。君，义嗣也，谁敢奸君？有国，非吾节也。札虽不才，原附于子臧，以无失节。'固立之。弃其室而耕，乃舍之。"

［2］昭二十七年传："夏四月，光伏甲于堀室而享王。王使甲坐于道，及其门。门阶户席，皆王亲也，夹之以铍。羞者献体改服于门外，执羞者坐行而入，执铍者夹承之，及体，以相授也。光伪足疾，入于堀室。鱄设诸置剑于鱼中以进，抽剑刺王，铍交于胸，遂弑王。阖庐以其子为卿。季子至，曰：'苟先君无废祀，民人无废主，社稷有奉，国家无倾，乃吾君也。吾谁敢怨？哀死事生，以待天命。非我生乱，立者从之，先人之道也。'复命哭墓，复位而待。"

［3］哀十年传："冬，楚子期伐陈。吴延州来季子救陈，谓子期

〔5〕《左传正义》卷39，页1095—1109。

曰：'二君不务德，而力争诸侯，民何罪焉？我请退，以为子名，务德而安民。'乃还。"〔6〕

例［1］交代季札在诸樊死后拒绝登位及其所说的理由，例［2］交代公子光派刺客弑吴王僚，其后季札虽感哀悼，但也无可奈何地接受事实。例［3］记载季札主持救陈之事，顺利劝退楚子期的军队。大体上说，例［1］［2］所述与《公羊》所述季札让国的过程内容相同，而例［3］则与"终身不入吴国"有所差异。就立论态度而言，《左传》不曾称季札为贤，也没有"君子曰"的褒美，其对王僚被刺的细节，阖庐的野心，以及季札当初不肯继位的理由说得更清楚，如此而已。严格地说，除了对最终季札是否在吴国有所分歧，二传算不上有什么重大矛盾。

相比之下，同样以季札为贤的《穀梁》，却是只字不谈他的让国。它认为季札之所以称贤，乃是尊君的缘故："吴其称子何也？善使延陵季子，故进之也。身贤，贤也。使贤，亦贤也。延陵季子之贤，尊君也。其名，成尊于上也。"〔7〕吴国本属夷狄，其君尊时称子，贬时称人称名。此经之所以称子，是因为吴王馀眛派遣季札这样的贤者聘问鲁国，成尊于上。钟文烝《补注》云："能使贤则亦贤矣，故有可进之理，所谓欲知其君，视其所使。"又云："又缘札之贤，有尊君之心，故如其意而进称子，此别为一义。"〔8〕中国传统歌颂的臣道，讲究含章可贞，不为事主；上述"使贤亦贤"的意见，正是成其美于君上，肯定季札之贤在于"尊君"的心意，故进吴王馀眛为子。〔9〕

〔6〕《左传正义》卷32，页919；卷52，页1483—84；卷58，页1654。
〔7〕《穀梁注疏》卷16，页272。
〔8〕钟文烝：《春秋穀梁经传补注》卷20，页590。
〔9〕有关季札称贤的问题，参阅拙著：《〈穀梁〉政治伦理探微》上册，页119—31。

以季札为贤者，《公羊》认为理由是让国，而《穀梁》认为是尊君，二者完全不同。在这两种说法之间，肯定是前者更受关注。《左》《公》的叙事基本上成为后代传述吴国相关史事的文献依据，像司马迁叙述吴国当时的一系列变故，内容与二传并无多少差别。值得注意，司马迁不认为季札需要为以后的篡弑变局负责，反而高度歌颂他的品格直追泰伯："延陵季子之仁心，慕义无穷，见微而知清浊。呜呼！又何其闳览博物君子也！"[10] 后来，班固撰写《古今人表》，把季札置于第二等"上中"一级，地位仅次孔子圣人一级，与蘧伯玉、子产、晏平仲等仁人相同，反映了汉人对季札的崇敬。[11] 马、班与三传的注疏者一样，对季札同是正面评价，没有因为吴王僚之死而贬低季札。

第二节　反札的新典范

中唐时期，对季札的德行出现了另一种截然不同的新评价。与韩愈一起努力复兴儒学的独孤及，写了一篇《吴季子札论》，认为季札让国不能与其祖泰伯相比："彼诸樊无季历之贤，王僚无武王之圣，而季子为泰伯之让，是徇名也，岂曰至德？且使争端兴于上替，祸机作于内室，遂错命于子光，覆师于夫差。陵夷不返，二代而吴灭。以季子之闳达博物，慕义无穷，向使当寿梦之眷命，接余昧之绝统，必能光启周道，以霸荆蛮，则大业用康，多难不作，阖庐安得谋于窟室？专诸何所施其匕首？呜呼！全身不顾其业，专让不夺其志，所去者忠，所存者节，善自牧矣，谓先君何！与其观变周乐，虑危戚钟，曷若以萧墙为心，社稷是恤？复命哭墓，哀死事

〔10〕《史记》卷31，页1781。
〔11〕《汉书》卷20，页923—24。

生，孰与先衅而动，治其未乱？弃室以表义，挂剑以明信，孰与奉君父之命，慰神祇之心？则独守纯白，不干义嗣，是洁己而遗国也。国之覆亡，君实阶祸。且曰‘非我生乱’，其孰生之哉！其孰生之哉！”〔12〕

独孤及经历安史之乱的变局，他在评述季札时有否暗地影射唐室中枢屡变的意思，如今不得而知；但可以肯定的是，他讨厌缺乏政治承担的人，才会觉得季札不应得到“至德”的美誉，因为在他眼中，季札违背君父的期盼，只顾自己，没有考虑到让国所带来的祸机，终致阖庐弑君夺位。

不过，并非所有人都拥护独孤及的新论。宋儒好辨旧注之非，蔚为风潮，但仍有不少人参照三传注疏继续肯定季札。司马光《资治通鉴》开篇道：“以微子而代纣则成汤配天矣，以季札而君吴则太伯血食矣，然二子宁亡国而不为者，诚以礼之大节不可乱也，故曰礼莫大于分也。”〔13〕这是拿季札和微子二人相提并论，认为他们放弃君位而宁愿流亡，真正体现了“礼之大节”。

此外，刘敞对汉唐旧说多有不满，但不否定季札，反而辩护说：“季子岂不欲飨一国哉，又恶不由其道；岂不欲讨国乱哉，又恶父子兄弟之相篡夺无已时。此固季子之所以称贤也。”〔14〕司马光与刘敞皆对汉唐注疏作出大胆的怀疑，但他们同样不因刺僚一事而质疑季札，说明三传意见仍有很大的学术市场。诸如叶适、高闶和陈傅良等人，对季札都是持肯定的态度。〔15〕

真正发扬独孤及新见的是程颐、刘绚师徒。程颐在谈论让国问

〔12〕独孤及：《吴季子札论》，载《毘陵集》卷7，页214。
〔13〕《资治通鉴》卷1，页3—4。
〔14〕刘敞：《春秋权衡》卷13，页315。
〔15〕叶适：《习学记言序目》卷20，页281—82。高闶：《春秋集注》卷35，页545。陈傅良：《春秋后传》卷10，页707。

题时，沿袭独孤及贬札的意见，说："札让不立，又不为立贤而去，卒有杀僚之乱，故圣人于其来聘，书曰'吴子使札来聘'，去其公子，言其不得为公子也。"〔16〕刘绚受业于二程，信守师说，同样认为季札不值得称道："札何以不称公子？辞国而生乱者，札为之也。"接着简单交代吴国让国的背景和公子光的弑僚，然后说："是以吴之乱，札实为之也。故《春秋》因札来聘，去其公子，以示贬焉。"〔17〕回头比较独孤及的批判见解，便可以发现他们三人同样都是批评季札礼让导致吴国内部冲突，但独孤及是单纯史论的意见发挥，而程、刘二人则企图从没有记载"公子"的称呼找解释，显然在经典诠释上比较容易让人接受。

循着程、刘二人的解经线索，胡安国提出了一个影响深远的观点："札者，吴之公子，何以不称公子？贬也。辞国而生乱者，札之为也，故因其来聘而贬之示法焉……叔齐之德不越伯夷，孤竹舍长而立幼，私意也。诸樊兄弟父子，无及季札之贤者，其父兄所为眷眷而欲立札，公心也。以其私意，故夷、齐让国为得仁，而先圣之所贤；以其公心，故季子辞位为生乱，而《春秋》之所贬。苟比而同之，过矣……若季子之辞位守节，立名全身，自牧则可矣，概诸圣王之道则过矣。《中庸》曰：'道之不明不行也，我知之矣。'季子所谓贤且智，过而不得其中者也。使由于季历、武王之义，其肯附子臧之节而不受乎？惜其择乎中庸，失时措之宜尔，此仲尼所以因其辞国生乱而贬之也。"〔18〕

这里，胡安国认定季札不称公子显示圣人示贬，因为季札不过

---

〔16〕程颢、程颐：《二程集》上册，页282。

〔17〕刘绚《春秋传》已佚，其书责难季札的意见，参阅王樵：《春秋辑传》卷9，页862。另参阅汪克宽：《春秋胡传附录纂疏》卷23，页595。李廉：《春秋会通》卷19，页490。

〔18〕胡安国：《春秋胡氏传》卷23，页381—82。

是独善其身的自了汉，举措失当，难以企及“圣王之道”的要求，比不上伯夷、叔齐。一言以蔽之，季札要为后来的动乱负上全责，因此孔子对他的评价只有贬抑，而非褒扬。

胡安国标榜绍承程门解经义法，他的意见迅即成为《春秋》研究的典范观点。朱熹认为“季札辞国，不为尽是”，又说“胡文定《春秋》解这一段也好，说吴季札让国事，圣人不取之，牵引四五事为证”。〔19〕他的晚年弟子陈淳讨论权变时，提出了类似的批评意见：“季札终于固让而不肯立，卒自乱其宗国，是于守经中见义不精者也。”〔20〕这是把后来吴国的祸乱归咎于季札，认为一切都是错在他不肯接受兄长的让国。

一般理学史都把朱熹和张栻归类为不同流派的学者，但他们在政治见解上却有许多不谋而合的地方，至少在季札的评价上如此。张栻认定季札不过是“好名之人”，批判说：“盖未能循乎理之实然者，则亦未免为徇其名而已，如季札之徒是也。季子之父兄所以眷眷于季子之立者，为其贤也。此公理，而非私意也。而季子三辞焉，是未究夫当立之义。”〔21〕这里质疑季札好名而不合天理，却没有举任何心理史料证实其说。

无论是否接受程朱理学，接受的程度有多少，南宋以降许多儒者都把胡传理解为《春秋》真义，相信季札罪不容赦，即使不是存心行恶，但也不可能得到圣笔的赞许。〔22〕迄至元朝，胡传成为钦定的官方教科书，贬札之论同样流行，但大抵重复胡传之论，新意不多。例如，王元杰这样抨击季札：“《春秋》因其来聘，贬而示

〔19〕 黎靖德：《朱子语类》卷34，页882；卷83，页2170。

〔20〕 陈淳：《北溪字义》卷下，页52。

〔21〕 张栻：《癸巳孟子说》卷7，载《张栻全集》中册，页499。

〔22〕 例如洪咨夔：《洪氏春秋说》卷26，页679。赵鹏飞：《春秋经筌》卷12，页386。陈深：《读春秋编》卷9，页636。余允文：《尊孟辨》卷上，页525。

法，望之深而责之备也。”[23] 又如，郑玉说：“变父兄相让之风为君臣相弑之祸，斯实季子之罪也。”王、郑二人皆是元代著名的《春秋》学者，但都是受到胡传影响，没有提出更新颖的见解。[24]

第三节　对胡传的反思和抵制

胡安国对季札作出的批评，其根据主要有二。一是文本的根据。自程颐、刘绚起，都着眼于《春秋》本经书名而不书公子。但是，三传皆无称名为贬之说，范宁《集解》已有明确解释：“札名者，许夷狄不一而足，唯成吴之尊称。直称吴，则不得有大夫。”[25] 换言之，季札书名，是由于吴属夷狄的特殊情况使然，不一定包含贬抑之意。的确，“公子”是尊称，比“人”或直称名字显得更尊贵些，但不一定都是善辞。庄三十二年“公子牙卒”和“公子庆父如齐”两则经文，皆称公子，但叔牙和庆父是鲁国著名的反贼，称公子绝不包含肯定其人的意思。《春秋》用辞变化多端，随语脉不同而各有不同的含义，称公子不代表示褒，不称公子不代表示贬，没有理由因为季札没有公子之称就断定圣人示贬。

另一根据是后果的考虑。上述抨击季札的人，都在谴责季札不学季历受国，反而学泰伯让国，酿成弑僚的悲剧。他们都是根据差劣的后果来质疑季札行为的正确性。这种想法的最大破绽，在于忽略了实践推理不可避免的时间变异性。季札是襄二十九年出访（前544）。吴王僚被刺是昭二十七年（前515），前后相差了二十九年（虚岁计算则是三十年）。假设季札决心让国，是由长兄寿梦逝世

〔23〕 王元杰：《春秋谳义》卷9，页160。
〔24〕 郑玉：《春秋阙疑》卷38，页589。
〔25〕《穀梁注疏》卷16，页272。

（前560）时开始酝酿的想法，由这时算起至吴王僚被刺，就是相差四十五年。吴王僚继位是昭十六年（前526）的事情。由季札准备让国，至后来真的让国，君位从他的大哥寿梦传至二哥馀祭、三哥馀眛已有三十四年，中间未有任何继位上的矛盾。在季札让国后，吴国内部并无动乱，吴王僚在位也有十一年多，其间阖庐也没有清晰地呈露谋反之心。

为何季札不肯接受三位兄长的让国？限于个人心理史料不足，这个问题难以确言，可以肯定的是，季札让国是回报三位兄长让国的恩情，而他在让国前得到的正面信息远多于负面信息，因为由准备让国、落实让国，再到吴王僚被刺，是发生在不同时间的事情，而且相距的时段颇远；试问，季札又怎能预知后来的变局？同样由于史料阙如的问题，读者已不清楚季札在让国后思想有没有发生变化，毕竟中间历经的时间太长，究竟他对吴国内部政情的问题是什么想法，也无法说清楚、道明白。发生吴王僚的悲剧，真的全是季札让国所致吗？阖庐固然是利用季札作为托辞，但像阖庐这样野心勃勃的人，即使是季札接受君位，又真的可以确保没有弑君行为吗？谁可以担保季札在位就能使阖庐口服心服，从此杜绝暗杀的事件呢？

因为胡传的诠释存在上述两方面的漏洞，所以宋元以降很多有批判力的经学家，对之抱持反对意见。家铉翁曾经借用刺僚一事讽喻宋初史事，[26] 但他绝不苟同胡安国以后果否定季札的做法，认为季札不称公子，不书大夫，正所以著其“高让之节”：“季子避而去之，尚太伯之风，《春秋》何贬焉？世沦俗斁，中国礼义所自出，

〔26〕 家铉翁借馀眛父子私相授受，批评说：“乌乎！以此垂训，犹有受位于其兄而杀其兄之子，并及其弟，而以天位私于其子者，岂不痛哉！”这话的典故是源自宋太宗从太祖手中得到帝位，曾逼死其弟赵廷美及其侄赵德昭，物议甚多。参阅家铉翁：《春秋集传详说》卷26，页447。《宋史》卷4，页59—61；卷244，页8668。

而臣弑其君，子篡其父，下陵其上，不夺不餍，而季子独以让国闻，圣人嘉其为中国而来，将使篡君之贼，僭上之人，观感而内愧，必不以让而少之。胡公持论太偏，恐为后来惑，不得不辨。"〔27〕这是认为季札避位是无可疵议的善举，胡安国持论不当，必须辨白。

此外，元儒程端学也驳斥胡传，他的意见比较特别，认为书公子与否，是按照史书常法，并非孔子有意去之。他在诠释聘鲁一事上，虽不同意《公》《穀》褒扬季札的某些说法，但也不同意胡安国借此贬低季札："且札让国致乱，在三十年之后。孔子安得预去公子而贬之乎？《春秋》者，即此事而论此事之义者也，未尝因此事而论他事之善恶也。"〔28〕程氏准确地抓住了让国与行刺之间的时间差，反对让国致乱的意见，别具只眼。

《春秋》虽非明儒讲学的热门项目，但努力在朱子学的牢笼下寻找有用的经义，却是许多有眼光的明儒的共同归趋。尤其明代中叶以后，随着心学的勃兴，思想界出于对陈腐旧说的反感，普遍要求解经需要更多活泼的新义；胡安国许多刻以绳人的经说，便成为众矢之的。大略地说，明儒反胡传的思路，可以分为两类：

① 家铉翁式思路。即强调让国本是美德的体现，即使让国不成功，也不该过分苛责没有私心的季札。王樵觉得即使有错，也是错在季札父兄身上，而非存心让国的季札："寿梦过中，而反谓季子之不成父之非正为过中，古今有几太王乎？……诸君（即诸樊、馀祭、馀眛三人）之轻死为勇、饮食必祝为过中，而反谓季子之不成兄之非正为过中，古今有几季历乎？"〔29〕这个意见说得极好：即使季札不如太王，但鉴于吴国本有让国的传统，所以季札也很难预料

〔27〕家铉翁：《春秋集传详说》卷22，页399。
〔28〕程端学：《春秋或问》卷8，页657。
〔29〕王樵：《春秋辑传》卷9，页862。

他的让国反而导致日后的祸难。诚如朱朝瑛所言："乱之作也，何定之有!"[30] 说到底，阖庐若真要作乱，季札即使继位也可能发生弑谋，胡安国罪其让国致乱，怎么看也是过当的意见。

② 程端学式思路。即强调经文找不到否定季札的明显证据。湛若水认为季札不书公子，"名之无他义"，指责胡传"非圣人洒然大公，无意必固我之心矣"。[31] 此外，陆粲也沿袭程学端的故智，认为《春秋》立义"不在一二字之间"。他虽觉得季札可以在政治上有更多的作为，但并不因此怀疑他的为人，强调"不接夷昧之绝统，非狗名也"。[32] 言下之意，就是认为是否具有公子之书，也不是褒贬的关键。

第四节　清儒与明儒的同调

学风的剧变没有改变儒者对胡传的疑虑。有趣的是，清儒普遍鄙夷明儒空疏的学风，因崇尚考据而回归旧注，胡安国违逆三传的意见成为许多清儒唾弃的对象；在评价季札的问题上，清儒与明儒态度一致，大多抨击胡传，不相信书名去氏为贬札让国的说法。且看以下三例：

① 毛奇龄。其治《春秋》，屡以《左传》是非为是非，这样说："按传，吴子诸樊既除丧，将立季札，季札辞之，诸樊固强之，至札弃其室而耕而后舍之，此又何罪?"[33] 这是依据《左传》而猛攻胡传，其言仍袭明人之旧。

---

[30] 朱朝瑛:《读春秋略记》卷9，页170。
[31] 湛若水:《春秋正传》卷28，页493—94。
[32] 陆粲:《春秋胡氏传辨疑》卷下，页770—71。
[33] 毛奇龄:《春秋毛氏传》卷28，页319。

② 孔广森。在学术史上常被视为开启《公羊》学复兴的人物，他也不点名地抨击胡传，说："让国事在昭公时，豫贤之于此者，吴能修礼义来聘，因其可贤而贤之，所以得起其让者。迄《春秋》，吴大夫皆不得以名见，足知札特书名为贤故矣。"〔34〕

③ 钟文烝。其《补注》屡有援胡传以参证《穀梁》而被批评，但在季札问题上，他倒是毫不客气地否定贬札的论者："独孤及讥其（指季札）以让阶祸，刘绚、胡安国、张洽遂谓《春秋》贬之，皆非经义。"〔35〕

毛、孔、钟三人，对三传各有宗主，立论也大有不同，但不约而同地反对胡传的意见，这可以说明清儒治经实事求是的作风，没有因为讨厌明儒的偏见而左右了对季札的正确评价。当然，这不意味胡传完全没有市场，但真要像胡安国那样振振有辞地否定季札，却是寥若晨星，有之也难以成为有力的观点。〔36〕

第五节　小　　结

《春秋》内容丰富，不同的人对不同的经文可以各有不同的诠释方向，难以划一而论：有些可能由某种旧说主导着诠释格局，任何挑战也难以成功；有些可能因为思想价值的变化而成功颠覆旧说；也有些诠释面临尖锐的挑战，但因无法从经传文本和其他历史证据找到佐证，所以无法撼动旧说，而围绕着季札的各种争议，就是这

〔34〕 孔广森：《春秋公羊经传通义》卷9，页221。

〔35〕 钟文烝：《春秋穀梁经传补注》卷20，页590。

〔36〕 王夫之便是一例，在汉学成为士林潮流之前，他对季札问题表示过批判季札的意见，一方面他批评季札"仅得为君子，而几不免于同污也"，但另一方面又觉得像程、刘以来以不称公子而贬抑季札的做法"非笃论矣"。参阅《春秋家说》卷下，页293、296。这样的主张，实际上是模棱两可的折衷论，说服力实在欠奉。

样的情况。从以上的思想史叙述，可以得出三点教益：

（一）经典诠释囿于文本的限制，不可能在进入语脉前设定任何一套“本然的观点”（view from nowhere），预先确认某人、某事、某价值的是非对错。试想，脱离了三传的叙述和吴国历史的背景，读者有可能确切掌握季札政治选择的情境吗？

（二）让国不是放诸四海皆准的绝对价值，怪责季札要为僚亡负责固然不是，但不能反过来认为凡有让国之心必是正确和正义的。

（三）由胡安国等人对季札的责难，可以发现《左》《公》二传的长篇叙事没能使季札免于被质疑和被否定。众口悠悠，莫衷一是，政治世界有些问题并非愈辩愈明，《穀梁》对季札的评述点到即止，在某程度上更能体现《春秋》为贤者讳之义。

结语

维持学术的深度，探讨《春秋》说了什么和被人如何说，是国内外学者（当然包括中国哲学工作者在内）觉得需要做的事情，尽管为什么需要，言人人殊。

谁都承认《春秋》是重要的文献，而且是认识孔子和儒家的思想资源。可是，问题一旦落入经学研究的领域中，麻烦便出现了。

就说“重要”吧，究竟有多重要？在什么意义上重要？对什么人重要？无论生活在什么时候、什么环境的人都觉得重要？《春秋》中有没有什么东西被视为不重要的？凭什么觉得某些内容重要，其他内容不重要？

就说“认识”吧，同样疑窦丛生。是什么读者来认识？如何认识《春秋》？依据什么标准？什么文本？多年来通行的经学教科书？假定教科书的编写者也有认识的限制，或者所言欠缺依据，那么以后的研究者凭什么还被要求继续遵循呢？作出这样的要求，是不是制造认识的障碍呢？

诸如此类的问题及其解答，林林总总，不一而足。与其他领域的学术积累一样，围绕着《春秋》的各种言说，随着各种理解和诠释的迭架，在历史长河的沉淀中，已留下相当厚重的文献纪录，有待后人慢慢消化。《春秋》不像出土文献或其他考古实物，并非前无可恃的空白状态。任何学者都得详细地占有材料，细致阅读文献，检讨正反证据，严肃地面对过去的各种诠释意见，即使说得不合己意，恐怕也不能视若无睹。因己好而自取一脔，为门户而抹煞异说，很难说是正常的学术态度，哪怕立言的人打着《春秋》或其他貌似学术的旗号。

纷繁的文献事实，要求《春秋》研究者必须放宽视域，注意多歧且矛盾的诠释意见。仅是充分占有材料是不够的，还必须分析不同言说如何产生，为何产生，产生了有什么结果，探寻各种观点的内部联系。要理解许多貌似费解的观点及其思想现象，最终还是要回到《春秋》经传的文本之中。现在已有学者指正："无数六经注我的例子已经表明，经学需要一个可以持循的基本尺度，来规范古往今来大量的过度诠释。这个尺度便是回到那些虽然具有历史性维度，但是却在义理上贯通如一的经典之中。"〔1〕当然，什么是"义理上贯通如一"，存在商量和讨论的余地。但有一点是清楚的：不能采取"六经注我"的办法！把自己所偏好的观点说成"家法"或《春秋》原教旨的一部分，是不能真正解决问题的。

回到经典文本之中，就是要客观地理解它如何说。要做到这一点，不能仅看《春秋》说了什么道理，还要看《春秋》透过什么叙事来讲述相关的道理，审视不同学者对这些叙事有什么解说和评论，从而得出比较可信的判断。不过，晚清以来一些经学教科书所作出的概论，尽管条件尚未成熟，论证还有破绽，在材料的别择使用上不够严谨，却被后人视为定谳。〔2〕因为精力和时间的限制，本书仅能作出初步的成果，一方面是检讨前人之误，另一方面是重新讨论和分析一些得不到经学史重视的叙事。以下是本书的总结：

---

〔1〕《新经学》编辑部：《发刊词》，页6。

〔2〕其中，皮锡瑞《经学通论》有关《春秋》的观点，便是一个显著的例子。有关这个问题的研究，请读者另行参阅拙著《〈经学通论〉辨证》一书。

导论尝试论证门户立场作为一种党派性思维，为何不是《春秋》研究所必须的。从事某一角色或专业的人具有初步认定的道德责任，以合乎情理的努力避免那些可能影响判断的因素。《春秋》研究需要以“严刻的理智态度”处理问题。因此，中国哲学工作者在《春秋》研究上，具有一种初步判定的道德责任，以合乎情理的努力避免那些可能导致《春秋》研究变差的事情。门户之见可能导致《春秋》研究不能保持“严刻的理智态度”，不必要地产生偏差。因此，中国哲学工作者具有初步判定的责任避免门户之见。这里，“严刻的理智态度”是基于“专业判断的原则”的考虑，并不专门讨论任何实质性的主张。

第一章指出《公羊》与《穀梁》二传的史料价值，因为晚清学者的误导，以及其他可理解或不可理解的原因，二传的史实性较少得到着墨或甚至备受忽略，导致现在还有学者误以为二传只说微言大义，而没有史料的价值。假如不是心怀偏见的话，平实地阅读《公》《穀》，便不难发现它们叙事的分量纵使不如《左传》厚实，也并非只谈“微言大义”。二传不仅能够印证其他典籍的历史记载，而且有些叙事更是独家拥有，很难说没有史料价值。把思想性与史实性对立起来的二分法，从一开始便是错误的。

第二章继续讨论《公羊》和《穀梁》的问题。晚清以来许多学者把二传归入“今文说”，以为它们同属一派的思路支配了解读文献的方向，一些《穀梁》学者盲目援引《公羊》的观点，而不顾传义能否兼容。其实，二传在让国、复仇、崇贤等问题上各有不同的判断，盲目地援《公》解《穀》，结果就是把《公羊》的观点强加在《穀梁》之上，因而产生了许多违反传义的观点。这些错误之产生，说明像“今文说”之类的经学史标签，并非解读典籍的不二法门。回到经典，首先是尊重文本。研究《穀梁》就是理解《穀梁》

说些什么，不是拿《公羊》当作《穀梁》之说。这跟何休《解诂》不等于《公羊》本义，是相同的道理。坚持一些尚待验证的标签，作为指引观察的视角，极有可能是自造心防，创造了不必要的有色眼镜。

第三章是对陈澧《东塾读书记》的读书札记，此书对《春秋》经传的某些评论意见已被皮锡瑞等人接纳，而成为流行的经学史“常识”。本章偏重陈澧本人及其学术史背景的梳理，较少剖析书中的论证。真要彻底清理这个问题，大概需要各方面的专家共同协力，本章仅能提供点滴之助，罗列五则札记，指出其中的认识谬误，说明陈澧的一些论断还需要深入论析，不能未经讨论便即信据。

第四章重新解读梁启超《读春秋界说》，这篇短文收录在《饮冰室文集》之时，已被大量删节，非其原貌。本章透过新出版的《广州大典》重阅此文，发现这十一条“界说”基本上是康有为《春秋》学说的简要纲领，而许多理念与皮锡瑞后来编写的《经学通论》亦有相通之处。可以说，这是认识晚清经学不可忽略的重要文献。尽管梁启超不是世人眼中的《春秋》专家，但他比皮锡瑞或其他标榜“今文”门户的学者更坦率地披露利用《春秋》论政的企图，也更清晰地暴露许多论证上的问题。或多或少，梁启超的错误，是其他享有相同理念的《公羊》学者共同拥有的。鉴于此，重新阅读《读春秋界说》且认识其中的限制，在今天仍有必要。

第五章至第七章是三个案例研究，先后是祭仲废立、蒯辄争国、季札让国三事，它们都是历来《春秋》学者反复谈论的公案，但随着材料的新发现和新解读、舆论气氛的变化乃至诠释思路的发展，展示了相当曲折的释义历程。在祭仲的案例中，他对郑国君主的两度废立，曾被《公羊》许为“知权”和“行权”，但由于内在论证的不圆满，加上后世经学家担忧导致君位更替的风险，故后世读者多取《左》《穀》而抑《公羊》。在聩辄父子的案例中，这对父子究竟谁更有合法性？作为儿子的卫辄该不该顺从父亲？纵观历代的各种诠释，可以看见舆论的大势是由支持卫辄拒父变为批判卫辄逆父，王父命高于父命的观点已被弃置，其中的信息不宜等闲视之。在季札的案例中，《公羊》以季札让国为贤的意见，得到《左传》的印证多于否证，《穀梁》贤季札的理由虽异于《公羊》，但后代儒者甚少以此质疑季札。真正形成反季札的力量，是胡安国《春秋传》的说法，而胡传的思想理念是源自独孤及——一个基本上不被经学史研究注意的人物。从儒者对季札的支持和反对，实际上可以说明:《春秋》研究的很多内容，不能仅是依据某一部传注便即立说，需要对各方面的言说进行对比和衡量，方能得到比较可信的判断。

《春秋》研究，可谈的问题还有许多。本书主要是检讨成说和案例分析，试图比较客观地处理问题，论述着重文本的细致解读，立论根据充分可靠的资料和证据，不作无根之谈。当然，这些都是个人的学术期许，其得失如何，交由读者判断。

主要参考文献

一、中文部分

A

艾尔曼:《经学·科举·文化史》，复旦大学文史研究院译，北京：中华书局，2010年。

B

班固:《汉书》12册100卷，北京：中华书局，1962年。

本田成之:《中国经学史》，孙俍工译，桂林：漓江出版社，2013年。

C

曹峰:《老子永远不老:〈老子〉研究新解》，北京：中国人民大学出版社，2018年。

常超:《“托古改制”与“三世进化”：康有为公羊学思想研究》，北京：北京大学出版社，2015年。

陈壁生:《经学的瓦解》，上海：华东师范大学出版社，2014年。

陈淳:《北溪字义》，北京：中华书局，1983年。

陈傅良:《春秋后传》12卷，载《文渊阁四库全书》第151册，上海：上海古籍出版社，1987年，页593—719。

陈来:《前言：“中国哲学史”的学科建设》，载《问道中国哲学：中国哲学史研究的现状与前瞻》，北京：九州出版社，2013年，页1—5。

陈澧:《东塾读书记》25 卷(另附录),钟旭元、魏达纯点校,载《陈澧集》第 2 册,黄国声主编,上海:上海古籍出版社,2008 年,页 1—352。

陈立:《公羊义疏》6 册 76 卷,刘尚慈点校,北京:中华书局,2017 年。

陈立胜:《"身体"与"诠释":宋明儒学论集》,台北:台大出版中心,2011 年。

陈其泰:《清代公羊学》,上海:上海人民出版社,2011 年。

陈庆年:《戊戌己亥见闻录》,载《近代史资料》第 81 号,页 113。

陈少明:《〈齐物论〉及其影响》,北京:北京大学出版社,2004 年。

陈少明:《君子与政治——对〈论语·述而〉"夫子为卫君"章的解读》,载《中山大学学报(社会科学版)》2005 年第 4 期,页 13—16。

陈少明:《孔门三杰的思想史形象——颜渊、子贡和子路》,载《理解、诠释与儒家传统:个案篇》,李明辉、陈玮芬主编,台北:中研院文哲所,2008 年,页 39—73。

陈少明:《做中国哲学:一些方法论的思考》,北京:三联书店,2015 年。

陈深:《读春秋编》12 卷,载《文渊阁四库全书》第 158 册,页 509—680。

陈寿:《三国志》5 册 65 卷,北京:中华书局,1959 年。

陈寅恪:《审查报告一》,载冯友兰《中国哲学史》下册,北京:中华书局,1992 年,页 1—4。

陈友冰:《考盘在涧:中国古典诗词的美感与表达》,北京:商务印书馆,2011 年。

陈柱:《公羊学哲学(外一种)》,上海:华东师范大学出版社,2014 年。

程端学:《春秋或问》10 卷,载《文渊阁四库全书》第 160 册,页 519—688。

程颢、程颐:《二程集》2 册,王孝鱼点校,北京:中华书局,1981 年。

程苏东:《从六艺到十三经:以经目演变为中心》,北京:北京大学出版社,2018 年。

程庭桂:《春秋希通》,载《晚清四部丛刊》第 7 辑第 19 册,台中:文听阁图书有限公司,2010 年,页 1—102。

崔适:《春秋复始》38 卷，载《续修四库丛书》第 131 册，上海：上海古籍出版社，1995 年，页 379—654。

崔适:《五经释要》18 卷，载《民国时期经学丛书》第 4 辑第 1 册，台中：文听阁图书有限公司，2009 年，页 1—396。

崔子方:《崔氏春秋经解》12 卷（附录《春秋例要》），载《文渊阁四库全书》第 148 册，页 173—343。

D

邓小南:《祖宗之法：北宋前期政治述略》，北京：三联书店，2006 年。

独孤及:《昆陵集》20 卷，载《文渊阁四库全书》第 1072 册，页 159—316。

杜预:《春秋释例》15 卷，载《文渊阁四库全书》第 146 册，页 1—373。

F

范立舟:《论两宋理学家的政治理想》，《政治学研究》2005 年第 1 期，页 107—14。

范祥雍:《战国策笺证》4 册 33 卷，范邦瑾协校，上海：上海古籍出版社，2011 年。

方韬:《杜预〈春秋经传集解〉研究》，北京：中国社会科学出版社，2017 年。

冯友兰:《中国现代哲学史》，香港：中华书局，1992 年。

冯友兰:《中国哲学史》2 册，北京：中华书局，1992 年。

冯友兰:《中国哲学史新编》第 1 册，载《三松堂全集》第 8 卷，郑州：河南人民出版社，2001 年，页 1—241。

傅隶朴:《春秋三传比义》，北京：国际友谊出版公司，1984 年。

G

高闶:《春秋集注》40 卷，载《文渊阁四库全书》第 151 册，页 251—592。

高培华:《卜子夏考论》, 北京: 社会科学文献出版社, 2012 年。

葛焕礼:《尊经重义: 唐代中叶至北宋末年的新〈春秋〉学》, 济南: 山东大学出版社, 2011 年。

龚自珍:《龚自珍全集》, 上海: 上海人民出版社, 1975 年。

郭庆藩:《庄子集释》3 册 10 卷, 王孝鱼点校, 北京: 中华书局, 1961 年。

H

洪咨夔:《洪氏春秋说》30 卷, 载《文渊阁四库全书》第 156 册, 页 457—718。

胡安国:《春秋胡氏传》30 卷, 钱伟强点校, 杭州: 浙江古籍出版社, 2010 年。

胡宏:《胡宏集》, 吴仁华点校, 北京: 中华书局, 1987 年。

胡适:《胡适文选》, 台北: 远流出版公司, 1986 年。

胡寅:《斐然集》30 卷, 载《文渊阁四库全书》第 1137 册, 页 257—753。

黄怀信:《鹖冠子校注》3 卷, 北京: 中华书局, 2014 年。

黄晖:《论衡校释》4 册 30 卷, 北京: 中华书局, 1990 年。

黄开国:《清代今文经学的兴起》, 成都: 巴蜀书社, 2008 年。

黄开国:《清代今文经学新论》, 北京: 人民出版社, 2017 年。

黄仲炎:《春秋通说》13 卷, 载《文渊阁四库全书》第 156 册, 页 289—456。

惠栋:《春秋左传补注》6 卷, 载《文渊阁四库全书》第 181 册, 页 119—230。

惠士奇:《春秋说》15 卷, 载《文渊阁四库全书》第 178 册, 页 627—988。

J

吉川忠夫:《六朝精神史研究》, 王启发译, 南京: 江苏人民出版社, 2011 年。

家铉翁:《春秋集传详说》30卷，载《文渊阁四库全书》第158册，页1—508。

简朝亮:《论语集注补正述疏》3册10卷，赵友林、唐明贵校注，上海:华东师范大学出版社，2013年。

姜宝:《春秋事义全考》16卷，载《文渊阁四库全书》第169册，页83—490。

蒋良骐:《东华录》32卷，北京:中华书局，1980年。

蒋庆:《公羊学引论:儒家的政治智慧与历史信仰》，福州:福建教育出版社，2014年。

焦循:《春秋左传补疏》5卷，载《春秋左传补疏　春秋左氏传补注》，郭晓东、郝兆宽、陈岘点校，上海:上海古籍出版社，2016年，页3—91。

金景芳:《金景芳全集》10册，吕文郁、舒大刚主编，上海:上海古籍出版社，2015年。

K

康德:《道德底形上学之基础》，李明辉译，台北:联经出版公司，1990年。

康有为:《春秋笔削大义微言考》11卷，载《康有为全集》第6集，页1—310。

康有为:《康有为全集》12集，姜义华、张荣华编校，北京:中国人民大学出版社，2007年。

康有为:《实理公法全书》，载《康有为全集》第1集，第145—60页。

康有为:《新学伪经考》14卷，载《康有为全集》第1集，页353—558。

康有为:《日本书目志》15卷，载《康有为全集》第3集，页261—524。

柯劭忞:《春秋穀梁传注》15卷，北京:国立北京大学研究院文史部，1927年。

柯小刚:《〈论语〉“夫子不为卫君”章的政治哲学解读》，载《同济大学学报（社会科学版）》第22卷第1期，2011年2月，页70—75。

孔广森:《春秋公羊经传通义》12卷，崔冠华校点，北京:北京大学出版社，2012年。

孔颖达:《春秋左传正义》3 册 60 卷，李学勤主编，北京：北京大学出版社，1999 年。

孔颖达:《礼记正义》3 册 63 卷，李学勤主编，北京：北京大学出版社，1999 年。

孔颖达:《毛诗注疏》3 册 40 卷，朱杰人、李慧玲整理，上海：上海古籍出版社，2013 年。

孔颖达:《周易正义》9 卷，李学勤主编，北京：北京大学出版社，1999 年。

L

黎汉基:《皮锡瑞《春秋》经传“借事明义之旨”辨非》，载《中国哲学史》2020 年第 2 期，页 33—39、70。

黎汉基:《“孔子出而有经之名”驳议——皮锡瑞〈经学历史〉的论证问题》，北京：中央编译出版社，2020 年。

黎汉基:《〈穀梁〉政治伦理探微：以“贤”的判断为讨论中心》2 册，北京：中华书局，2019 年。

黎汉基:《〈经学通论〉辨证：以皮锡瑞〈春秋〉改制思想为讨论起点》，北京：中央编译出版社，2020 年。

黎汉基:《汉宣帝立〈穀梁〉事述说》，载《新经学》第 5 辑，上海：上海人民出版社，2020 年，页 87—138。

黎汉基:《梁启超的双重标准——重读〈清代学术概论〉对今文经学的定位》，待刊稿。

黎汉基:《孟子已明言“大义”和“微言”吗？——论皮锡瑞对〈孟子〉的错误解读》，《哲学动态》2019 年第 7 期，页 77—85。

黎靖德:《朱子语类》8 册 140 卷，王星贤点校，北京：中华书局，1986 年。

李建军:《宋代〈春秋〉学与宋型文化》，北京：中国社会科学出版社，2008 年。

李廉:《春秋会通》24 卷，载《文渊阁四库全书》第 162 册，页 163—595。

李隆献：《复仇观的省察与诠释：先秦两汉魏晋南北朝隋唐编》，台北：台大出版中心，2012 年。

李锐：《同文与族本：新出简帛与古书形成研究》，上海：中西书局，2017 年。

李若晖：《久旷大仪：汉代儒学政制研究》，北京：商务印书馆，2018 年。

李巍：《从语义分析到道理重构——早期中国哲学的新刻画》，北京：商务印书馆，2019 年。

李心传：《建炎以来系年要录》，北京：中华书局，1988 年。

李学勤：《中国古代文明研究》，上海：华东师范大学出版社，2009 年。

李源澄：《李源澄著作集》4 册，林庆彰、蒋秋华主编，台北：中研院文哲所，2008 年。

李宗吾：《厚黑学》，北京：求实出版社，1989 年。

梁启超：《读春秋界说》，载《饮冰室合集》第 1 册《文集》第 3 册，北京：中华书局，1989 年，页 14—17。

梁启超：《读春秋界说》1 卷，载《广州大典》第 142 册，广州：广州出版社，2017 年，页 667—73。

梁启超：《清代学术概论》，朱维铮导读，上海：上海古籍出版社，1998 年。

梁启超：《饮冰室合集》12 册，北京：中华书局，1989 年。

梁韦弦：《古史辨伪学者的古史观与史学方法：〈古史辨〉读书笔记》，哈尔滨：黑龙江人民出版社，2014 年。

廖平：《穀梁古义疏》2 册 11 卷，郜积意点校，北京：中华书局，2012 年。

林剑鸣：《秦汉史》2 册，上海：上海人民出版社，1989 年。

刘敞：《春秋权衡》17 卷，载《文渊阁四库全书》第 147 册，页 171—362。

刘敞：《刘氏春秋传》15 卷，载《文渊阁四库全书》第 147 册，页 363—483。

刘逢禄：《春秋公羊经何氏释例》10 卷，郑任钊校点，上海：上海古籍出版社，2012 年。

刘逢禄：《春秋公羊释例后录》6 卷（简称《公羊后录》），载《春秋公羊经何氏释例　春秋公羊释例后录》，曾亦点校，上海：上海古籍出版社，2013 年，页 291—482。

刘逢禄：《刘礼部集》11 卷，载《续修四库全书》第 1501 册，页 1—224。

刘少虎：《经学以自治：王闿运春秋学思想研究》，北京：华夏出版社，2007 年。

刘士毅：《春秋疑义录》2 卷，载《四库未收书辑刊》第 9 辑第 1 册，北京：北京出版社，2000 年，页 715—79。

柳兴恩：《穀梁大义述》30 卷，载《续修四库丛书》第 132 册，页 23—307。

陆粲：《春秋胡氏传辨疑》2 卷，载《文渊阁四库全书》第 167 册，页 753—79。

陆淳：《春秋集传纂例》10 卷，载《文渊阁四库全书》第 146 册，页 375—536。

陆佃：《陶山集》16 卷，载《文渊阁四库全书》第 1117 册，页 55—197。

陆陇其：《三鱼堂文集》12 卷（附《外集》6 卷），《文渊阁四库全书》第 1325 册，页 1—299。

逯耀东：《且做神州袖手人》，台北：允晨文化，1989 年。

逯耀东：《抑郁与超越：司马迁与汉武帝时代》，北京：三联书店，2008 年。

吕本中：《春秋集解》30 卷，载《文渊阁四库全书》第 150 册，页 1—572。

吕大圭：《春秋或问》20 卷另附《春秋五论》，载《文渊阁四库全书》第 157 册，页 477—677。

吕绍纲：《〈周易〉的哲学精神：吕绍纲易学文选》，上海：上海古籍出版社，2005 年。

吕绍纲：《庚辰存稿》，上海：上海古籍出版社，2000 年。

吕思勉：《吕思勉读史札记》3 册，上海：上海古籍出版社，2011 年。

吕思勉:《中国文化思想史九种》2 册，上海：上海古籍出版社，2009 年。

M

马建忠:《马氏文通》10 卷，北京：商务印书馆，2010 年。

马永康:《清末社会政治中的“公理”言说》，中山大学历史系 2010 年博士后论文。

毛奇龄:《春秋毛氏传》36 卷，载《文渊阁四库全书》第 176 册，页 1—407。

毛泽东:《毛泽东选集》4 册，北京：人民出版社，1991 年。

茅海建:《戊戌变法的另面：“张之洞档案”阅读笔记》，上海：上海古籍出版社，2014 年。

牟润孙:《注史斋丛稿（增订本）》2 册，北京：中华书局，2009 年。

P

皮锡瑞:《经学历史》，周予同注释，北京：中华书局，1989 年。

皮锡瑞:《经学通论》5 卷，吴仰湘点校，北京：中华书局，2017 年。

皮锡瑞:《经训书院自课文》3 卷，载《皮锡瑞全集》第 8 册，页 593—769。

皮锡瑞:《皮锡瑞全集》12 册，吴仰湘编，北京：中华书局，2015 年。

皮锡瑞:《师伏堂春秋讲义》，载《皮锡瑞全集》第 8 册，页 159—271。

皮锡瑞:《左传浅说》2 卷，载《皮锡瑞全集》第 5 册，页 299—460。

平飞:《经典解释与文化创新:〈公羊传〉“以义解经”探微》，北京：人民出版社，2009 年。

浦起龙:《史通通释》20 卷，王煦华整理，上海：上海古籍出版社，2009 年。

Q

漆永祥:《汉学师承记笺释》8 卷 2 册，上海：上海古籍出版社，

2006年。

齐召南：《春秋穀梁传注疏考证》20卷，载《文渊阁四库全书》第145册，页535—862。

钱穆：《两汉经学今古文平议》，台北：东大图书公司，1971年。

秦平：《〈春秋穀梁传〉与中国哲学史研究》，北京：中华书局，2012年。

秦平：《〈春秋穀梁传〉政治哲学研究：以秩序为中心的思考》，北京：商务印书馆，2018年。

R

阮芝生：《从公羊学论〈春秋〉的性质》，北京：华夏出版社，2013年。

S

深川真树：《影响中国命运的答卷：董仲舒〈贤良对策〉与儒学的兴盛》，台北：万卷楼图书公司，2018年。

沈钦韩：《春秋左氏传补注》12卷，载《春秋左传补疏　春秋左氏传补注》，郭晓东、郝兆宽、陈岘点校，上海：上海古籍出版社，2016年，页95—400。

石光瑛：《新序校释》3册10卷，北京：中华书局，2001年。

石文玉：《儒学道统与晚清社会制度变革》，长春：吉林大学出版社，2011年。

释延寿：《宗镜录》卷13—37，载《洪武南藏》第195册，成都：四川省佛教协会，1999年，页1—573。

司马光：《资治通鉴》20册294卷，北京：中华书局，1956年。

司马迁：《史记》10册130卷，北京：中华书局，2014年。

宋恕：《宋恕集》2册，胡珠生编，北京：中华书局，1993年。

苏舆：《春秋繁露义证》17卷，钟哲点校，北京：中华书局，1992年。

苏辙：《苏氏春秋集解》12卷，载《文渊阁四库全书》第148册，页1—106。

孙复:《春秋尊王发微》12 卷，载《文渊阁四库全书》第 147 册，页 1—126。

孙钦善:《中国古文献学史简编》，北京：北京大学出版社，2008 年。

孙奭:《孟子注疏》14 卷，李学勤主编，北京：北京大学出版社，1999 年。

T

田余庆:《论轮台诏》，载《秦汉魏晋史探微（重订本）》，北京：中华书局，2004 年。

童书业:《春秋史》，北京：中华书局，2006 年。

脱脱等:《宋史》40 册 496 卷，北京：中华书局，1985 年。

W

汪克宽:《春秋胡传附录纂疏》30 卷，载《文渊阁四库全书》第 165 册，页 1—751。

汪荣祖:《晚清变法思想论丛》，北京：新星出版社，2008 年。

王汎森:《古史辨运动的兴起：一个思想史的分析》，台北：允晨文化，1987 年。

王夫之:《春秋家说》3 卷，载《船山全书》第 5 册，长沙：岳麓书社，2010 年，页 103—381。

王闿运:《春秋公羊传笺》11 卷，载《论语训·春秋公羊传笺》，黄巽斋点校，长沙：岳麓书社，2009 年，页 141—527。

王闿运:《穀梁申义》1 卷，载《续修四库丛书》第 133 册，页 1—27。

王利器:《盐铁论校注（定本）》2 册 10 卷，北京：中华书局，1992 年。

王樵:《春秋辑传》13 卷，载《文渊阁四库全书》第 168 册，页 335—1018。

王文东:《天之道与人之礼——〈春秋〉经传主体思想》，北京：人民出版社，2016 年。

王先谦：《荀子集解》2 册 20 卷，沈啸寰、王星贤点校，北京：中华书局，1988 年。

王先慎：《韩非子集解》20 卷，钟哲点校，北京：中华书局，1998 年。

王阳明：《王阳明全集（新编本）》6 册，吴光等编校，杭州：浙江古籍出版社，2010 年。

王引之：《经传释词》10 卷，李花蕾点校，上海：上海古籍出版社，2014 年。

王引之：《经义述闻》4 册 32 卷，虞思征、马涛、徐炜君校点，上海：上海古籍出版社，2016 年。

王应麟：《困学纪闻（全校本）》3 册 20 卷，翁元圻等注，栾保群等校点，上海：上海古籍出版社，2008 年。

王照圆：《列女传补注》8 卷，虞思征点校，上海：华东师范大学出版社，2012 年。

卫聚贤：《十三经概论》，上海：开明书店，1935 年。

魏时应：《春秋质疑》12 卷，载《四库未收书辑刊》第 1 辑第 6 册，页 1—410。

文廷海：《清代春秋穀梁学研究》，成都：巴蜀书社，2007 年。

吴涛：《“术”、“学”纷争下的西汉〈春秋〉学：以〈穀梁传〉与〈公羊传〉的升降为例》，北京：中国社会科学出版社，2011 年。

吴伟业：《梅村集》40 卷，《文渊阁四库全书》第 1312 册，页 1—420。

X

狭间直树：《东亚近代文明史上的梁启超》，高莹莹译，上海：上海人民出版社，2016 年。

向宗鲁：《说苑校证》20 卷，北京：中华书局，1987 年。

萧无陂：《情理与义理——论王阳明与程朱理学解读孔子正名观念的差异》，载《伦理学研究》2012 年第 5 期，页 35—41。

辛德勇：《海昏侯刘贺》，北京：三联书店，2016 年。

辛德勇：《旧史舆地文录》，上海：中西书局，2015 年。

辛德勇：《生死秦始皇》，北京：中华书局，2019 年。

辛德勇:《制造汉武帝: 由汉武帝晚年政治形象的塑造看〈资治通鉴〉的历史构建》, 北京: 三联书店, 2018 年。

新经学编辑部:《发刊词》, 载《新经学》第 1 辑, 上海: 上海人民出版社, 2017 年, 页 1—7。

邢昺:《论语注疏》20 卷, 北京: 中国致公出版社, 2016 年。

熊过:《春秋明志录》12 卷, 载《文渊阁四库全书》第 168 册, 页 1—322。

徐涤珊编:《湖南时务学堂学生日记类钞》, 上海: 三通书局, 1941 年。

徐复观:《两汉思想史》卷 2, 台北: 学生书局, 1976 年。

徐复观:《两汉思想史》卷 3, 台北: 学生书局, 1979 年。

徐复观:《学术与政治之间》, 台北: 学生书局, 1980 年。

徐复观:《中国经学史的基础》, 台北: 学生书局, 1982 年。

徐洪兴:《思想的转型: 理学发生过程研究》, 上海: 上海人民出版社, 1996 年。

徐廷垣:《春秋管窥》12 卷, 载《文渊阁四库全书》第 176 册, 页 681—848。

徐彦:《春秋公羊传注疏》28 卷, 李学勤主编, 北京: 北京大学出版社, 1999 年。

许维遹:《吕氏春秋集释》26 卷, 梁运华整理, 北京: 中华书局, 2009 年。

许兆昌:《先秦史官的制度与文化》, 哈尔滨: 黑龙江人民出版社, 2006 年。

Y

杨士勋:《春秋穀梁传注疏》20 卷, 李学勤主编, 北京: 北京大学出版社, 1999 年。

杨钟羲:《穀梁废疾申何》, 载《春秋公羊经何氏释例　春秋公羊释例后录》, 页 488。

姚念慈:《明遗民与清初碑传纪年——以黄宗羲为中心》, 载《纪念王钟翰先生百年诞辰学术文集》, 北京: 中央民族大学出版社, 2013 年, 页

42—79。

野间文史:《五經正義の研究：その成立と展開》，东京：研文出版，1998年。

叶纯芳:《中国经学史大纲》，北京：北京大学出版社，2016年。

叶德辉:《叶德辉文集》，上海：华东师范大学出版社，2010年。

叶国良、夏长朴、李隆献:《经学通论》，上海：上海书店出版社，2016年。

叶梦得:《春秋公羊传谳》6卷，载《文渊阁四库全书》第149册，页645—743。

叶梦得:《春秋考》16卷，载《文渊阁四库全书》第149册，页247—493。

叶梦得:《叶氏春秋传》20卷，载《文渊阁四库全书》第149册，页1—245。

叶适:《习学记言序目》2册50卷，北京：中华书局，1977年。

于鬯:《香草校书》3册60卷，北京：中华书局，1984年。

余英时:《朱熹的历史世界》2册，北京：三联书店，2004年。

余允文:《尊孟辨》3卷（附《尊孟续辨》2卷），载《文渊阁四库全书》第196册，页517—69。

於梅舫:《学海堂与汉宋学之浙粤递嬗》，北京：社会科学文献出版社，2016年。

俞樾:《春在堂全书》第1—7册，南京：凤凰出版社，2010年。

俞樾:《春在堂杂文》2编另续6编35卷，载《春在堂全书》第4册，页1—842。

Z

曾亦、郭晓东:《春秋公羊学史》3册，上海：华东师范大学出版社，2017年。

湛若水:《春秋正传》37卷，载《文渊阁四库全书》第167册，页37—682。

张大亨:《春秋通训》10卷，载《文渊阁四库全书》第148册，页

459—533。

张洽:《春秋集注》11卷，载《文渊阁四库全书》第156册，页1—178。

张栻:《张栻全集》中册，杨世文、王蓉贵校点，长春: 长春出版社，1999年。

张慰祖:《穀梁大义述补阙》不分卷，载《民国时期经学丛书》第4辑第37册，页1—403。

张小峰:《西汉中后期政局演变探微》，天津: 天津古籍出版社，2007年。

张之洞:《劝学篇》，载《张之洞全集》第12册，武汉: 武汉出版社，2008年，页155—92。

章太炎:《春秋左传读》，载《章太炎全集》第2册，上海: 上海古籍出版社，1982年，页1—804。

章太炎:《章太炎全集》第3册，上海: 上海古籍出版社，1984年。

赵伯雄:《春秋学史》，济南: 山东教育出版社，2004年。

赵汸:《春秋属辞》15卷，载《文渊阁四库全书》第164册，页441—763。

赵汸:《春秋左氏传补注》10卷，《文渊阁四库全书》第164册，页327—411。

赵鹏飞:《春秋经筌》16卷，载《文渊阁四库全书》第157册，页1—475。

赵生群:《〈春秋〉经传研究》，上海: 上海古籍出版社，2000年。

赵佑:《读春秋存稿》4卷，载《续修四库丛书》第141册，页597—660。

郑杲:《诸经札记》1卷，载《山东文献集成》第3辑第9册，济南: 山东大学出版社，2009年，页821—38。

郑杰文、傅永军主编:《经学十二讲》，北京: 中华书局，2007年。

郑玉:《春秋阙疑》45卷，载《文渊阁四库全书》第163册，页1—677。

钟文烝:《春秋穀梁经传补注》2册24卷，骈宇骞、郝淑慧点校，北京：中华书局，1996年。

周何：《新译春秋穀梁传》，台北：三民书局，2000年。

周濂：《现代政治的正当性基础》，北京：三联书店，2008年。

周予同：《周予同经学史论著选集（增订版）》，上海：上海人民出版社，1996年。

朱朝瑛：《读春秋略记》12卷，载《文渊阁四库全书》第171册，页1—226。

朱维铮：《求索真文明：晚清学术史论》，上海：上海人民出版社，1996年。

朱维铮：《音调未定的传统》，杭州：浙江人民出版社，2011年。

朱维铮：《中国经学史十讲》，上海：复旦大学出版社，2002年。

朱维铮：《走出中世纪》，上海：上海人民出版社，1987年。

朱熹：《四书章句集注》，北京：中华书局，1983年。

朱熹：《伊洛渊源录》14卷，戴扬本校点，载《朱子全书（修订本）》第12册，页907—1128。

朱熹：《朱子全书（修订本）》27册、外编4册，载朱杰人、严佐之、刘永翔主编，上海：上海古籍出版社、合肥：安徽教育出版社，2010年。

朱彝尊：《经义考（新校）》10册300卷，林庆彰等主编，上海：上海古籍出版社，2010年。

祝总斌：《略论晋律之儒家化》，载《材不材斋史学丛稿》，北京：中华书局，2009年。

二、英文部分

Geuss, Raymond *History and Illusion in Politics*, Cambridge: Cambridge University Press, 2001.

Kahneman, Daniel *Thinking, Fast and Slow*, New York: Farrar, Straus & Giroux, 2011.

Keller, Simon *Partiality*, Princeton: Princeton University Press, 2013.

Keller, Simon *The Limits of Loyalty*, Cambridge: Cambridge University Press, 2007.

Lord, Errol "Justifying Partiality," *Ethical Theory and Moral Practice*, vol.19, no.3 (2016), pp.569 - 90.

Park, Roger C. *Evidence Law*, with David P. Leonard, and Steven H. Goldberg, St.Paul: West Group, 1998.

Sleat, Matt "Justice and Legitimacy in Contemporary Liberal Thought: A Critique," *Social Theory and Practice*, vol.41, no.2 (2015), pp.230 - 52.

Toulmin, Stephen E. *The Uses of Argument*, Cambridge: Cambridge University Press, 2003.

Tuck, Richard *Philosophy and Government, 1572 - 1651*, Cambridge: Cambridge University Press, 1993.

Van Der Vossen, Bas "In Defense of the Ivory Tower: Why Philosophers Should Stay out of Politics," *Philosophical Psychology*, vol.28, no.7 (2015), pp.1045 - 63.

后　记

这是我在研究路上的另一个足印。

最近七年，我主要在做《穀梁》政治思想的研究，过去做，现在做，以后也想做。不过，天天都在埋首阅读诸经注疏，略感单调，故除了翻译英文著作外，偶尔也会动笔写些其他题目的文章。因为各种缘故，《春秋》研究的成果积累得比较快，于是结集一书，以此就正有道。

限于才性禀赋，我自忖没有能力在热闹场所争取表现，只谋个人有所心得。在三传中，显然是偏好《穀梁》的，但从不认为自己所有文章（包括《春秋》研究在内）都需要从《穀梁》的立场准绳其他。偏好不等于论证，既不带来崭新见解，也不决定论证的良窳。《春秋》研究像其他经学课题一样，贵在观点创新，重在论证坚固，而非门户的声势。尚创新，不能不订正前人之误；讲论证，不能不放弃汗漫之语。把某些偏好的人物当作永远正确的判准，乃至坚守相关门户作为自己绝不退让的立场，并非真正解决问题的做法。经学如果是一门以真理为目标的学问，就不能满足于个别的人或个别派系的偏见。一个观点是否成立，原则上看它是否具有创新之处，以及它的论证能不能成立。这是中立于什么人和什么派系支持它或反对它的。由于门户有可能导致偏见，影响判断的可信性，是故，任何一门成熟的知识，不宜仅以门户立场为主要判准。门户是《春秋》研究的妨碍而非帮助，坚持门户是不必要地制造心防。单纯出于学术的考虑，实在看不出有很好的理由必须这么做。以“门户以外”为书名，原因就在于此。自明心迹，别无他想。

与先前出版的专著、编著和译著一样，我这本书同样得到许多人的支持，或直接，或间接。国家社科基金、我校禅宗文化研究院和政务学院的资助，以及上海古籍出版社各位编辑的认真负责，尤其点滴在心头。去年动了手术，深感人世诸事，变幻无常，不能言必。难得身边有一班提供各种帮忙的人，包括诸位老师、前辈、同事、学生、朋友、家人、医护人员，他们都是支持我继续生活和研究的重要力量。再多的文字也无法表达我心中的感激。

本书杀青全稿之时，正值全球疫情紧张，未来如何谁也难料。我是利物浦俱乐部的死忠球迷，好不容易等到英超复赛，终于确认夺冠，可喜可贺！三十年的等待！在这样一个艰难时刻！感触良多，但愿明天会更好。

黎汉基

2020 年 6 月 26 日

图书在版编目(CIP)数据

门户以外:《春秋》研究新探 / 黎汉基著. —上海: 上海古籍出版社, 2020.10
ISBN 978-7-5325-9789-5

Ⅰ.①门… Ⅱ.①黎… Ⅲ.①中国历史—春秋时代—编年体②《春秋》—研究 Ⅳ.①K225.04

中国版本图书馆 CIP 数据核字(2020)第 209583 号

门 户 以 外

——《春秋》研究新探

黎汉基　著

上海古籍出版社出版发行
(上海瑞金二路 272 号　邮政编码 200020)
(1) 网址: www.guji.com.cn
(2) E-mail: guji1@guji.com.cn
(3) 易文网网址: www.ewen.co
商务印书馆上海印刷有限公司印刷
开本 890×1240　1/32　印张 10.5　插页 2　字数 253,000
2020 年 10 月第 1 版　2020 年 10 月第 1 次印刷
印数: 1—1,500
ISBN 978-7-5325-9789-5
B · 1182　定价: 56.00 元